宋杰 著

三国
人物风云录

中华书局

图书在版编目(CIP)数据

三国人物风云录/宋杰著. —北京:中华书局,2023.2
(2024.8重印)
ISBN 978-7-101-15922-6

Ⅰ.三… Ⅱ.宋… Ⅲ.历史人物-人物研究-中国-三国时代 Ⅳ.K820.36

中国版本图书馆 CIP 数据核字(2022)第 186165 号

书　　名	三国人物风云录
著　　者	宋　杰
责任编辑	齐浣心
封面设计	毛　淳
责任印制	陈丽娜
出版发行	中华书局
	(北京市丰台区太平桥西里 38 号　100073)
	http://www.zhbc.com.cn
	E-mail:zhbc@zhbc.com.cn
印　　刷	三河市鑫金马印装有限公司
版　　次	2023 年 2 月第 1 版
	2024 年 8 月第 4 次印刷
规　　格	开本/920×1250 毫米　1/32
	印张 11⅞　插页 2　字数 280 千字
印　　数	14001-17000 册
国际书号	ISBN 978-7-101-15922-6
定　　价	58.00 元

目　录

曹魏雄风

魏晋风云

蜀汉英烈

东吴豪俊

用兵之道

外交谍影

曹魏雄风

曹操掌控的政治婚姻

汉末自董卓进京把持朝政之后,国内战乱四起,天下豪杰割据争雄,相互兼并。各地军阀为了消灭敌人,巩固自己的统治,除了使用军事斗争,还采取种种计谋策略,其中利用儿女或亲属联姻来建立同盟、笼络部下,是普遍存在的现象。如陈鹏《中国婚姻史稿》所言:"三国纷争,结盟资援,羁降制敌,多用婚姻。"不过,将这种手段运用得最为广泛熟练、发挥到极致者,则非曹操莫属。曹操掌控的政治婚姻可以分为对外联姻和对内联姻两类,下面予以详述:

一、曹操的对外联姻

(一)孙曹结姻

对外联姻,是指与其他军阀或政治集团通婚结好,这种手段出现于先秦的周代,像周王室与诸侯国的联姻,各国诸侯之间的联姻,都是促进政治同盟进一步巩固发展的重要途径。如《国语》记载臧文仲说:与四邻国家建立相互援助,取得诸侯的信任,用婚姻关系来加强它,以盟约誓言来巩固它,是为了应付国家的急难。秦汉时期,中国形成了统一的专制集权王朝,对外联姻主要表现在与匈奴及西域各国的"和亲"。汉末三国时期,由于国内处于群雄纷立的混乱状态,各政治集团之间的通婚结盟屡见不鲜。例如吕布将女儿许配给袁术之子,以求其出兵援救;孙权把胞妹嫁与刘备,期望两家同心抗曹;曹操在这方面的举措始于与江东孙氏的结姻。

在迎接献帝进入许都之后,曹操通过控制汉廷逐渐掌握了政治、军事上的主动权。至建安三年(198),他接连打败了张绣和吕布,统治了兖、豫、徐三州,准备和实力强劲的袁绍一争高下。正在此时,江东的孙策派遣张纮为使者到许都来贡献方物,并希望得到朝廷正式封赐的将军称号。曹操权衡利弊,认为自己暂时无力南征,决定采取远交近攻的方针,答应孙策的要求,使之成为盟友。于是上表拜孙策为讨逆将军,封为吴侯。并且以朝廷的名义颁下诏书,指使孙策去袭击淮南袁术和荆州刘表,以消除后方的威胁。为了表示结好的诚意,曹操还提出要与江东孙氏通婚,把兄弟的女儿许配给孙策小弟孙匡,又为次子曹彰迎娶孙贲的女儿,以此来维系曹孙两家和好的局面。孙策在建安五年(200)春遭到暗杀后,曹操又及时承认其弟孙权的继任,上表拜孙权为讨虏将军、领会稽太守,屯驻在吴县(今江苏苏州市),使双方和平共处的结盟关系得以继续维持下去。从此时直到赤壁战前、曹操消灭袁氏并打败乌桓的八年里,江东孙氏集团都没有乘虚进攻曹氏统治的淮南与广陵;孙权还在建安八年(203)到十三年(208)间三次出兵江夏,击败并消灭了镇守夏口的黄祖,成功地牵制了荆州的刘表,为曹操后方的安全保障贡献了一份力量。

曹操与孙氏的联姻,也在江东统治集团当中掺入了破坏安定的因素。例如赤壁之战前夕,把女儿嫁给曹操次子曹彰的孙贲就企图变节投靠。他见曹操攻占荆州,威震南方,因而心生畏惧,想把儿子送到曹操那里做人质。还是朱治闻讯后会见孙贲，对其详述形势，才打消了他提供人质的计划。娶了曹操侄女的孙匡二十余岁早夭，他的儿子孙泰是曹氏的外孙，长成后出任长水校尉。嘉禾三年（234）孙权攻打合肥新城，守将满宠招募壮士数十人，"从上风放火，烧贼攻具，射杀（孙）权弟子孙泰。"孙泰死后，他的儿子孙秀曾任前将军、夏口督，建衡二年（270）因为怀疑孙皓派人前来逮捕，在夜里率领妻子和亲兵数百人渡江投奔晋朝，西晋任命孙秀为骠骑将军、仪同三司，封会稽公。

另外，这次联姻为曹操对孙吴施展外交攻势提供了很好的口实。赤壁之战以后，曹操对待孙权和刘备的态度开始有了明显的不同。曹刘之间势同水火，绝无任何妥协与谈判的可能，如诸葛亮所言之"汉、贼不两立"。但曹操对孙权则施行又打又拉的策略，一方面"四越巢湖"，频频向其施加沉重的军事压力；另一方面又修书示好，企图分化孙刘两家的结盟关系，与孙权暂时休战并挑动他去进攻刘备，自己坐山观虎斗。例如在阮元瑜《为曹公作书与孙权》中，开篇便说："离绝以来，于今三年，无一日而忘前好。亦犹姻媾之义，恩情已深。"指的就是曹操与孙权、孙贲结亲之事，是说自赤壁之战双方关系决裂后三年，即建安十六年（211），当时孙权割据江东，西连蜀汉，与刘备和亲。因此曹操写信给孙权，希望能和他再次结成同盟。由于具有此前的联姻关系，曹操才在书信中对孙权说："孤与将军，恩如骨肉"；并提出他的要求，即重用对曹主和的张昭，反攻刘备。如果能够做到，将代表朝廷授给孙权统治江南的权力和地位，并且封予高贵的官爵，想以此来拉拢这个对手。"若能内取子布（张昭表字），外击刘备，以效赤心，用复前好，则江表之任，长以相付，高位重爵，坦然可观。"但是没有得到孙权的回应。

建安二十一年（216）冬，曹操进兵濡须口，受到吴军的抵抗而陷于僵持。次年春天，孙权派遣都尉徐详到曹操大营那里求和。曹操再次提出了与孙权结盟合作的要求，并且答应与孙氏集团重新联姻。"公报使修好，誓重结婚。"不过仍未获得孙权的同意。直到建安二十四年（219），关羽进攻襄阳获胜，歼灭于禁率领的精锐七军，曹操听从了司马懿与蒋济的建议，认为关羽取胜，势力有所扩张，肯定是孙权不愿看到的局面，因此以封给孙权江南的土地人口为诱饵，派遣使者说服孙权偷袭荆州，以解除襄樊的危局。关羽的胜利果然引起了孙权的忌惮，随即向曹操表示愿意与刘备决裂，并进攻荆州。"遣使上书，以讨关羽自效。"吴军偷袭荆州获胜，擒杀了关羽，这才使曹操多年来的外交努力获得成功，从而摆脱了在多条战线与孙、刘两家交战的困境。

（二）袁曹结姻

官渡战败以后，袁绍在与曹操的战争中处于被动局面。建安七年（202）五月，袁绍发病吐血而死。谋臣审配、逢纪等违背众人的意愿，拥立少子袁尚。其兄袁谭原任青州刺史，回到邺城奔丧却未能继位，自己号称车骑将军，于是袁谭和袁尚开始产生隔阂。次年曹操北征冀州，袁尚和袁谭固守黄河北岸重镇黎阳（今河南浚县），双方攻守自九月至明年二月，袁谭、袁尚败退。曹操追击到邺城（今河北临漳县）后作战失利，郭嘉建议他收兵南下伪装征伐荆州刘表，等待袁谭、袁尚内讧爆发，再乘机攻取冀州。他说："袁绍喜爱这两个儿子，不能决定立哪一个为继承人。有郭图、逢纪为他们充当谋臣，必定会互相争斗，分裂为两股势力。如果受到急迫的攻击就会联合起来抵抗，要是形势缓和就会产生竞争之心。不如我军南向荆州，摆出征讨刘表的姿态，等待他们出现变故然后再去进攻，就可以一举平定河北。"

曹操采纳其主张后回到许都，随后南征荆州，而袁谭与袁尚果然举兵互相攻杀。袁谭兵败后退守平原(治今山东平原县西南)，被袁尚围困，谋士郭图劝说他向曹操求救，并认为曹操若来救援，必定先攻邺城，迫使袁尚领兵回救，这样可以率军西进，趁机略取邺城以北的郡县；若是袁尚兵败，则能够收容其部下来抵抗曹操。而且曹兵远道而来，粮饷不济，难以持久战斗，必然撤退。到了那个时候，赵国以北都归己方所有，也足以和曹操对抗了。袁谭起初有所犹豫，后来战斗不利，便派遣辛毗向曹操求救。据《三国志·辛毗传》记载，曹操大军此时驻扎在西平(今河南西平县西)，部下的将领听说这件事以后都表示怀疑，使曹操救援袁谭的计划发生动摇，他准备继续进攻刘表，坐观袁氏兄弟的内乱升级。辛毗得知后再次求见曹操，对其详细分析了形势：

其一，袁氏兄弟经过这番争斗都已精疲力尽。袁谭坐困平原自不待言，而袁尚看到袁谭兵力削弱却无法消灭，是因为自己也力量衰竭了。

其二，冀州近年遭受灾荒战乱，国力衰弊，已经不堪一击。袁氏集团对外作战连连失败，内部的谋臣也被杀害，兄弟相争，国土一分为二，连年出兵征伐，盔甲都生了虮虱，加上旱灾、蝗灾和并生的饥荒，国家没有仓储，行军也得不到携带的粮饷，上有天灾，下困人事，百姓们无论呆傻和聪明，都知道即将土崩瓦解，这正是老天灭亡袁尚的大好时机。

其三，刘表的统治相当稳固。荆州获得丰收，百姓都很安乐，他的政权没有可乘消灭的机会。对刘表发起进攻会遇到顽强的抵抗，不见得具有胜算。

其四，袁氏兄弟是曹操最重要的敌人，四方的贼寇，没有比河北势力更大的，消灭了他们可以壮大队伍，并且震慑全国。

辛毗的分析打动了曹操，接下来他召开会议商定此事。曹操准备答应袁谭的要求，向群臣征求意见。众人大多认为刘表势力更强，应该先征服他，袁谭、袁尚用不着担心。荀攸则代表曹操抒发了他的意见，即刘表胸无大志，在天下大乱之际坐守江、汉之间，不会构成威胁，应该乘袁氏兄弟内乱之际率先歼灭这个首要劲敌，他们占据冀、青、幽、并四州，拥有十万军队，袁绍当年以宽厚得到众人的拥护，假如他的两个儿子能够和睦相处，来守这份家业，那么天下的战乱还不会平息。现在兄弟交恶，势不两全，如果其中一方吞并了另一方，力量得以集中，就难以消灭了。趁他们爆发战乱而出兵攻取，天下就会平定，这个时机不可以失去。荀攸的话很有道理，这才说服了部下，确定了与袁谭联合的战略方针。

曹操领兵进入河北之后，主动向袁谭提出通婚。建安八年（203）十月，曹操再次到达黎阳，即为其子曹整娶袁谭之女为妻，曹袁双方结成亲家。但是曹操在背地里对部下说：我已经知道袁谭要弄的小小伎俩，他想指使我去进攻袁尚，自己乘机扩张领土，发展武装力量，等到袁尚被打败时，袁谭的势力强大起来，再来对付被战争削弱力量的我军。这就是郭图给袁谭的计策，已经被曹操识破，而且认为此计最终不会得逞。因为曹操打败袁尚后，实力会得到扩充而不是削弱，袁谭将面对一个更为强大凶狠的敌人。

曹操这次与袁谭通婚，与上次和江东孙氏的结姻有所不同。曹孙两家在政治上属于盟友，双方各娶一妇，各嫁一女，其通婚基本上是对等的。而此次袁谭受袁尚围困，派辛毗来"乞降请救"，处于相当被动的局面。在这种情况下，曹操提出娶袁谭之女为儿媳，实际上是让袁谭把女儿送过来充当变相的人质。建安二年（197）张绣曾投降曹操，后又起兵反叛，使曹操吃了大亏。兵败于宛城，自己中箭负伤，长子曹昂、侄子曹安民遇害。他后来总结教训对部下说，这次失利的主要原因是没有向张绣索取人质，所以导致了失败，以后不会再犯类似的错误了。这次曹操知道袁谭心怀不轨，但是为了稳定双方的合作关系，共同消灭袁尚，他没有要求袁谭把儿子送来做人质，而是采取了一种缓和的方式，以结婚通好的名义收纳其女儿作儿媳，这样在表面上显得更为亲情化，有利于稳住目前的局面，使袁谭不会再与袁尚重归于好。

另外，对待袁谭的"乞降请救"，曹操也给予了较为宽厚的待遇。据《三国志》辛毗本传记载，曹操"乃许谭平"，就是答应袁谭双方媾和。据《左传·宣公十二年》记载，古代对投降一方有多种处置方法，包括迁徙边远地区、罚作奴隶，以及保留其社稷成为战胜者的附庸，楚庄王对待投降的郑国就是采取了后一种方式，"退三十里而许之平"，即在政治上保留其相对的独立自主权，允许它与楚国媾和，承认并服从楚国的盟主地位。曹操对待袁谭也是这样，虽然后者提出投降，却没有把他当作自己的下属，而是作为消灭袁尚作战的同盟者。袁谭仍然保留自己的军队与统治区域（青州），但是要在政治和军事上服从曹操的领导安排，不得抢占冀州地盘与兼并袁尚的部众。

事后局势的发展不出曹操的预料，他花费了几个月的时间攻破邺城，并打败了袁尚的援军。袁谭在此期间乘机侵占冀州东北部地区的甘陵、安平、勃海、河间等郡，壮大了自己的势力。袁尚兵败后向北撤退时,袁谭又领兵进攻并打败了袁尚,乘势兼并了其部下。曹操于是指责袁谭违背了当初达成的协议,并在断绝通婚、送还其女后向袁谭发起进攻。袁谭不敢据守平原,率众撤退到南皮(今河北南皮县)。建安十年(205)正月,曹操领兵围攻南皮,从早上战斗到中午,仍然胜负未分。曹操亲自击鼓助威,士卒振奋,当时就攻陷了敌阵。袁谭及其妻子被杀,曹操完全平定了冀州。

(三)汉曹结姻

汉献帝与曹操名为君臣,实乃仇敌。献帝自迁移到许都后即被严密监控,袁绍《檄州郡文》说曹操以精兵七百,围守宫殿,对外称作护卫,实际上是把汉献帝拘禁起来。曹操自己担任司空,"专制朝政,爵赏由心,刑戮在口",引起献帝极度的不满与愤恨,他为此授与国舅董承衣带密诏,企图诛杀曹操,并且联络了刘备及长水校尉种辑、将军吴子兰、王子服等。建安五年(200)正月,董承等密谋泄露,被曹操戮灭三族。董承的女儿是汉献帝的妃子"贵人",曹操诛杀董承后又向献帝索求董妃,要把她也杀掉。献帝以董妃有孕为理由,接连向曹操恳求放过她,但是没有成功。伏皇后自此心怀畏惧,写密信给其父伏完,请求他密谋政变,杀死曹操,伏完却不敢打开密信。后来伏完把此信交给了妻弟樊普,想请他帮助拿个主意,不料却被樊普转呈曹操,曹操得知这个阴谋后吃了一惊,于是在暗地里开始防备。

这两次事件暴露了献帝后宫会酝酿反曹阴谋,皇宫外面虽有曹兵把守,但是后宫外人不得擅入,是曹操监视的死角,需要加强对这一领域的控制。谋士荀彧为此提出建议,劝曹操把女儿嫁给汉献帝。此计正中曹操下怀,但却假意推托说:"现在朝廷有伏皇后,我的女儿如何配得上皇帝,我以微功被朝廷提拔为宰相,难道还要再依赖女宠吗!"曹操对伏皇后密信事佯作不知,却在建安十八年(213)七月逼迫献帝同意将自己的三个女儿曹宪、曹节、曹华纳为妃妾,聘礼是绢帛五万匹,第二年她们被封为贵人。待曹女进入后宫,曹操才把伏皇后与伏完密谋诛曹之事揭发出来。并于十一月丁卯,杀皇后伏氏,灭其族及二皇子。次年正月甲子,曹操又逼迫汉献帝册立他的女儿曹节为皇后。至此曹操完成了对献帝后宫的全面监控。

有些人根据曹丕代汉时皇后曹节数次拒交玺绶一事,认为她和汉家是一条心,因此曹操并未达到用女儿监视献帝的目的。笔者以为自从曹操三女被聘为后妃以来,献帝后宫再也没有出现过谋议政变的事件,不再是反曹势力盘踞的巢穴,就这一点来看,应该说曹操已经达到了他的政治目的。至于曹节拒交玺绶之事只是表面现象,曹丕称帝是大势所趋,其姊妹理应知晓,不会反对。曹节应该知道王莽篡汉时王政君太后拒交传国玺、从而博得青史留名的典故,所以她这样做只是仿效先例的作秀而已,就和曹丕对臣下的劝进再三辞让之事相似,并不见得是出自本心。就算是曹节不知道这段故事,深通文史的曹丕也会提醒她如何处置,以便取得良好的政治影响。

二、曹操的对内联姻

对内联姻是曹操对其部下文臣武将的联姻,施行于他的统治集团内部,带有恩宠和奖励的含义,借助于这种手段将君臣关系亲属化,以此来巩固和发展自己的政治势力。曹操的对内联姻可以根据对象的不同身份分为以下几种类型:

（一）与族亲结姻

曹操虽然自称是汉相国曹参的后代,实际为夏侯氏的后裔。其父曹嵩为宦官曹腾的养子,原来姓夏侯氏,是名将夏侯惇的叔父,曹操与夏侯惇本是堂兄弟。曹操自陈留起兵之后,夏侯惇、夏侯渊跟随他转战四方,多立功勋。曹操为此将爱女清河公主嫁给夏侯惇之子夏侯楙,夏侯渊娶了曹操夫人的妹妹,夏侯渊的长子夏侯衡则娶了曹操兄弟海阳哀侯的女儿。夏侯渊的从子(堂侄)夏侯尚也跟随曹操征战,曾担任军司马,他也娶了曹氏之女,但具体身份与名字不明。夏侯尚有一位心爱的侍妾,夏侯尚对她的宠幸超过了正妻曹氏,因此魏文帝私下派人把那位侍妾绞杀了。由此看来,夏侯尚的夫人与曹丕关系甚近,可能是兄妹或堂兄妹。如上所述,曹操与夏侯氏的联姻实质上是宗族内部的通婚,可谓亲上加亲。如陈寿在《诸夏侯曹传》评论所言:"夏侯、曹氏,世为婚姻,故惇、渊、仁、洪、休、尚、真等并以亲旧肺腑,贵重于时,左右勋业,咸有效劳。"

（二）与功臣、名士结姻

除了与族亲结姻,曹操又频频和立有大功的文臣武将结亲,例如号称有王佐之才的荀彧,在曹操早年征战时多次出谋划策;献帝徙居许都后,拜曹操为大将军,荀彧则进为汉侍中,守尚书令。此后曹操在外征伐,荀彧往往留守后方,"常居中持重",军国大事二人经常一起商量。荀彧又先后推荐戏志才、郭嘉等谋士,成为曹操心腹,建立了一个庞大的智囊团。曹操占领冀州之后,领兵北征袁尚,留荀彧兄长荀衍为监军校尉、河北都督,负责镇守新根据地邺城。袁绍旧部高幹密谋袭击邺城，被荀衍发觉，将他的党羽统统抓获消灭，稳定了后方的统治。建安十二年（207）曹操平定北方，下令进行大规模的论功封赏。他对荀彧进行显赫的表彰，称其"忠正密谋，抚宁内外"，并且与其结为亲家，把女儿安阳公主嫁给了荀彧的长子荀恽。

还有曾任河南郡主簿的任峻，曹操在关东起兵后进入中牟县界，当地的士人与民众不知道应该以何种态度对待他。任峻和同事商议，率领全郡归顺曹操，他还带来了宗族及宾客、家兵数百人前来效力。这一举措扩大了曹操军队的实力与统治范围，曹操非常高兴，上表给朝廷拜任峻为骑都尉，并将自己的堂妹嫁给了他。在曹操统一中原的作战中，任峻经常在后方负责军需补给工作。当时遇到旱灾饥荒，粮食缺乏，曹操任命任峻为典农中郎将，招募百姓在许都附近屯田，收获粮食上百万斛。"郡国列置田官，数年中所在积粟，仓廪皆满。"有力地支持了曹操的作战。

曹操征服冀州后，为了笼络人心，还与当地著名的门阀世族清河崔氏通婚。崔琰为河北名士，甚有声望。袁绍死后，两个儿子袁谭、袁尚争夺权力，都想获得崔琰的帮助。曹操攻陷邺城后，自领冀州牧，任命崔琰为别驾从事，外出用兵时，曾让崔琰辅佐世子曹丕镇守邺城，还为爱子曹植挑选了崔琰兄长的女儿为媳妇。

另外值得注意的是，曹操爱惜青年才俊，愿意将他们招为乘龙快婿。如名士何晏，年少即以才秀知名，喜好钻研老子、庄子的学说，写了《道德论》及其他文章、诗赋，著述有数十篇，迎娶了曹操的女儿金乡公主。又如刘先曾任汉朝尚书，后任魏国尚书令，他的外甥周不疑，"幼有异才，聪明敏达。"曹操也想把女儿嫁给他，但是周不疑不敢接受。另外，曹操听说丁仪才能出众，没见过面就想把爱女清河公主嫁给他为妻,但被曹丕以丁仪眇一目为理由劝阻。《魏略》记载曹操后来与丁仪会面,见其谈吐不凡而十分后悔,说:"丁仪是个很好的人才,即使双眼全瞎了,都应当把女儿嫁给他,何况只是一只眼有毛病,是儿子让我犯下这个错误。"

(三)与降将结姻

曹操集团中有些臣下原本属于敌对阵营,后来带领部属归顺,也具有相当的势力与影响,但是由于以前曾与曹操作战而心怀忐忑。出于安抚降将、稳定统治的目的,曹操也和其中一些人结姻通好,借此打消他们的顾虑。例如前面说过的张绣,曾经在投降后反叛,致使曹操长子曹昂、从子曹安民与爱将典韦阵亡,曹操自己也中箭负伤,双方结仇很深。官渡之战前,张绣听从贾诩的建议,认为曹操是个有霸王之志的人,肯定不会记恨私怨,会向四海宣示他的德行,于是率众归降。曹操闻讯大喜,张绣来到后,曹操拉住他的手,举行了欢庆的酒宴,并为儿子曹均迎娶了张绣的女儿,拜张绣为扬武将军,促使他为自己效忠竭力。后来在官渡之役中,张绣力战有功,获得了晋升。还有割据汉中的张鲁,"雄据巴、汉垂三十年。"建安二十年(215)他被曹操打败,准备投降。部下阎圃说:"现在因为逼迫前往,得到的赏功必定很轻,不如逃跑到杜濩那里,依靠少数民族朴胡的力量和曹操对抗,然后再归降,这样得到的赏功必定很多。"张鲁遵从其建议退走巴中,后来接受招降。曹操以客礼相待,拜张鲁为镇南将军,封阆中侯,采邑万户。曹操又和张鲁联姻,为他的儿子曹宇迎娶张鲁的女儿为媳,给予特殊的优待,也收到良好的效果。

三、余论

综上所述，三国时期曹操对政治婚姻的掌控运用是首屈一指的，其联姻的阶层高度与数量远远超过孙、刘两家，从结果来看也是成效显著。究其原因与特点大致如下：

其一，曹操是军事和政治上的成功者，他较早地控制了汉献帝，挟天子以令诸侯，成为朝廷的代表；在作战中又是胜多败少，相当顺利地统一了中原和北方。这些使他对待各路军阀以及自己的部下时占据着有利地位，因而在处理内外关系方面掌握着主动权，比较容易推行带有政治色彩的联姻。其结姻对象往往处于劣势，受宠若惊，因此不愿或是不敢予以反对。

其二，曹操本人精力旺盛，又极为好色，妻妾成群，子女众多。据统计，在他的妻妾中有姓氏者即达 15 人（无名姓者不计其数），《三国志·武文世王公传》记载她们共为曹操生育了 25 个儿子：即曹丕、曹彰、曹植、曹熊、曹昂、曹铄、曹冲、曹据、曹宇、曹林、曹衮、曹玹、曹峻、曹矩、曹幹、曹上、曹彪、曹勤、曹乘、曹整、曹京、曹均、曹棘、曹徽、曹茂。曹操女儿的数量不详，历史记载其名与封号者有 7 人，为曹节、曹宪、曹华、清河公主、安阳公主、金乡公主、临汾公主，实际上肯定不止此数。再加上曹氏从亲的女儿与曹操妻妾的姊妹，这构成了庞大的备选阵容。相形之下，孙权只有 6 个儿子，名为孙登、孙虑、孙和、孙霸、孙奋、孙亮；刘备仅有 3 个儿子：名为刘禅、刘永、刘理。曹操握有如此雄厚的子女亲属资源，可以供他多次选择结姻对象，予以婚配，以充分满足其政治上的需要。

其三，曹操推行的政治联姻具有浓重的功利主义倾向。例如他和夏侯惇、夏侯渊本是同族近亲，子女未出五服；而曹操为了巩固其统治，竟然不惜破坏"同姓不婚"的传统，与夏侯氏结亲，这反映了他蔑视礼法的态度；与其《求贤令》中要求各地长官不要顾及名教声望，举用那些"负污辱之名，见笑之行，或不仁不孝而有治国用兵之术"的用人情况相同。

其四，曹操猜忌残忍的性格也在政治联姻中暴露出来。对于拒不服从者即怀疑他们抱有二心，恐怕这些人才为别人所利用，于是反目为仇，将其杀害。例如前述周不疑谢绝迎娶曹操之女，就引起了他的疑忌，要杀掉周不疑。曹丕进行劝阻，曹操说："这个人不是你所能驾驭的。"于是派遣刺客暗杀了他。

其五，曹操推行的政治联姻具有时代的局限性。例如对其他军阀的联姻只是运用于征伐天下的初期，由于自己的势力尚未强大与巩固，因而需要与别的政治集团通婚结盟，以消灭主要的敌人。在他平定北方之后，对待各路割据力量就不再使用这种手段。曹操死后，魏国三分天下已有其二，对待吴、蜀是恃强凌弱，不再需要联姻外交。如曹丕羁縻孙权，就是发兵逼迫他交纳太子孙登为人质，以此来保证对曹魏的服从，并且发话说："登身朝到，夕召兵还。"另外，在统一中原、政权稳定之后，曹操志满意得，肆意作为；自己的部下包括联姻对象若是惹他不满，就可能招致杀身之祸。例如功劳卓著的荀彧，虽然与曹操是儿女亲家，仅仅由于对曹操晋爵国公、使用"九锡"仪仗稍有非议，就被逼迫自杀。而兄女为曹操儿媳的崔琰，因为仪表堂堂，很有威望，得到朝野内外人士的尊敬，受到曹操的忌惮，因此以"腹诽心谤"的罪名下狱，并迫使他自尽。曹植所娶之崔氏女，由于身穿绣衣，在服饰方面违反了禁令,被曹操登台望见,就下令让她离婚还家,并予赐死。由此可见,曹操操纵的政治婚姻有些只是临时利用,时过境迁之后,那些联姻的对象失去或减弱了利用价值,便不再受其重视,刑戮诛杀如同对待陌路之人,根本不讲什么亲情了。

汉献帝　　伏皇后　　伏完　　董承

曹操的矛盾性格——忌恨与宽宏

　　曹操由于被划为奸臣,在历史上遭到许多人的斥责,包括对他性格上的一些缺点进行抨击。例如《三国志》的作者陈寿曾说曹操性情忌妒,对高才俊逸而又轻视他的人心怀嫌恨,必欲杀之而后快,并列举了几个例证,有鲁国孔融,南阳许攸、娄圭,冀州的崔琰。这四位死者的故事分述如下:

　　孔融是孔子二十世孙,少时即以让梨闻名,成年后道德文章知名天下,被人比喻为众星中的北斗,百谷里的黍稷。他在朝内经常对曹操的作为表示不满,例如曹操打破邺城后,将袁熙之妻甄氏许配给儿子曹丕,孔融认为此举败坏纲常,便在给曹操的信里讽刺说:"武王伐纣,以妲己赐周公。"曹操没有觉悟,后来见面问孔融这件事出自哪部经典? 孔融回答说:"以今度之,想当然耳。"曹操因为饥荒而颁布禁酒令,孔融却和他对着干,专门给他写了一封信叙述饮酒的好处,还说:"天垂酒星之耀,地列酒泉之郡,人著旨酒之德。尧不千钟,无以建太平。孔(丘)非百觚,无以堪上圣。"惹得曹操满腹怒气,后来使人诬告,逮捕杀害了孔融,连他的幼年儿女也没有放过。

　　许攸是曹操故旧,在官渡之战中奉献偷袭乌巢之计,打败了袁绍。但是他恃功自傲,曾在酒席上呼叫曹操的小名,还说要不是我,你就得不到冀州。曹操笑着回答："你说的不错。"然而内心非常厌恶他。后来许攸随曹操父子出邺城东门,他又对左右说："这家人要不是得到了我,就不得出入这座城门了。"曹操得知后忍无可忍,就找了个借口把他关进监狱杀掉了。

娄圭表字子伯,少时与曹操相交,此人足智多谋,在汉末战乱中投奔曹操,经常在一起参议军国大计。据《曹瞒传》记载,西征马超、韩遂时,娄圭曾经出过夜渡渭河、乘天寒聚沙灌水冻冰为城的计策。曹操曾经多次感叹道："子伯之计,孤不及也!"娄圭家室富足,累积千金,引起曹操的嫉妒,说："娄子伯比我还要富裕和快乐,只是权势不如我罢了。"后来娄圭与习授乘车出行,路上遇到曹操的车驾队伍,习授羡慕地说："父子拥有这样的权贵威势,可真够快活呀!"娄圭回答说："人生在世,应当自己做一番大事业,哪能只羡慕他人呢?"结果被小人习授告发,曹操认为娄圭心怀不轨,把他抓起来处死。

崔琰是清河名士,才学过人,相貌雄伟,"声姿高畅,眉目疏朗,须长四尺,甚有威重。"这使身材矮小的曹操自惭形秽。据《世说新语·容止》记载,匈奴使者来朝时,曹操觉得自己相貌丑陋,不足以威服远国,就让崔琰代替他予以接见,曹操本人捉刀站立在床头。后来有人检举崔琰在文书中言辞不逊,惹得曹操发怒,竟把他下狱罚做苦工。曹操又派人去探视,见崔琰没有服软的态度,便非常生气,说他"对宾客虬须直视,若有所瞋"。即对曹操的处罚表示不满,于是下令将其在狱中赐死。据《曹瞒传》记载,曹操部下诸将若有计策谋划超过自己的,随后就会找个借口以违法的名义将他杀掉。"及故人旧怨,亦皆无余。"他在处以死刑之前,经常对受刑者流泪痛惜,但是最终绝不会放他们一条生路,可以说是鳄鱼的眼泪,其忌妒嫌恨之心由此可见。

此外，曹操性格的另一个特点就是记仇报怨，其中部分是上文所说的"故人旧怨"，即使时隔多年他也会念念不忘，终会给予制裁。曹操青少年时，父亲曹嵩在京师洛阳做官，最高职务担任过太尉。《曹瞒传》说他在家乡飞鹰走狗，游荡无度，多有违法乱纪的举动。地方长官沛国相袁忠看不过去，曾想对他绳之以法，后来还是看在其父曹嵩的面子而放过了他。当地的名士桓邵也看不起曹操，对他很是轻蔑。曹操发迹后权倾当朝，袁忠和桓邵害怕受到报复，远远地逃到了岭南的交州（今广东、广西地区）。曹操得知后派遣使者到当地，让交阯太守士燮诛杀了袁忠全家。桓邵见无处藏身，只好出来自首，被送回了中原。他对曹操当庭下跪谢罪，曹操却冷冷地说了一句："下跪就可以免死吗！"仍然把他杀掉了。还有一些是报复新仇，例如曹操担任兖州牧时，陈留名士边让罢官在家，自恃才气，不肯屈服，说了曹操一些坏话，就被曹操枭首示众，甚至连妻子儿女也都一同被杀害，以致引起了公愤。"自是士林愤痛，民怨弥重。"

嫉贤妒能，报复私怨，这些都是心地狭窄的表现。但曹操不是普通的奸臣，而是奸雄，即一代枭雄，他能够剿灭中原的各路军阀，成功地统一北方，成为魏国的奠基人；如果没有高超的本领与广阔的胸怀，是无法笼络手下的文臣武将、成就这番伟业的。因此我们可以看到，曹操在性格上还有宽容大度的另一方面，为了任用贤才，能在很多时候不计个人仇恨，这也是不容忽视的。例如曹操在兖州曾任命东平人毕谌为别驾，陈留太守张邈发动叛乱时，劫持了毕谌的母亲、兄弟和妻子，逼迫他前来投降。曹操闻讯后很讲人情，就让毕谌离开，说："你的老母在张邈手里，可以去投奔他。"毕谌叩头顿首，表示自己无心背叛，使曹操非常感动，为之流下了眼泪，并且当众表扬了他。哪知道毕谌转身真的逃奔了张邈，后来又在吕布手下服务。建安三年（198）曹操攻陷下邳，消灭了吕布，毕谌被生擒，曹操的部下都觉得他此番凶多吉少，不料曹操却说："那些孝顺父母的人，难道不是也忠于君主的吗？这正是我所追求的品行啊！"随即释放了毕谌，还委派他作鲁国的地方长官。

张邈在兖州叛乱的时候，曹操的许多州郡官员都投降或逃跑了。曹操提拔任用魏种，对他非常信任，因此对部下说："只有魏种是不会抛弃我的。"但是后来听说魏种在叛乱中逃走投奔了张杨，曹操不禁勃然大怒，恨恨地说："魏种除非是南逃越地，北走匈奴，否则我是不会放过他的！"数年后张杨被部下杀死，余众投降了曹操，魏种也被活捉，捆绑了送来。曹操见了感叹说："这还是个有才干的人啊！"于是亲自解脱了绑绳，任命魏种为河内太守，将当时河北的政务交付给他，完全出乎众人的意料。

陈琳原来在袁绍手下担任秘书工作，曾经撰写声讨曹操的檄文，说曹操的祖父曹腾是宦官，和奸臣左悺、徐璜并作妖孽，伤化风俗，虐害百姓；其父曹嵩被宦官"乞丐携养"，花费重金买得高官，窃据禄位；曹操自己是"赘阉遗丑，本无令德，僄狡锋侠，好乱乐祸"。这段文字用语刻毒，让曹操气得发昏。后来袁氏兵败，陈琳投降，曹操当面质问他："你当初为袁绍起草檄文，列举污蔑我的罪状也就罢了，为什么还要涉及我的祖父和父亲！"陈琳无话可答，只有叩头谢罪。但是曹操爱惜他的才干，没有杀他，而是让陈琳担任自己的秘书。

曹操的宽容还表现在对待关羽的态度上。建安五年（200）春，曹操东征徐州打败刘备，收降了关羽，委任他为偏将军。曹操见关羽没有久留的意愿，就派张辽前去探问。关羽回答说："曹公对我很好，但是我曾受刘备的厚恩,誓同生死,不可以背叛,最终还是要离开的,不过必须立功报效之后再走。"曹操听了张辽的汇报后,夸赞关羽说:"事君不忘其本,天下义士也。"后来关羽斩杀颜良、解白马之围,然后挂印封金,留书告辞。曹操部下诸将听说后纷纷请求去追赶捉拿关羽,但是曹操拒绝说:"他这是各为其主,不要追赶了。"明明知道关羽投奔刘备后是给自己增添了劲敌,但还是对他的行为表示理解和支持。裴松之对曹操的这番举动大加赞赏,说:"曹公知(关)羽不留而心嘉其志,去不遣追以成其义。自非有王霸之度,孰能至于此乎?斯实曹公之休美。"

最能反映曹操恢宏气度的事情,就是他能够不念以往的大仇,接受了张绣的归顺。建安二年(197)春,张绣在宛城(今河南南阳市)初次归降曹操,后来突然发动叛乱,使曹操措手不及吃了大亏。曹操兵败逃跑,右臂中箭负伤,长子曹昂、侄子曹安民和爱将典韦都在混战中被害,因此积怨颇深。官渡之战前夕,袁绍派人来拉拢张绣,企图让他在南边牵制曹操的兵力。谋士贾诩当场拒绝说:"归谢袁本初,兄弟不能相容,而能容天下国士乎?"他力劝张绣再次归顺曹操,张绣问道:"袁绍势强而曹操势弱,我又和曹操结仇,为什么要去投奔他呢?"贾诩回答说:"这正是要去投奔曹操的原因啊!曹操挟持天子而号令诸侯,这是要投奔他的理由之一。袁绍兵力强盛,我们的少数兵马去投靠他,不会得到倚重;曹操势力较弱,得到我们的兵力必然高兴,这是要投奔他的理由之二。再说曹操有称王图霸的志向,需要向天下显示他不计私怨的高尚品行,这是要投奔他的理由之三。希望将军不要再犹豫。"张绣听从了贾诩的建议,率众归顺曹操,到许都见面时,曹操因为在大战前得到有力的支援而非常喜悦,握住张绣的双手,举行欢迎盛宴,拜张绣为扬武将军,并为儿子曹均娶张绣之女作媳妇。曹操见了贾诩也很高兴,拉住他的手说:"让我的威信重于天下的,就是你啊!"后来张绣在官渡之役中力战有功,又随曹操出征河北打败袁谭。当时曹操部下诸将封邑还没有超过千户的,而张绣则受封增加到两千户。事后张绣跟随曹操北征乌桓,病死在途中,可以说是鞠躬尽瘁了。

以上的情况说明,曹操的性格原本是忌妒与报复心极重的,但是他为了实现霸业,在很多场合又能够理性地看待问题,做出不念旧恶、广揽人才的举动,为他博得了爱惜贤士的名声,所以部下能臣干将之众多,是孙、刘两家远远不可比拟的。后来曹操西征汉中,张鲁兵败后企图归降,其左右有不赞同者,提出了投靠刘备的建议。张鲁发怒回应道:"宁为魏公奴,不为刘备上客也!"史书记载其"言发恻痛,诚有由然"。也说明了曹操当时在世间的信义和威望。

曹操才艺，天下无双

　　曹操创立的功业在三国应该是首屈一指的，他驰骋中原，剿灭群雄，统一了整个北方，是魏国的奠基人；其本领出众，多才多艺，是当时其他英雄人物无法比拟的。首先是军事方面的才能与贡献，曹操在当时绝对是第一位。诸葛亮的《后出师表》称赞说："曹操智计殊绝于人，其用兵也，仿佛孙、吴。"《魏书》记载曹操行军用兵，大略依照孙武、吴起的兵法，但是并不死搬教条，而是根据具体情况设置奇谋，欺骗敌人而获得胜利，变化如神。他临战对阵之前，气定神闲，好像并不想打仗。然而到了决定胜负的关键时刻，却神采焕发、气势如虹，妙招迭出，所以常打胜仗，很少有侥幸取胜的时候。

　　曹操不仅擅长指挥作战的实践活动，对军事理论的研究也非常深入。孙盛说曹操："博览群书，特好兵法，抄集诸家兵法，名曰《接要》，又注《孙武》十三篇，皆传于世。"他还写有自己的兵法著作，抄录给部下作为作战的指导原则。"自作兵书十万余言，诸将征伐，皆以新书从事。"但是并不胶柱鼓瑟，他对待每次战斗会根据不同情况写下教令，让诸将参照执行。最有名的就是建安二十年（215）的合肥保卫战，张辽等人守城，敌众我寡，战前打开曹操的教令，其中写道："若孙权至者，张（辽）、李（典）将军出战；乐（进）将军守，护军勿得与战。"结果张辽等将依计出战,先声夺人,吓得孙权不敢攻城,退兵时又被截杀,几乎丢掉了性命。

在政治上,曹操"知人善察,难眩以伪"。他手下人才济济,拥有包括荀彧、荀攸、郭嘉、程昱、贾诩、董昭、刘晔、蒋济等著名谋士组成的庞大智囊团,能够为他出谋划策、匡正补失,很少出现重大的错误。在将领、官员的使用上唯才是举、不拘一格。像提拔于禁、乐进于军队的行阵之间,录取张辽、徐晃于俘虏之内,都能辅佐创业,立下大功,列为名将。其余从出身微末的人群中选拔出来,高升为州牧郡守的人同样不可胜数。所以能够创造大业,文武并用,为魏国的建立奠定了牢固的统治基础。

曹操又是汉末杰出的文学家,他的文学成就主要表现在诗歌创作方面,现存有二十余篇,颇有佳作。他的诗虽然多用汉乐府古题,反映的却是新的社会现实。像《蒿里行》和《薤露行》,表现了建安初年战乱频仍下人民的苦难生活与自己的政治抱负,被称为"诗史"。《步出夏门行》组诗第一章《观沧海》,描绘了大海波涛汹涌、吞吐日月的壮丽气象;第四章《龟虽寿》反映了诗人老当益壮,积极进取的雄阔襟怀,其中"老骥伏枥,志在千里;烈士暮年,壮心不已"成为千古流传的名句。《魏书》说曹操带兵三十余年,平时手不离书,白天讲习军事策略,夜晚思考儒家的经传,登临高处一定会赋诗,他创作的新诗,都能够配上管弦乐曲,用来吟唱。

在习武方面,曹操也是技艺高超之人。他年轻时曾在洛阳私自进入宦官"十常侍"之首张让的住宅,张让发现后喝令家丁上前捉拿,曹操在庭院里挥舞手戟,翻墙而出,表现出的武艺冠绝群人,张让的侍从谁也不能伤害他。曹操在青年时代曾于故乡谯县(今安徽亳州市)城外建造房屋，春夏在里面习读书传，秋冬在外射猎，以供自己娱乐，因此练就了一身骑射本领。他能够"手射飞鸟，躬禽猛兽，常于南皮一日射雉获六十三头"。这对他早年的征战生涯很有帮助。

　　曹操还喜好书法，具有很高的水平。张华《博物志》说东汉末世，安平郡的崔瑗和儿子崔寔、弘农郡的张芝和兄弟张昶都擅长草书，而曹操的技能列在他们后边，说明他在草书方面有很好的造诣。南朝的庾肩吾在《书品》里把曹操的书法评为"中中"，说"魏帝笔墨雄瞻"，即很有气势，值得观赏。唐代书法家张怀瓘在《书断》中称赞曹操的书法，"尤工章草，雄逸绝伦。"《唐人书评》说："（曹）操书如金花细落，遍地玲珑，荆玉分辉，瑶若璀璨。"给予很高的评价。曹操的墨迹传世极少，现存仅有的褒斜道南端、石门南褒河旁大石上所刻"衮雪"二字，书体为汉隶大字，如今收藏在陕西省汉中市博物馆。"衮雪"二字形容褒河疾水冲击礁石，激起水花四溅，犹如滚动的雪浪，字体雄浑有力，刚柔并济。曹操在音乐和围棋方面也颇有天分。《博物志》说东汉桓谭、蔡邕善于音乐，冯翊郡的山子道、王九真、郭凯擅长围棋，曹操都和他们不相上下。

曹操手书"衮雪"碑刻，现藏陕西省汉中市博物馆

　　另外，曹操在宫室建构、城市规划方面也有得意之作。他在占领冀州之后，确定把邺城作为统治北方的政治、军事中心。由于饱经战乱，邺城受到了严重的破坏，曹操随即在当地进行了大规模的工程建设，先后营造了城池、宫殿、官署和仓府。他在征战之余，亲自参与了邺城的设计规划。《魏书》称曹操"及造作宫室，缮治器械，无不为之法则，皆尽其意"。顾炎武《历代宅京记》说邺城："自曹操基拘，群臣梁习等，止用冀州民力，取上党山林之材，制度壮丽见于文昌、听证等殿，金虎、铜雀之台，鸣鹤、楸梓之宫。"他还策划施工，将漳水注入城内，以解决居民的生活需要。《水经注》卷10《浊漳水》说曹操按照郡国旧日的规模，从邺城西边引来漳水，经过铜雀台下，通过暗道进入邺城东流，称为长明沟。"沟水南北夹道，枝流引灌，所在通溉，东出石窦堰下，注之隍水。故魏武《登台赋》曰：引长明，灌街里。谓此渠也。"

　　当然，曹操为人狡诈凶狠，阴险毒辣，干过不少坏事。但历史上称他为"奸雄"，就是还有雄才大略的一面。他天资聪颖，其才艺之全面，在当时是无人能及的，所以陈寿称曹操，"抑可谓非常之人，超世之杰矣。"

曹操　　杨修

荀彧

曹丕

郭嘉

曹操为什么不杀刘备

　　建安二年(197)刘备被吕布打败,前来投奔曹操。程昱对曹操说:"看刘备有雄才大略又很得民心,最终不会为人下属,不如趁早把他杀掉。"曹操回答说:"如今正是收揽英雄的时机,杀害一人而失去天下的人心,不可以这样做。"曹操把程昱的话告诉郭嘉,问他怎么看?郭嘉说:"程昱说得不错,但是明公提剑起义兵,为百姓除害,诚心诚意地招揽俊杰,还担心人家不肯来。现在刘备号称英雄,没有出路来投奔却把人家杀了,这将以'害贤'闻名,会使智能之士骤起疑心,重新选择主人,那么明公和谁来平定天下呢?除掉一个人的后患,却毁坏了四海的声望,这是安危变化的枢机,不可以犯糊涂。"曹操听了笑着说:"你说对了啊!"

　　不过,刘备后来起兵反曹,给曹操带来很多麻烦,那么当时是否应该听从程昱的建议把刘备杀掉呢?王夫之不这样看,他说这种事情在历史上出现过许多次,像范增劝项羽杀掉刘邦,孙坚劝张温杀掉董卓,王衍想杀害石勒,张九龄建议唐玄宗杀死安禄山,都和程昱劝曹操早除刘备的事例相似。从事后的情况来看,那些人担心后患发生的预言都应验了。但是如果直接杀掉他们就不会出现后患了吗?情况并非如此,例如更始帝刘玄杀害了刘縯,他的政权也没有保住;司马氏毒死了牛金,还是让牛姓的后代做了皇帝(据说晋元帝是恭王妃和牛姓小吏私通而生)。所以郭嘉劝曹操不杀刘备,以免留下"害贤"的恶名,曹操也笑着赞同,这是有见识的人所讲的话,不是凡夫俗子所能揣测的。一个人要想成就伟业,主要是看自己有没有那个本事,不能期望天下人都是庸才而自己突出。如果具备成就伟业的能耐,那么虽然有英雄挡路,也不会难倒我。如果没有那个本事,即使暗害了个把英雄,你怎么知道上天不再使豪杰重新降生呢?

王夫之说:"起于纷乱之世而欲成大业,非能屈天下之英雄,不足以建非常之业。"忌惮英雄而偷着把他杀了,只是想做天下平庸之辈的统治者,那么他的锐气也就消弭了,如果再遇到崛起的英雄,则会神沮志乱而无法应付。这样的事,就连奸雄曹操都不屑去做,更何况是有道的圣明君主了。后来刘备反曹,"操心悔之而不惧",虽然后悔让刘备带兵出行,但是并不害怕,知道刘备不是自己的对手,这也是曹操不用暗害刘备的原因。无独有偶,赤壁之战后刘备赴江东"借荆州",周瑜和吕范也都说他是枭雄,建议孙权把刘备扣押起来,孙权同样没有采纳他们的主张,放刘备回荆州继续共同抗曹,可谓是英雄所见略同了。

曹丕恣意恩仇，气量狭窄

　　陈寿曾在《三国志》的《文帝纪》中称赞曹丕"博闻强识，才艺兼该"，然后笔锋一转，又说："若加之旷大之度，励以公平之诚"，就可以赶上古代的圣贤帝王了。换句话说，就是婉转地指出曹丕的气度不够宽宏，办事有欠公平。刘知几在《史通·探赜》中批评曹丕"忍害贤良，疏忌骨肉"，这两条也和他的气量狭窄有密切的关系。

　　曹操死后，曹丕先是当上魏王，后又做了皇帝，不仅觉得自己可以为所欲为，就连他的亲信也被授予恩旨，掌握任意生杀的权力。他对夏侯尚颁下诏书说："卿腹心重将，特当任使。恩施足死，惠爱可怀。作威作福，杀人活人。"夏侯尚看了非常得意，拿去向蒋济炫耀。后来曹丕召见蒋济，问他所见所闻的天下风俗教化怎么样。蒋济回答没有什么好话可说，只是看到了"亡国之语"。曹丕气得脸上变了颜色，问他是怎么回事。蒋济就说了夏侯尚接受诏书的情况，又说："作威作福"，在《尚书》里有明白的告诫，不能那样做。俗话说"天子无戏言"，这是古人所谨慎的，希望陛下能够考虑清楚。曹丕这才发觉这道诏书很不妥当，急忙命令把它收了回来。

　　曹丕恣意恩仇的另一方面就是报复私怨，他身边最大的仇人是与其争夺太子宝座的弟弟曹植，曹丕当上魏王后立即诛杀了曹植的亲信丁仪、丁廙及他们全家男口,并把曹植赶到他的封国里。第二年,又授意监国谒者灌均诬奏曹植"醉酒悖慢,劫胁使者",将他判为死罪。曹丕先是逼着兄弟作《七步诗》,后来碍于卞太后的情面,又伪装宽宏大量赦免了他的死罪。下诏曰:"植,朕之同母弟。朕于天下无所不容,而况植乎? 骨肉之亲,舍而不诛。"把他贬为安乡侯。

　　曹丕另一位仇人是堂叔曹洪,他在年轻时曾向曹洪借贷一百匹绢,其实就是有借无还,没想到这位老叔富足而又吝啬,只给了一部分,曹丕因为没有称心而一直记恨。他做了皇帝以后,正好遇到曹洪的门客犯法,于是曹丕就将这位老叔关进监狱并且定了死罪。诸位大臣前来讲情都不管用,最后还是卞太后发了脾气,说早年曹洪在战场上救过曹操的性命,不然的话哪有今天。曹丕这才下诏释放了曹洪,但仍然免去官职并削减了他的爵位和封邑,还没收了家财,卞太后再次说情,曹丕才勉强予以发还。

　　曹植、曹洪都是曹丕的亲属,他的报复多少还留了些情面。另一位仇人鲍勋可就没那么幸运了,当年鲍勋出任魏郡西部都尉,太子曹丕的夫人郭氏之弟因为偷盗官府的财物应该判处死刑,曹丕几次写信给鲍勋来讲情,鲍勋还是不敢擅自释放,最后把这桩案件上报给了曹操,请曹操来做决断。曹丕因为丢了面子很生气,找了个机会让别人告发鲍勋有罪,免掉了他的官职,但过后曹操又提拔他做了侍御史,曹丕的阴谋未能得逞。曹丕做上皇帝后,鲍勋曾经因为劝阻他游猎和征伐吴国两次被贬职。

　　黄初七年(226),曹丕带领大军路过陈留的时候,太守孙邕前来拜见。当时军队的营垒尚未建成,只是树立了木棍和土堆作为标识,孙邕没走正道,而是从营垒的地基上穿行过去,被军营的令史刘曜举报违法,鲍勋认为营垒还没有建立,就撤销了这桩案件。大军回到洛阳后,刘曜犯法被鲍勋免职,他为了报复就向曹丕举报鲍勋包庇孙邕犯罪。曹丕正好找到了借口,就下诏说鲍勋这是指鹿为马,和奸臣赵高一样,把他送交到廷尉那里接受审判。廷尉高柔判决鲍勋五年徒刑,复议的时候,被"三官(廷尉正、监、平)"驳回,改为罚金二斤。曹丕闻讯大怒,说鲍勋没有一点儿活路,而你们胆敢要放纵他!把"三官"及以下的有关吏员都送到"刺奸(监察部门)"那里,让你们谁都跑不了!朝内大臣们一起上奏,说鲍勋的父亲鲍信当年立过大功,也救过曹操的命,请求予以饶恕。曹丕不许,下诏给廷尉高柔要处死鲍勋,没想到高柔拒不奉诏。曹丕发怒把高柔召到尚书台,然后专门派遣使者到廷尉官署的监狱处死了鲍勋,这才放高柔回去。鲍勋是位清官,死的时候家里没有余财。这件事情过去了二十天,曹丕就突然发病猝死了,朝内的官员都为鲍勋惋惜,觉得他的案件如果稍微拖延一段就不会被处决了。

曹丕武艺高超却临战畏缩

俗话说"艺高人胆大",但三国却有一位精通武术却阵前怯战的人,他就是魏文帝曹丕。曹丕生于战乱之际,从小就受父亲曹操教授弓箭和骑术,他曾在《典论》中说:"余时年五岁,上以世方扰乱,教余学射;六岁而知射,又教余骑马,八岁而能骑射矣。"建安二年(197),曹操在宛城(今河南南阳市)收降张绣,不久即发生叛乱。曹丕年方十岁,乘马逃脱,他的长兄曹昂、堂兄曹安民都死在乱军中。成年后曹丕喜欢狩猎,曾经"终日手获獐鹿九,雉兔三十",并练就了左右开弓、箭不虚发的本领。

曹丕又学习击剑,拜了许多名师。汉末虎贲郎官王越善于剑术,闻名于洛阳,后来传艺给河南郡的史阿,曹丕跟随史阿学习,技术掌握得专精熟练。他在《典论》中提到,当时奋威将军邓展通晓五种兵刃,又能空手对付刀剑。曹丕曾和邓展讨论剑术,认为他学习击剑的方法不对,邓展很不服气,提出要和曹丕比试一下。这时大家饮酒尽兴,正在吃甘蔗,便以蔗杆代替长剑,下殿几次交锋,曹丕三次击中了邓展的手臂,左右的人见了大笑。邓展还要再来,曹丕知道他急于进攻,便卖了个破绽放他近身,然后闪躲后退,一下击中了邓展的额头,使众人吃了一惊。

曹丕年轻时还学习使用双戟,自以为没有对手,后来拜陈国袁敏为师,学会以单戟破双戟,对手都不知道他的招数是怎样使出来的。曹丕叹息道:"如果此前在狭路上遇到袁敏和他决斗,那就是死定了。"虽然没有上阵杀过敌人,缺乏实战的检验,但是以其自述来看,他的武艺高超,远非一般习武之人所能及。

这样的武林高手领兵作战会怎么样?曹丕亲自率军出征只有两次,即黄初五年(224)、六年(225)的两次"广陵之役",结果却使人大跌眼镜,他虽然掌握着优势兵力,却不敢渡江与吴军交锋,灰溜溜地退下阵来。黄初五年(224)八月,曹丕率领大军出征,临行前大臣辛毗进行劝阻,却受到曹丕的拒绝与讥讽,说如果按照你的意见去做,岂不是要把敌寇留给子孙去消灭?此前魏国曾经三路发兵征吴,由于兵力分散,都未能够取得胜利。所以这次曹丕把军队集中为一路,在广陵(今江苏扬州市)战场上形成绝对的优势,他的进兵路线选择从淮河入中渎水(今京杭大运河江北段)、至广陵、江都(今江苏扬州市江都区)进入长江的途径,这是因为孙权和吴军主力屯驻在长江中游的武昌(今湖北鄂州市),广陵对面的京口(今江苏镇江市)、建业(今江苏南京市)吴军较少,还在上回洞浦之役中折损了数千人,估计水军不会超过两万,是孙吴长江防线上最薄弱的地方。

另外,曹丕还认为以前三路征吴之所以失败,与自己远离战场、发出的指示不能及时到达前线有关。所以他这回要亲率大军出征,直接指挥作战。如其诏书所言:"临江授诸将方略。"曹丕想要统一南北,立下其父曹操未能完成的奇功。他还宣称要在江滨长期留驻,"吾今当征贼,欲守之积年。"又要在广陵修建宫殿,伺机发动进攻,若是没有机会就和大军在附近狩猎,曹丕把形势想得很轻松。"吾欲去江数里,筑宫室,往来其中,见贼可击之形,便出奇兵击之;若或未可,则当舒六军以游猎,飨赐军士。"

　　曹丕的大军开到广陵后,确实把对方的将士吓得够呛,"吴人大骇。"但曹丕到达江滨后见烟波浩渺,便心生畏惧。"时江水盛长,帝临望,叹曰:'魏虽有武骑千群,无所用之,未可图也。'"已经开始打退堂鼓了。后来他又乘船浮江,结果又遭遇飓风。"帝御龙舟,会暴风漂荡,几至覆没。"吴军根据将领徐盛提出的建议,用木料和芦席制造假的城楼、围墙,从建业的石头城到江乘县(今江苏南京市),一夜之间修建成功,这回反倒是魏军看了后信以为真,普遍产生恐惧。"魏人自江西望,甚惮之。"曹丕看了以后也大吃一惊,最后没有敢过江就下令撤退了。"文帝到广陵,望围愕然。弥漫数百里,而江水盛长,便引军退。"不过,魏军还是在广陵江畔驻扎了一段时间,看看能否把武昌的孙权主力吸引过来。但是孙权猜透了他们的心思,就是不到广陵来。曹丕等得心焦烦躁,大军驻扎空费粮草,渡江作战又没有那个胆量,从而进退两难。他写下一首诗来表达此时忐忑不安的心情:

　　西北有浮云,亭亭如车盖。惜哉时不遇,适与飘风会。吹我东南行,南行至吴会。吴会非我乡,安能久留滞? 弃置勿复陈,客子常畏人。

　　在这首诗里,曹丕将留驻江畔的自己比喻为随风飘荡的浮云和身处异乡的"客子",说此番征吴行动是时运不济,受到命运的支配。他不想在当地久留,希望早日回到熟悉的中原。《三国志集解》引赵一清评论说:"其心怯于吴人如此。"后来他也是这样做的。"大驾停住积日,吴王不至,帝乃旋师。"此前的豪言壮语和耀武扬威,转眼之间化成了泡影。尽管手下的兵马超过对方好几倍,曹丕还是没有敢渡江作战,以致被刘知几在《史通·探赜》中讽刺为"临戎不武"。

　　黄初六年（225）八月，曹丕再次率兵十余万征吴，十月到达广陵。这回却遇到了恶劣的天气，不得不撤退。"是岁大寒，水道冰，舟不得入江，乃引还。"曹丕在临走前又发了一番感慨，"帝见波涛汹涌，叹曰：'嗟乎，固天所以限南北也！'遂归。"曹丕撤退的那天夜里，吴将孙韶派遣自己的部将高寿带领敢死队五百人，在要道路口截击曹丕的车队，使曹丕大惊失色，虽然没有受到伤害，但被高寿等人缴获了随行的副车和羽盖，吴军胜利还师。

　　曹丕这两次大军征吴，劳师动众，靡费粮饷，却寸功未立，反映出他色厉内荏、外强中干的性格。

贾诩暗讽魏文帝

贾诩是张绣和曹操帐下著名的谋士，曹丕称帝之后，任命贾诩为太尉，向他询问："我现在想征讨那些不肯服从天命的人来统一天下，是先打吴国还是先打蜀国呢？"贾诩回答说："进攻作战的人把军队和权谋放在首位，建立国家本业的人崇尚德化。陛下顺应天命和机运，统治境内的国土，如果以文德来安抚天下，等待吴、蜀的政局发生变动，那么打败它们就没有什么困难。吴、蜀虽然是很小的国家，但是它们依靠山岭和江水的阻碍来抵抗，很难对付。刘备有雄才大略，诸葛亮善于治国，孙权能识别虚实，陆逊了解军队的实力，蜀国据险守要，吴国泛舟江湖，都是难以仓促谋划取胜的。用兵的道理，是先具备取胜的条件然后再去作战，衡量双方的兵力，讨论彼此将帅的才能，所以提出的计谋没有失算的。我预料在您的群臣当中，还没有刘备、孙权的对手，即便是您的天威降临到那里，也不能保证一定能获得全胜。过去舜拿着盾和戈作舞蹈，有苗氏听说了就来表示臣服。为臣以为当今应该先修文德，然后再动武。"魏文帝没有听从贾诩的话，发动三路大军征伐吴国，结果士兵大量伤亡，未能取得成功。

俗话说："兵对兵，将对将。"刘备、孙权是敌国的君主，贾诩应当把他们和曹丕相比，但是他不敢明说曹丕的才能不如刘备、孙权，只好说群臣不是他们的对手。但是最后那句话,"虽以天威临之,未见万全之势也。"已经婉转地表达了那个意思。那么曹丕的才能确实不如刘备、孙权吗?答案应当是肯定的。曹丕称帝后不听群臣的劝阻,对吴国三次大举用兵,劳师动众毁伤民财,没有取得任何战绩,表明了他的轻举妄动,不识时务,并非称职的国君。

曹操当年南征濡须口,被孙权领兵阻挡,因此称赞他说:"生子当如孙仲谋。"这句话也反映了他对自己的几个儿子有些失望,认为他们比不上孙权。刘备临终前对诸葛亮说:"君才十倍曹丕,必能安国,终定大事。"也是对曹丕的能力不屑一顾。陈寿评价曹丕说:"文帝天资文藻,下笔成章,博闻强识,才艺兼该。"也只是说他文章写得很出色,知识广博,才艺多种,但作为皇帝的本职工作、即安邦定国,却没有一句称赞的话。曹丕曾对吴国使臣赵咨嘲笑孙权没有学问,赵咨回答说,吴王掌握着上万艘战船和百万大军,任命使用贤能之士,他的志向是策划和治理国家大事,虽然在闲暇时间博览群书,吸收采纳其中不寻常的见解,并不像书生那样寻章摘句。胡三省对此评论说:"(文)帝好文章,故赵咨以此言讥之。"就是讽刺曹丕国家大事管理的不怎么样,只是喜欢舞文弄墨罢了。这话戳中了曹丕的缺点,可是他当时并没有听出来,否则脸上就会变了颜色。

董卓易受欺骗

在三国的历史上，董卓是首位出现的枭雄，他残暴狠毒，多行不义，从中平六年（189）八月率军进京夺取朝政，掌握重兵，后来自封太师，位在诸侯王之上，成为唯我独尊的权臣。但是好景不长，到初平三年（192）四月就在王允、吕布等组织的政变中遇刺身亡，其权倾朝野的时间也不过两年多。董卓失败的原因有很多，其中引人注目的一条就是他很容易受人欺骗，以致在政治斗争中犯下了许多致命的错误，最终陷入没顶之灾。

董卓进京之后，想要废黜少帝刘辩和临朝听政的何太后，由于袁绍在消灭宦官张让集团的战斗中表现突出，叔父袁隗又是太傅，因此找他前来商议。袁绍见话头不对，就和董卓说要回去与叔父商量，然后溜出洛阳城逃走了。董卓认为袁绍是个心腹之患，于是下了通缉令，悬赏重金捉拿他，催促得很急。当时侍中周毖、城门校尉伍琼、议郎何颙等都是名士，和袁绍属于同党，他们找到董卓为袁绍讲情说："废立皇帝是重大的事项，不是平常人所能考虑的。袁绍不识大体，听说这事心里害怕，所以逃跑了，并没有其他的意向。现在这么急迫地悬赏捉拿他，势必激起他的反叛。袁氏家族有四世做过朝廷的三公，曾经广树恩德，门生故吏遍于天下。如果收纳豪杰聚拢徒众，别的英雄也因势而起,那么太行山以东的地区就不是您所能控制的了。不如赦免袁绍的罪过,拜他做一个郡的太守,免罪后袁绍会很高兴,必然不会有什么祸患发生了。"董卓听了这番话居然相信了,然后拜袁绍为勃海郡的太守,封为邟乡侯,又拜袁术为后将军。这样袁绍就摆脱了遭受追捕的困境,还有了勃海郡这块百万人口的立足之地。袁术也随即逃出洛阳,躲藏在南阳。后来关东诸侯起兵讨伐董卓,袁绍率领勃海郡兵参加,并且当上了反卓联盟的盟主。袁术也以后将军的身份加入反卓联军,成为其中的一路诸侯,他和手下的勇将孙坚给董卓造成了严重的威胁。

董卓废掉少帝刘辩,另立献帝刘协之后,周毖和伍琼等人对董卓说:"以前汉桓帝、汉灵帝之所以丧失人心,原因是重用宦官和外戚,把许多天下著名的文士打成'党人',禁锢他们不许做官,现在应该矫正这项弊政。"董卓听了觉得很有道理,就把这项工作交给了他们,"沙汰秽恶,显拔幽滞"。在周毖等人的引荐下,名士荀爽做了司空,原先被禁锢的"党人"陈纪、韩融等当上了列卿。朝廷的许多行政官员由正直的名士出任,而董卓的亲信党羽却未能获得提拔,还是在军队里任职。"卓所亲爱,并不处显职,但将校而已。"

中平六年(189)十一月,周毖、伍琼与朝内志同道合的官员商议,决定设法让一批名士摆脱董卓的控制,外放到州郡去做行政长官,然后在地方起兵反对董卓,周毖等人在朝内里应外合,推翻董卓的残暴统治。他们提出了这项建议,董卓又受了蒙蔽,结果同意派遣韩馥任冀州牧,刘岱为兖州刺史,孔伷任豫州刺史,张咨为南阳太守,张邈任陈留太守。他们到任后纷纷发表声明,反对董卓的暴政,并与袁绍、袁术等人联合起来,组成了讨伐董卓的联盟。董卓这才恍然大悟,明白自己上了周毖、伍琼的当,急忙派人将他们逮捕,并骂道:"我初入朝廷,你们两个劝我任用名士,所以听了你们的话,而这帮家伙到了州郡,反倒举兵相图,你们两个出卖了我,我有什么地方对不起你们两人!"于是下令杀掉了周毖、伍琼。

初平元年(190)正月,关东诸侯在酸枣(今河南延津县西南)会盟讨伐董卓。董卓见他们声势浩大,心生畏惧,便召集公卿大臣举行会议,提议向全国各地大举征兵,来对抗举义的诸侯。百官们害怕董卓都不敢发言,只有郑泰担心董卓征兵成功后人多势众,更加不好对付,于是反对说:"推行政务在于德行,而不是凭借军队人数的多少。"董卓听了很不高兴,说:"照你的话讲,难道兵是无用的吗?"郑泰编了一套鬼话来欺骗他,说:"不是说兵多没有用,而是(太行)山东地区用不着出动大兵。您出自西边的凉州,年轻时就担任将帅,熟悉军事。而袁绍是个生长在京师的纨绔子弟,张邈、孔伷只是惯于清谈高论的书呆子,并没有领兵作战的才干,临锋决敌,根本就不是您的对手。而且没有朝廷封赐的官爵和尊卑秩序,他们为了保存实力而各自停留观望,不肯齐心协力,共同进退。况且山东百姓过惯了和平优逸的生活,早已不习惯作战;关西屡次遭受羌族的侵袭,就连妇女也能拿起弓箭战斗。当今天下所畏惧的,无非是并州、凉州的军队和附从的羌胡,而您拥有他们作为爪牙,好像驱赶着老虎、犀牛冲向犬羊,鼓动劲风来狂扫枯叶,有谁能抵御得了?若是没有大事而向天下征兵,会使害怕服役的小民聚集起来为非作乱。抛弃德行而依赖兵众,是自己亏损了威严和庄重啊!"董卓听了这番话非常高兴,就不再讨论向天下州郡征兵的事了。

为了躲避关东诸侯的进逼,董卓决定放弃洛阳,把皇帝和百官迁徙到长安,他自己领兵在洛阳断后,迁都的具体事务都交给了司徒王允去主持办理。王允非常用心,他收敛了记载典章制度的各种图书,妥善保管并运到了长安,然后分条上奏施行,安排得非常妥当。王允虽然在骨子里恨透了董卓,但在表面上对他十分恭敬,"矫情逢意,每相承附",大小事务都要请示董卓,照他的意见来办。董卓因此受到迷惑,对王允非常信任,朝廷的内外日常事务,都依仗王允来处置。第二年董卓回到长安,表彰王允的迁都之功,封他侯爵,食邑五千户。王允假意推托,最后只接受了两千户。董卓在这些假象的麻痹下放松了警惕,王允就利用主持朝政庶务的便利,组织了一批大臣准备发动政变,甚至连董卓的义子吕布也被拉拢过来,然后突然举事,刺杀了这个万恶的国贼。

董卓凶残暴虐,为什么会屡屡遭受政敌的欺骗?这和他的性格弱点有密切联系。史书上说他是军伍出身,性情粗豪;但是不学无术,文化素质相当低劣,和赵高、王莽、曹操等巨奸大猾相比,缺乏缜密与诡诈的心机,喜欢听阿谀奉承的话,容易受骗上当。荀攸等名士就很看不起他,说:"董卓无道,甚于桀纣,天下皆怨之,虽资强兵,实一匹夫耳。"就是说董卓作恶多端,比桀纣还要残暴,引起了全国人众的怨恨。他不过拥有强大的武装,实际上只是个缺乏学识和智谋的粗鲁汉子,没有什么了不起的。董卓缺乏在朝廷施政的经验,胸无城府与韬略,又不能识人,这是他频繁受骗、在汉末复杂激烈的斗争中迅速灭亡的原因之一。

呂布　王允　董卓　貂蟬

蔡邕为董卓鼓琴

　　汉末的著名学者蔡邕博学多艺,《后汉书》说他"好辞章、数术、天文,妙操音律"。他对乐器了解非常精到,以致于有人把一段桐木当柴烧,蔡邕听到噼啪作响的烈火焚柴之声,就知道那是一段优良的琴材,于是登门请求把这段桐木给他用来做琴身。做好以后试着演奏,果然发出美妙的声音。因为这张琴的尾部还保留着烧焦的痕迹,被当时的人们称为"焦尾琴"。傅玄在《琴赋》的序言中说:"齐桓公有鸣琴曰'号钟',楚庄(王)有鸣琴曰'绕梁',司马相如'绿绮',蔡邕有'焦尾',皆名器也。"

　　汉桓帝的时候,宦官单超、左悺、具瑗、徐璜、唐衡专权朝政,号称"五侯"。他们听说蔡邕善于鼓琴,就上奏皇帝,让陈留太守督促蔡邕赶赴京师洛阳,来为宫廷演奏。蔡邕不得已而上路,到了距离洛阳不远的偃师,心里实在不愿意去侍候这帮昏君奸臣,于是就谎称自己得了急病,不能进京,返回陈留去了。

　　蔡邕在汉灵帝时入朝做官,名重一时,结果受到宦官和酷吏阳球的陷害,被剪掉头发,颈戴铁钳,流放到朔方(治今内蒙古杭锦旗北)去服苦役。他被释放后见朝政败坏,就退隐江湖,逃到吴郡(治今江苏苏州市)去避难。中平六年(189)汉灵帝去世,董卓进京执政,听说蔡邕的名气很大,就以朝廷的名义征调他到洛阳来。蔡邕再次称病不去,董卓闻讯后勃然大怒,骂道:"我的权力能够灭人全族!蔡邕即使是弯腰驼背、腿脚不便,也不许转身逃避!"然后又急切地命令蔡邕所在的州郡举荐他到洛阳的公府来做官。蔡邕得知后心生畏惧,担心惹来灾祸,只好到了洛阳。董卓先后任命他担任祭酒、侍御史和尚书,"三日之间,周历三台。"即三天之内经历了三个部门的官职升迁。初平元年(190)又晋升为左中郎将。关东诸侯起兵讨伐董卓,蔡邕跟随汉献帝一同迁都到了长安。

蔡邕因为才学高雅,受到董卓的厚待。但是董卓每次与大臣们聚会宴饮,往往让蔡邕鼓琴助兴。尽管很不情愿,但他慑于董卓的残暴,只得被迫从命。蔡邕原来不肯为桓帝和"五侯"弹奏乐曲,昏君和奸宦们也没有把他怎么样。可是遇到杀人不眨眼的董卓,蔡邕就不敢拒绝了,为此他遭到了后人的讥讽。在董卓手下任职,蔡邕心情很郁闷。有一次他对堂弟蔡谷说:"董卓性情刚硬执拗,常常坚持错误而不改正,最终难以成事。我想向东逃跑到兖州(治今山东金乡县西北)去,如果道远难以到达,就先跑到崤山以东去避难,你觉得怎么样?"蔡谷回答说:"您的相貌和普通人有明显的区别,每次外出都会引来很多人观看。因为这个原因,要想藏匿起来不是很困难吗?"蔡邕听了只好作罢。

初平三年(192)四月,董卓被王允、吕布等策划暗杀,蔡邕觉得董卓提拔过自己,有知遇之恩,便按捺不住情绪,在公众场合为董卓叹息。执政的王允为此大怒,把蔡邕逮捕起来,以董卓同党的名义处死。

王夫之认为蔡邕还是胆子太小了,以致被董卓灭族的狠话吓住。蔡邕早年遭受宦官、酷吏的陷害,被判处徒刑和流放,所受的侮辱很深,因而在晚年想图个安稳,所以面对董卓的强横变得气馁了。其实董卓说蔡邕不来就要灭族的话,只不过是狂妄的人在愤怒之下的胡言乱语,并不代表他真的会那样做。当时申屠蟠也没有接受征辟到朝廷来,最终仍是安然寿终。袁绍横刀长揖,把节杖挂在上东门而逃亡,董卓后来也放过了他。卢植奋力反对董卓废黜少帝,也只是被免官。郑泰不赞成董卓调兵,朱儁、黄琬不想迁都长安,最后都能全身而退。蔡邕如果以生病为理由拒绝进京,还不至于像前几位那样和董卓公开决裂,为什么要灭他的族呢? 以董卓的粗鲁蛮横,他说的不过是市井无赖没有根据的胡话,又有什么值得害怕的呢? 蔡邕由于胆怯,被迫低头做了董卓的下属,又受牵连以性命为董卓殉葬,留下了千古的污点。

蔡邕赠书与王粲

王粲是汉末三国的著名文士，才思敏捷，博闻强记。有一次他和别人外出，看到路边有座石碑，便上前读了一遍。同行的人问他是否能把碑文默诵下来，他说能，于是就背诵了一遍，居然一个字也没有错。还有一次，他在旁边看人下围棋，由于起了争执而棋局凌乱，王粲便按照原来的局势重新摆了出来。下棋的人不信，用头巾覆盖了棋局，让他在另外的棋盘上又摆了一遍，再把两副棋局互相比较，连一个子也没有错。

初平元年（190），董卓强迫汉献帝迁都长安，王粲当时还是个十几岁的少年，跟随大众西迁。左中郎将蔡邕"才学显著，贵重朝廷"，家里有藏书近万卷。他有一次偶然见到了王粲，交谈后大为惊异。蔡邕家里每天客人很多，车辆马匹充斥门前的街道，厅堂上坐满了来访的宾客。蔡邕听说王粲来访，已经到了门口，急忙起身前去迎接，连左右脚的鞋子都穿反了。王粲来到堂上，客人们见他很年轻，长得其貌不扬，却受到主人特殊的尊重，都很吃惊。蔡邕解释说："这是三公王畅的孙子啊，他有奇才异能，连我都比不上。我家的书籍文章，都应该送给他。"后来蔡邕把自己藏书的精品挑选出来，装载了好几辆马车，统统交给了王粲，一点儿都不吝惜。

　　王粲十七岁的时候，受司徒王允举荐，被任命为黄门侍郎。他看到董卓当政，朝纲紊乱，不愿意留在长安，于是和族兄王凯离开关中，到荆州去投奔刘表。蔡邕送给他的珍贵书籍，也随同到了襄阳。刘表听说王粲的名气很大，本来想把女儿嫁给他，但是见了面，觉得王粲身材矮小，相貌怪异，而王凯颇有风度，就改变了主意，招纳王凯作了女婿。

　　建安十三年（208）刘表病逝，刘琮继位，曹操率领大军南征荆州，王粲说服刘琮投降曹操，减少了荆州军民的战祸。他因此被曹操任命为丞相掾，封爵关内侯。王粲举家迁到邺城（今河北临漳县），那批藏书又随同前往。王粲在曹操帐下担任秘书工作，由于他博学多识，有问即答，曹操对他非常满意。此时汉朝皇室经过几次战乱，颠沛流离，许多礼仪制度都废弛无闻，王粲凭借他出众的记忆能力，将它们一一恢复起来。钟繇、王朗等才学很高的公卿大臣，曹操让他们起草朝廷奏议，都要思考半天，"阁（搁）笔不能措手"。而王粲"举笔便成，无所改定"，能够一挥而就，因此很受曹操的赏识，不论是在朝内议政，还是外出征伐，总要王粲陪同在身边。建安二十二年（217）春，王粲跟随曹操南征孙权，在路上患病去世。两年后曹操出征汉中，西曹掾魏讽在邺城勾结官吏企图政变，结果被人告发，留守的太子曹丕穷究其党羽，杀了数十人，其中包括王粲的两个儿子，全家被灭门并查抄财物，但是曹丕没有要那批珍贵的藏书，而是让王粲族兄王凯的儿子、刘表的外孙王业继承下来。曹操后来听说此事，感叹道："我要是在场的话，就不会让王粲断绝后代了。"

吕布反复无常

《三国演义》中张飞骂吕布为"三姓家奴",是说他生父姓吕,后来又认了丁原和董卓两个义父,因此称吕布为"三姓",这个蔑称可以说侮辱性极强。丁原、董卓最终都遭到吕布的背叛,被这个义子杀掉,由此可见吕布事人不忠,反复无常。从史籍的记载来看,吕布此后又投奔袁术、袁绍和刘备三家,也是和主人反目为仇。

初平三年(192)六月,董卓余党李傕、郭汜领兵攻陷长安,挟持汉献帝,杀死大臣王允等人。吕布和他们战斗失败,带领数百骑兵,将董卓头颅系在马鞍上,逃离了长安,经武关(今陕西丹凤县东南)来到南阳,投靠了军阀袁术。袁术起初对吕布很好,招待条件非常优厚。袁术的叔父袁隗全家五十余口被董卓杀害,吕布认为自己杀了董卓,为袁术报了大仇,对他甚有恩德,于是就纵兵肆意劫掠,搞得民怨沸腾,袁术对此很生气。吕布得知后害怕受到报复,就带领部下不辞而别,到河内(治今河南武陟县西南)张杨那里住了一段,又去投奔当时势力较强的诸侯袁绍。

袁绍带领吕布到常山(治今河北正定县南)和黑山军张燕作战。张燕有精兵万余人,骑兵数千,战斗力很强。吕布骑的良马号为"赤兔",能够跃上城垒,飞跨堑壕,他和部下健将成廉、魏越等数十骑冲击张燕的军阵,一日出入三四回,都能斩获敌人将领的首级而归。接连战斗了十多天,直到大破张燕的军队。吕布依仗自己的战功,一再向袁绍要求给自己增派兵员,但被袁绍拒绝。吕布手下的将士仍然保持着残暴横行的习气,袁绍深以为患。吕布知道后心不自安,于是向袁绍请求回到洛阳。袁绍答应后让他代领司隶校尉,并派遣壮士为吕布送行,暗地里准备杀死他。吕布见了这些人心生疑惑,就让人在营帐里鼓筝奏乐,自己偷偷地逃走。夜里伏兵起来动手,发觉吕布已经逃跑,袁绍接到报告后担心吕布将来会成为自己的祸患,就悬重赏招募勇士去追击,追上以后这些兵将都畏惧吕布的勇猛,没有人敢于逼近,吕布于是又回到张杨那里。

后来吕布接受张邈、陈宫等人的邀请,到兖州与曹操作战,失利后到了徐州去投靠刘备,受到热情接纳。建安元年(196)袁术进攻徐州,刘备领兵在盱眙、淮阴一带抵御,留张飞驻守州治下邳(今江苏睢宁县古邳镇东)。双方相持了一个来月,互有胜负。袁术派人暗地里联络吕布,答应提供二十万斛军粮,收买他叛变。吕布闻讯大喜,即带领部队水陆东下,偷袭下邳成功,俘虏了刘备的妻子和将吏们的家属。刘备得知后急忙撤退,军队随之溃散,残余兵马被袁术打败,走投无路,只好回到徐州向吕布请降。吕布这时正痛恨袁术食言没有再送来粮饷,就收纳了刘备,让他驻扎在小沛(今江苏沛县),吕布自称徐州牧。

曹操迎接汉献帝到许都后,挟天子以令诸侯。吕布此时又主动向曹操示好,派遣陈登到许都聘问。哪知陈登却对曹操说吕布为人"勇而无谋,轻于去就,宜早图之"。就是说吕布虽然作战勇猛,但是缺乏智谋,与别人协作不能持久,会轻易地离开并投靠他人,因而不可信任,应当尽早除掉他。建安三年(198),曹操和刘备兵围下邳,生擒了吕布。吕布向曹操求饶，声称愿意为他效力，并说："如果让我率领骑兵，明公您带领步兵，天下就不难平定。"他又扭头对刘备说："玄德，您为座上客，我当了俘虏，被绳索捆得太紧，难道就不能为我说句讲情的话吗？"曹操听了笑道："缚虎不得不急。"让左右为吕布放松绑绳。刘备却阻止道："不可，明公难道没有看到吕布侍奉丁原和董卓的结果吗？"曹操听后点了点头，命令手下将吕布缢死，以绝后患。

王夫之对此评论道："吕布不死，天下就没有平定战乱的机会。刘备因此劝曹操尽快杀死他，曹操也为这事而佩服刘备的见识。"又说："吕布的罪恶不是别的，就是反复无常、没有恒心。做人要是反复无常就算是坏到底了。如果不能自信，别人怎么会相信你？若是自己很不检点，又怎么能帮助他人？要是连如何保全自己都不认真考虑，那么看到天下的糜烂也就不会忧虑了。所以君子对反复无常的人，疏远他而唯恐不远，断绝交往而唯恐不早。若是能够除掉他，就不要考虑他可以带来的小惠、小勇、小信、小忠，而必须杀掉他，然后你的名声可以不受辱没，身休不必经历危险。与反复无常的小人相处，有家而家毁，有身而身危，乃至父子、兄弟、夫妻都不能相保。谈论交往的人明白了这个道理，即便是三个人一同出行，也必须要谨慎啊！"

兄弟不能相容——袁绍与袁术的争斗

　　袁绍和袁术是族（堂）兄弟，其家族汝南袁氏长期在朝为高官，所谓"四世三公"，即有四代担任太尉、司徒、司空等官职，号称门生故吏遍天下，因而拥有很高的声望。在中平六年（189）八月消灭宦官集团的战斗里，袁氏兄弟二人出了大名。袁术领兵进攻南宫，烧毁青琐门，逼迫张让等宦官挟持何太后与少帝刘协逃到北宫。袁绍则率军攻进北宫，斩杀了宦官两千余人。董卓进京执掌朝政之后，袁绍、袁术对其专权非常不满，相继逃出京师洛阳。

　　初平元年（190）正月，关东诸侯纷纷举义讨伐董卓，推举袁绍为反卓联盟的盟主。袁术虽然年纪较轻，却对此很不服气，一来认为自己是袁氏嫡妻所生，而袁绍的母亲是婢女，他属于"孽子"；二来觉得在起兵之前，自己官拜后将军，在举义诸侯中职衔最高，袁绍不过是勃海郡的太守，连个州牧、刺史都没有当上。有基于此，袁术觉得反卓联盟的首领理应由他来做。

　　关东诸侯起兵后声势浩大，由于袁绍是诸侯盟主，又待人宽厚，因而声誉远播，以致"威震河朔，名重天下"，各地豪杰来投奔的很多，远远超过了袁术这边，这使袁术非常生气，埋怨道："这帮小子不来跟随我，反而依附我家的奴仆吗！"于是散布流言，说袁绍不是袁氏的子孙。

袁术在给公孙瓒写信时提到这事,不料传到了袁绍那里,致使他勃然大怒。此后,袁绍、袁术开始拉帮结派以打击对方,采用的都是远交近攻的策略,袁术拉拢幽州的公孙瓒,袁绍则勾结荆州的刘表,唆使他们袭击对手的后方。

袁术当时占据了富庶的南阳郡,兵精粮足,他派遣孙坚率军北上,接连打败董卓的部队,收复了洛阳,并准备派兵截断董卓撤回关中的退路来消灭他。袁绍占领了冀州,不愿意让袁术独得讨伐董卓的大功,就任命亲信周昂为豫州刺史,发动突然袭击,夺取了阳城(治今河南登封县东南告城镇),威胁孙坚的后方,孙坚被迫撤兵回来救援,感叹道:"我们共同兴起义兵,来挽救社稷,逆贼董卓眼看就要灭亡,可是袁绍又这样来拆台,让我应当和谁一起奋斗呢?"袁术让手下的公孙越(公孙瓒之弟)领兵帮助孙坚赶走周昂,夺回了阳城。但是公孙越在战斗里中箭身亡,激起了公孙瓒对袁绍的仇恨,随即带兵攻打冀州。

初平三年(192),袁术派遣孙坚带兵进攻刘表,结果孙坚在襄阳岘山中了埋伏而死,使反卓联盟损失了一员得力干将。公孙瓒则让刘备和袁术南北夹攻袁绍,后来被袁绍和曹操击败。袁氏兄弟二人反目为仇,刀兵相见,这对他们的声望造成了非常不利的影响。袁绍自己也明白这一点,他在给朝廷的上书中为自己辩解,说双方的误会是受人挑拨,"令臣骨肉兄弟,还为仇敌,交锋接刃,拘难滋甚。臣虽欲释甲投戈,事不得已。"后来官渡之战前夕,袁绍派使者去拉拢张绣,想让他投靠自己来打击曹操。张绣的谋士贾诩当众拒绝道:"归谢袁本初,兄弟不能相容,而能容天下国士乎?"最终张绣投奔了曹操。

经过数年的兼并,袁绍占据了冀、幽、青、并四州,成为北方势力最为强大的军阀。由于曹操占领了兖、豫二州,袁术和袁绍被他的地盘分隔南北,从而不再交战。袁术轻剽狂妄,在南阳横征暴敛,搞得民不聊生,自己也只好迁徙到淮南,自称扬州牧。裴松之说袁术连毫毛大小的功业也未曾建立,草芥那样纤细的善事都没有做过。就是这样一个人,居然异想天开还要当皇帝。建安二年(197)袁术不顾部下和盟友的反对,在寿春(今安徽寿县)祭天称帝,设立了公卿百官。他在生活上骄奢淫逸,后宫妃妾数百人身穿丝绸,大米饭和肉食随便吃还有剩余,但是部下的士兵们却都饥寒交迫。淮南遇到天灾,江淮之间没有收成,甚至出现了人吃人的惨剧。袁术手下又没有能臣干将,接连被吕布和曹操打败,势力日益衰落,最后走投无路,只好向袁绍低头认输,声称愿意投靠,并且把皇帝的称号让给他,在给袁绍的信中奉承道:"今君拥有四州,民户百万,以强则无与比大,论德则无与比高。"袁绍看了以后表面上没说什么,内心却很高兴,便复信同意接纳袁术,让儿子袁谭从青州南下来迎接他。袁术想从徐州北上,曹操闻讯后颇为担心,派刘备和朱灵领兵前来阻截,袁术不能过去,被迫返回淮南,在建安四年(199)六月到达距离寿春八十里的江亭。当时正是盛夏,酷热难当,袁术想喝些蜜浆,厨师回答说没有,只有麦屑三十斛。袁术坐在床上叹息良久,突然大声喊道:"袁术到了这个地步吗?"然后吐血而死。

王夫之论袁绍不救刘备

汉献帝建安五年(200)正月,曹操领兵赴徐州进攻刘备,田丰劝袁绍乘虚袭击曹操的后方,袁绍却以少子患病为理由推辞不许,田丰举杖击地,叹道:"夫遭难遇之机,而以婴儿之病失其会,惜哉!"

关于这一事件,历代史家大多认为袁绍老迈昏庸,由于溺爱小儿子而耽误了破曹的难逢机会,确实是十分可惜的。王夫之却不这样看,他在《读通鉴论》卷9中认为袁绍毕竟是个深通权术的军阀,不会仅仅为了婴儿的疾病而放弃灭曹的大计,即使他自己不能出征,也可以任命一员大将统兵前往。袁绍不这样做,应该是另有原因的,而田丰并不清楚。究竟是什么原因? 王夫之把这个问题分解为两个方面来进行探讨,即分别从袁绍、刘备各自的角度来分析问题:

首先,王夫之从袁绍的打算来分析原因。如果袁绍乘虚而入,"操军必惊骇溃归,而先主追蹑之"。那样的话,刘备就有可能消灭曹军,进入许都,继续挟天子以令诸侯,取代曹操而成为袁绍的下一个竞争对手,这是他不愿见到的。因此,袁绍采取的是坐山观虎斗的策略,不出兵支援刘备,企图等到双方筋疲力尽时再来收拾残局。这和几年前王允与董卓余党李傕、郭汜在关中苦斗,而袁绍不出兵勤王,却在冀州扩大地盘的做法是如出一辙的。

　　其次,从刘备一方来分析,王夫之认为他的举动也有私心。刘备知道袁绍的势力要强于曹操,而且近日就会发兵南下,渡河进攻许都。从军事上考虑,他没有必要这么早起兵反曹,把曹操的主力吸引到自己身边来。应该等到袁绍大军渡过黄河,"进黎阳、围白马",与曹军主力相持;"操战屡北,军粮且匮,土山地道交攻而不容退"的危急时刻,再举兵反曹,就可以乘虚直捣许都。但是如果这样做,曹操必定会在官渡为袁绍所灭,自己即使进入许都,控制了汉献帝这个空头人质,也无法抵御袁绍大军的逼迫,会重蹈王允被董卓余党杀害的覆辙。只有提前起兵反曹,自己建立大功,才能在政治声望上压倒袁绍。

　　袁绍与刘备两个人实际上是各怀鬼胎,"绍以此制先主,先主亦以此制绍,其机一也。"

　　汇总以上分析的结论,王夫之认为刘备绝不会诚心诚意与袁绍合作、只想着消灭曹操而放任袁绍纵横天下。袁、刘二人的相互猜忌、制约,给了曹操可乘之机,于是他采取了各个击破的策略,"急攻先主而缓应绍",先后打败了他们,确立了自己在中原的统治地位。袁绍、刘备的上述打算,都是藏于胸内而不可告人的,田丰不了解这一点,还想用言语打动袁绍,难怪他不会成功。

文丑

袁术

袁绍

颜良

梁鹄偷师学艺

　　汉灵帝喜欢书画技艺,于光和元年(178)在洛阳鸿都门内开设学校,招收擅长书法、绘画的人入学,由州郡进行推荐,成绩优秀者安排到朝廷和地方去做官。学生中间善写书法的有好几百人,最出色的要数南阳人师宜官,他写的八分书,"大则一字径丈,小则方寸千言。"师宜官对自己的技能非常得意,有时候不带钱就去酒家畅饮,在墙上写字向酒客们展示,收费才能观看,以此来交纳酒费,钱数凑够了就把墙上的字迹涂掉。他每次在简牍上写完了字往往用刀削去,或是以火焚烧,从来不让别人得到他手写的真迹。他的同学中有一位名叫梁鹄,字孟黄,是安定郡人,仰慕师宜官的书法技艺,却无法学到手,于是想了个主意。他知道师宜官爱喝酒,就经常请他聚饮,随身带去一些简牍,等到师宜官喝醉了就设法偷换出来,带回去认真揣摩,终于也练出一笔好字,受到汉灵帝的赏识,被提拔到吏部任职。

　　梁鹄担任选部尚书的时候,曹操正好在洛阳求职,想出任洛阳令(相当于首都的市长),但是梁鹄看不起他,只让他当了洛阳北部尉(相当于首都北城的公安局局长),致使曹操耿耿于怀。董卓之乱爆发后,师宜官在袁术手下做官,后来钜鹿(治今河北平乡县西南)人宋某得到袁术所立的《耿球碑》,书法相当精妙,据说就是师宜官所写。梁鹄则投奔了刘表。建安十三年（208）曹操攻占荆州，梁鹄因为害怕曹操报复而躲了起来。曹操发出告示，悬赏捉拿梁鹄。看到藏不住了，梁鹄就让人绑了自己到曹操营门去自首，乞求为他抄写公文以赎死罪。曹操看重梁鹄的书法，也就没有杀他，让他当了军假司马，在秘书办公的地方辛勤书写来效力，所以当时有很多梁鹄的笔迹。曹操经常把梁鹄的手书挂在帐内，或是钉在墙上赏玩，认为他的书法造诣已经超过了师宜官。邺城和洛阳的宫殿匾额题署，有许多是由梁鹄书写的。据《曹瞒传》记载，当年推举曹操做洛阳北部尉的人，还有司马懿的父亲司马防。后来曹操当上魏王，特地把司马防叫到邺城来，和他一起饮酒，然后问道："我今天可以再做个县尉吗？"司马防回答说："当年推举大王做官，也就是适合当个县尉。"曹操听了哈哈大笑。

华歆不弃同路人

华歆表字子鱼，是平原郡高唐县人。高唐是齐地的著名都市，很繁华热闹，官吏和士人闲暇时都喜欢在市场和闾里中游逛。华歆担任县吏，休假时离开官府，总是回家并且关上门，不愿意招惹是非。他和朋友同僚议论时事和人物时态度很平和，从来不讲别人的坏话。东汉末年，华歆被征召到首都洛阳，做了尚书郎。董卓挟持汉献帝到长安，华歆也和众多官员们随行前往。

后来时局发生动乱，华歆就和志同道合的朋友郑泰等六七人步行离开关中，从蓝田、武关（今陕西商州市丹凤县东南）到南阳去。他们在路上遇到一位独自行走的男士，看到华歆这伙人就停下了脚步，请求和他们做伴一起走。郑泰等朋友看到那个人的状况很凄惨，就准备接纳他入伙，只有华歆一个人反对。他说："不可以这样做，现在的旅途已经是在危险之中，但我们几个是熟悉的朋友，相互之间很了解，不管是祸福灾患，都会共同承受。无缘无故地接受一个陌生人，不了解他的底细，如果贸然接受了他，若是路上遇到了麻烦，难道可以中途抛下他不管吗？"众人不忍心让那个人独自赶路，最后还是结伴而行。那位男子半路上没有注意，失足落进了一口枯井，大声呼救。众人围上来观看，只见那口井相当深，要想把他救上来很不容易，恐怕得费不少时间。郑泰等人就说算了，不用管他，咱们自己走吧。华歆叫住了众人，坚持说："已经和他结伴而行，就应当同甘共苦，这样抛弃他是不合道义的。"于是带领众人回到井旁，终于把那个人救了上来，然后道别离去。大家都称赞华歆真讲义气。

贾逵请求速戴刑具

贾逵在曹操属下担任渑池县令,高干造反的时候,太守张琰将要领兵响应。贾逵不知道张琰的打算,前去拜见,途中听说发生了兵变,想回去又怕张琰派人来逮捕他,于是继续去拜见,还为张琰出了许多主意,好像他也是同谋,这样就博得了张琰的信任。当时渑池县的长官是在蠡城(今河南渑池县西)办公,城墙和堑壕都很不牢固,贾逵就向张琰要求带一部分士兵去那里修城。到了蠡城,那些想参与叛乱的人都认为贾逵是同伙,对他毫不隐瞒,贾逵得知后就把那些人全都抓起来杀掉了,随即修缮城垒,抵抗张琰,直到叛乱被镇压下去。

曹操得知以后,认为贾逵很能干,就任命他为弘农(郡治在今河南灵宝市)太守,后来又调他到丞相府做掌管机要和处理日常事务的主簿。曹操准备南下征讨孙权,正赶上连日的大霖雨,军队将士都不愿意出发。曹操知道了这件事,恐怕有人来谏阻,就发布教令说:"现在宣布戒严(即将出征),但是还没有想好去什么地方,敢于进谏者将会被判处死刑。"贾逵接到了命令后,对同僚三位主簿说:"现在的天气实在是不宜于出征,但曹公下了这样的命令,不可以不去进谏。"便把写好的谏书草稿拿给那三个人看,那三位主簿迫不得已,都在上边签署了自己的名字,然后到府内汇报了这件事。曹操非常生气,就把贾逵他们抓了起来,要送进监狱。问是谁带的头,贾逵说是他出的主意,就一溜小跑进了监狱。

　　狱吏见前来的犯人是主簿贾逵,认为是曹操的亲信,应当有所照顾,就没有给他戴上桎梏(木制的枷铐)。贾逵摸透了曹操的脾气,知道他猜忌多疑,就对狱吏说:"快点儿把我铐起来,主公会怀疑我依仗亲近的职位请你关照,现在将要派人来检查我的情况。"狱吏连忙给他戴上刑具,刚刚安装好桎梏,曹操果然派人到监狱里去探视贾逵,见他戴着刑具,就赶快回去汇报。曹操认为贾逵这个人很诚实,就下令释放了他。说:"贾逵的进谏没有恶意,恢复他原来的职务。"

魏晋风云

司马懿诈病

司马懿在他的政治生涯里有两次装病，都以假乱真、滴水不漏。第一次是在汉献帝建安六年（201），司马懿所在的河内郡举荐他做上计掾，主管郡内户口、财产、田地和赋税的统计上报工作。曹操当时担任朝廷三公之一的司空，听说后就下令让他到自己的府里来担任掾吏。哪知司马懿却不愿意到许都赴任，其原因主要有两条：

首先，司马懿出身于世家大族，祖上司马卬曾是参加秦末起义的将领，被项羽封为殷王，后代在汉朝屡任高官，司马懿的父亲司马防曾经出任过京兆尹，就是长安地区的行政长官。司马懿打心眼里看不起曹操这个宦官养子的后代，所以不愿意在他手下任职。

其次，曹操的名声不好，他对部下掾吏十分严厉刻薄，有一点儿过失或是他觉得不满意就会斥骂杖责。《三国志·何夔传》记载："太祖性严，掾属公事，往往加杖；（何）夔常畜毒药，誓死无辱，是以终不见及。"司马懿因此不愿意到曹操手下去受那份罪，于是他假装中风瘫痪而卧在榻上，说是不能起居活动，所以无法去就职。曹操狡猾多疑，不相信司马懿说的这番话，就暗地里派人在夜间潜入他的卧室，用刀来刺司马懿的身上，看他有没有反应。但是司马懿早有警觉，居然控制住自己，还是一动不动。刺客见状也无可奈何，只好回去禀报。曹操听了信以为真，也就把这件事放了过去。

等到建安十三年（208），曹操当上了丞相，打听到司马懿行动自若，恢复正常，就怀疑他上回是装病，因此下令任命他做相府的文学掾，并嘱咐前往宣读命令的官员说："司马懿这回要是再推三阻四，就把他抓起来！"司马懿知道这回是死活躲不过去了，只好不情愿地赶到邺城上任，并且努力工作，以免受到责罚。

司马懿第二次装病是在四十七年之后，即曹魏正始九年（248）。此前魏明帝临终时，曾经托孤于太傅司马懿和大将军曹爽，让他们二人共同执掌朝内的政务。后来曹爽听信了何晏、邓飏等人的主意，把太后迁到永宁宫，自己大权独揽，皇宫的禁兵也由曹爽、曹羲兄弟掌管，并大肆提拔任用手下的党羽亲信。司马懿被排挤出政坛，他见曹爽兄弟势力强大，不能用强硬的手段来对付，于是装病在家，不参与朝政，暗地里却在策划、组织发动政变。

曹爽等人知道司马懿老奸巨猾，诡计多端，生怕上了他的当，就派李胜以出任荆州刺史为名前去辞行，顺便打探一下他的病情究竟怎样。二人见面之后，躺在床上的司马懿就让两名婢女扶他起来穿衣服，却故意装作失手，将衣服掉落在地上。又用手指着嘴连连叫渴，要喝东西。婢女端了一杯粥过来给他，司马懿拿起来就喝，粥都流了出来，洒满了衣襟。李胜见了也信以为真，不禁难过地落下泪来，说："现在皇帝年幼，正要依赖明公，大家都说您过去的中风病又犯了，没有想到尊体会病成这样！"司马懿喘了好几口气，才恢复了正常，说："年老病重，死在旦夕。听说你要到并州去任职，那个地方靠近胡人，你要好好对待，恐怕以后就见不到面了。"李胜说："我是到荆州任职，不是并州。"司马懿愣了一下，好像是刚听明白，然后说："我年老了，恍恍惚惚,听不清你的话,你是去做荆州刺史,看你德行充沛而又年富力强,正好建功立业。现在和你告别,自己觉得起来身上没有力气,以后不必再见面了。我想等到病稍微好一些,再做东为您饯行,来个生死之别。要让我的儿子司马师、司马昭和您结为朋友,以后多多照顾,可千万不要抛弃他们,辜负了我的一片苦心。"他这一番话讲得流下了眼泪,言语哽咽,泣不成声。李胜也长长叹息,回答说:"一定按照您的教诲去做,饯行的事等您通知我再过来。"于是便告辞出来。

李胜回去和曹爽等人见面,说:"司马懿只比死尸多一口气,已经病得脱了相,神情恍惚,说话尽是错误,喝粥时嘴巴挨不着杯子,指南为北,荆州和并州也分不清,慢慢地和他说话,才能听懂一些。"然后又流着泪说:"太傅的病看来是好不了啦,想起来令人伤心。"曹爽等人听了这番话,也就对司马懿不加防备了。

嘉平元年(249)正月甲午,曹爽兄弟陪着小皇帝曹芳离开洛阳,去高平陵祭祖。司马懿抓住这个时机发动政变,以皇太后的名义下令关闭城门,占据储存兵器的武库,又派军队守住洛水浮桥,让司徒高柔占据了曹爽的兵营,太仆王观占据了曹羲的兵营,然后上奏曹爽兄弟的种种罪恶,迫使二人返回洛阳就范,一举消灭了曹爽集团,完全掌控了朝政。在整个政变过程中,七十一岁的司马懿精神矍铄,指挥自若,一点儿也看不出病容,这就可以说明他此前装病的伎俩有多么高超了,如果他年轻时改行去做演员,大概也会进入明星级别。

司马懿憎恶糟糠妻

　　司马懿的原配夫人名叫张春华，是河内郡平皋县（治今河南温县赵堡镇北平皋村）人，史书上说她"少有德行，智识过人"，生了司马师、司马昭、司马干三个儿子和女儿南阳公主。司马懿年轻的时候，不愿意到曹操府中去做文吏，因此伪装中风瘫痪，不能行动在家卧床。在他诈病期间，有一次在庭院里曝晒家藏的书籍，突然间变了天，降下暴雨，司马懿心疼藏书怕被淋坏，急忙爬起来到院里收拾打开的书籍。他的家里只有一个婢女，碰巧看见了司马懿的举动。夫人张氏担心婢女会走漏装病的风声，亲手把她杀死，并且自己承担了做饭等家务劳动。司马懿见了很是佩服，对这位夫人相当敬重。

　　司马懿到了晚年官居太傅的高位，而夫人张氏已是人老珠黄，在家里不再受宠。司马懿喜欢年轻漂亮的侍妾柏夫人，张氏平时难得与丈夫见面。有一次司马懿患病卧床休息（这回是真的病了），张夫人到他房里去探视，不料司马懿见了她很是生气，居然当面呵斥道："老东西真讨厌，哪里需要你出来看望！"张氏挨了丈夫的骂，羞愧难当，气得回到房中断绝饮食，想要自杀身亡。司马师、司马昭等几个孩子见母亲受到侮辱，也纷纷绝食表示支持和抗议，这下就把事情弄大了。司马懿看到家里乱了套，不禁大惊失色，急忙亲自赶到夫人房内去道歉，才好歹平息了事端。司马懿回去以后对人说："老东西死了也没有什么可惜的,我去道歉不过是怕这几个好儿子跟着受罪罢了。"张氏经过这场风波,身体一蹶不振,在正始八年(247)病死。

从这件事情来看,司马懿晚年对结发之妻相当冷漠,连面都不想见,他这样处理家庭关系可比曹操差得多了。曹操夫人卞氏为他生了曹丕、曹彰、曹植等有出息的儿子,情况与张春华相似;曹操又是个好色之徒,在女宠的数量方面远远超过司马懿。尽管他在生活上花天酒地,但卞氏作为正妻在家中的地位始终没有动摇过。曹操对待妻妾主次分明,喜新却并不厌旧,从来没有因为宠爱妃妾而慢待过年老的卞氏,家里及后宫的事务完全交给卞夫人去打理,在这方面曹操的人品与态度显然要比司马懿强得多。

司马懿父子的狠毒

　　《晋书·宣帝纪》说司马懿"内忌而外宽,猜忌多权变"。即表面上很宽容而内心忌恨,这一点和曹操非常相似。司马懿早年在曹操手下担任属吏,为了打消曹操的疑心,他就辛勤工作,有时候干到深夜都不去睡觉,甚至连打草、放牧那样的事情,他都要亲自到场去检查干得怎么样。曹操知道后很满意,也就没有找他什么麻烦了。但是到司马懿掌握权力以后,残忍的本性就逐渐暴露出来,其冷血嗜杀令人震惊。

　　魏明帝景初二年(238),司马懿率领四万大军,征讨辽东的公孙渊。攻破襄平(今辽宁辽阳市)以后,将投降的俘虏中年龄十五岁以上的男子全部杀掉,共有七千多人,并把尸体堆积起来做成"京观"。公孙渊任命的官员,自相国、公卿以下都被诛杀,死者达到两千多人。嘉平元年(249)正月甲午,司马懿乘曹爽兄弟陪着小皇帝外出到高平陵祭祖,在洛阳发动政变。为了麻痹对手,他让太尉蒋济写信给曹爽,说司马懿的用意只是要免除曹爽兄弟的官职,不会伤害他们的性命。曹爽信以为真,就放弃抵抗、免除官职回到家里。不料司马懿自食其言,把曹爽、曹羲等六个兄弟和亲信何晏、邓飏、丁谧、毕轨、李胜、桓范、张当等全部抓起来,统统处以死刑,而且诛灭三族(父母、妻子儿女和兄弟姐妹)。蒋济劝说道:"曹爽的父亲曹真为国家立过大功,不可以没有后代继承啊！"司马懿不听，坚持将他们全部杀掉。蒋济觉得当初自己写信给曹爽保证过他们的生命安全，现在言而失信，深感愧疚，以致于发病而死。

司马懿死后，儿子司马师、司马昭相继执掌朝政，对待政敌和怀疑通敌者也是大加杀戮，但是在对待战俘方面却比司马懿温和了许多。例如甘露三年（258）二月，司马昭在寿春平定了诸葛诞的叛乱，俘虏数以万计，部下说："投降的淮南将士仍为叛逆，吴兵家室在江南，不可以释放，应该全部杀掉。"司马昭认为那样做影响太坏，没有必要，最后一个人也没有杀，把他们都安排在距离京师洛阳较近的三河（河南、河东、河内）居住生活，以便控制。不过，司马昭的狠毒也是令人发指的。《魏氏春秋》记载当时的文士郑小同，是汉末大儒郑玄的孙子，由于德高望重，曾被皇帝曹髦予以表彰。有一次，郑小同去见司马昭，两个人在书房里谈话，司马昭起身去上厕所，回来后想起桌几上有一份秘密文书，刚才出去时忘了把它藏起来，就问郑小同翻看了没有，回答说没有看，司马昭还是信不过，竟然叫手下人拿来毒酒，强迫郑小同喝下去，杀死了他，这样就可以确保那份文书没有人看过了。司马昭此举也是宁教我负天下人、不教天下人负我，与曹操如出一辙。

司马师的"沉毅"

《晋书·景帝纪》说司马师"沉毅而有大略",所谓"沉毅"就是沉着坚毅,这从司马师的成长史可以看得出来。司马懿对他的两个儿子相当了解,在他准备发动政变、铲除曹爽集团的时候,因为害怕走漏风声,只是和长子司马师进行密谋策划,连司马昭也不告诉。等到政变前一天的夜里,才通知了司马昭。然后司马懿偷着派人去窥探这两个人的反应,只见司马师若无其事,和平常一样安然入睡,而司马昭却辗转反侧,整整一夜没有安席。

第二天司马懿在皇宫的司马门前集合军队,司马师镇定自若,从容部署,将队伍的阵形排列得十分整齐。司马懿看了称赞说:"这个孩子还真行!"在此之前,司马师豢养了一批忠心耿耿、愿意赴汤蹈火的杀手,竟有三千人之众,他们都分散藏在民间,到了政变那天,突然出现集合在一起,就成了一支数量可观的军队,众人都不知道他们是从哪里涌现出来的。

司马懿死后,司马师任抚军大将军,掌管了朝政。正元二年(255)正月,驻守扬州的镇东大将军毌丘俭、扬州刺史文钦举兵作乱,向全国发布檄文,声讨司马氏的罪恶,率领六万大军渡过淮河西征。这时司马师眼睛旁边长了个瘤子,刚刚做完割除的手术,正遵照医嘱卧床休息,因此有些朝臣劝司马师不必亲自带兵镇压,让他的叔父太尉司马孚领兵前往就可以了。司马师由于病情严重,本也是这样打算,但是他的亲信王肃、傅嘏坚决劝他挂帅出征,司马师仍不同意。傅嘏又加重语气说:"淮南、楚地的军队战斗力非常强劲,而且毌丘俭等远来争斗,孤注一掷,其兵锋不易阻挡。若是诸将迎战失利,那么明公的事业也就完了。"这番话打动了司马师,他从病床上一跃而起,说:"就用车拉上我去东征吧!"

当司马师的部队与叛军相遇时,文钦的儿子文鸯年仅十八岁,勇冠三军,趁司马师立足未稳,率兵来攻击他的军营。当时两军的战鼓声、喊杀声惊天动地,司马师躺在帐内,惊吓的眼球都从创口掉了出来。他为了不让部下见到而动摇军心,硬是自己蒙上被子咬住不吭一声,事后发觉连被头都让他咬破了好几处,左右的人当时都不知道这件事。直到逼退了叛军,司马师下令追击,结果势如破竹般地打垮了敌人,毌丘俭在逃亡途中被追获斩首,文钦父子投奔了吴国。司马师获胜后由于病重没有返回洛阳,而是停留在许昌,一个月后去世,让弟弟司马昭接管了军队和朝政。

刘晔晚节不保

　　刘晔表字子扬,淮南郡成德县(治今安徽寿县东南)人,是东汉宗室阜陵王刘延的后代。他的母亲去世时,刘晔年方七岁,兄长刘涣九岁。母亲临终前对孩子们说:"你们的父亲刘普身边有个很坏的仆人,他经常阿谀逢迎,有害人之心。若是你们的父亲死了,恐怕他会祸乱全家。你们长大以后要是能够把他除掉,我就没有什么可遗恨的了。"刘晔长到十三岁那年,对兄长说:"母亲的遗言,现在可以执行了。"刘涣吃惊地回答:"哪能那样做!"刘晔没有听兄长的话,随即进屋杀死了那个仆人,然后到母亲墓前拜祭。家里人见了大惊失色,急忙报告给刘普。刘普发怒,派人去找刘晔。刘晔回家向父亲跪拜说:"我这是执行母亲临终时的嘱托,愿意接受没有向您请示就擅自行事的责罚。"刘普觉得这个孩子很不寻常,就没有责备惩罚他。

　　汉末战乱之际,淮南的土豪郑宝才力过人,拥有众多兵丁,当地人士都很惧怕他。郑宝认为刘晔是高门大族,又很出名,想逼迫他出来带头号召,迁徙民众到江南去。恰巧曹操的使者到扬州来调查审问案件,刘晔和使者进行了联系,准备与其一起回去投奔曹操。几天以后,郑宝带着几百个人到刘晔家来询问,刘晔设下酒宴款待,而让郑宝的部下坐在前院等候,暗地嘱咐仆人,要在进酒劝饮时杀死郑宝。但是郑宝不喜欢喝酒,头脑一直很清醒,倒酒的人不敢动手,刘晔便自己拔出佩刀砍杀了郑宝,斩下首级给他的手下们看,喝道:"曹公有令,敢有动者,与(郑)宝同罪!"郑宝的部属吓得纷纷逃回了兵营。当时郑宝营内有几千军队,刘晔恐怕引起他们的动乱,便骑马带了几个仆人来到兵营的大门,叫出里边的将官,说明了情况,那些兵将便打开营门欢迎刘晔进去,推举他做首领。但是刘晔不愿意带领这支土匪武装,就将他们转交给了庐江太守刘勋。

刘晔归顺曹操后,为其出谋划策,多有成效,后来又在魏文帝、明帝身边服务。由于他是三朝元老,很受尊敬和信任。但是晚年的刘晔对国君和大臣们不能以诚相待,他对魏明帝的主张总是满口称赞,而大臣们的看法若是和皇帝不一致,他也会表示支持,两边都不得罪。魏明帝曾经想要派遣兵将征伐蜀国,宫廷内外的大臣都不赞同。刘晔到内殿与明帝讨论此事,说可以出兵。出来以后与大臣们讨论,见众人都持反对意见,他又说不能出兵,还讲得头头是道,形态生动。

中领军杨暨是魏明帝亲近的臣子,很敬重刘晔,是反对伐蜀最坚决的人,每次从内殿出来,都要到刘晔那里去,听他讲蜀国不可以征伐的道理。有一次他陪同魏明帝到天渊池,明帝又提起伐蜀一事,遭到杨暨激切地反对。魏明帝很不以为然,说你是个书生,哪里懂得作战的事情?杨暨谦虚地道歉说:"为臣出身于儒生的末流,受到陛下过分的优待,提拔起来在六军之上,臣有话不敢不都说出来。即便我的话不值得理睬,但侍中刘晔是先帝驾前的谋臣,经常说蜀国是不可征伐的。"明帝回答说:"刘晔和我讲的是可以征伐蜀国。"杨暨说:"请召刘晔前来对质。"于是下诏把刘晔传进宫来,明帝再次问刘晔蜀国是否可以征伐?刘晔却始终不肯回答。后来明帝单独召见他时,刘晔责怪说:

"攻打别的国家,这是重大的谋划。为臣有幸能够参与,经常担心瞌睡做梦时泄露出来而因此获罪,哪里敢和别人议论此事?作战是用诡诈的办法来欺骗敌人,如果这事还没有宣布,那怎么保密都不过分。陛下却把计划公开显露出来,恐怕敌国已经得到消息了。"魏明帝听后向他道了歉。

刘晔出殿后又向杨暨表示自己这样对皇帝讲是欲擒故纵,责备他说:"打鱼的人如果钓中大鱼,不能急着把它提上来,要先让它游动而跟随着,等到它挣扎的力气用尽可以擒获的时候,再动手把它拉上来,那样做没有不成功的。君主的威重,难道是大鱼可以相比的吗?你是个性格直爽的臣子,然而那种进言的方法是不值得采用的,对此不可不深思啊。"这番话把杨暨蒙蔽了,他也向刘晔表示歉意。

刘晔就是这样应付突变作两面派的,他的这套把戏使用的时间久了,也就为大家所识破。有人对魏明帝讲刘晔的坏话,说刘晔不尽忠心,善于窥伺上意然后逢迎拍马。陛下可以试着问问刘晔,您想要怎么样就故意反着说出来,再问他是什么看法。如果他回答不同意,那么就是符合了您的真实想法,要是每次询问他都表示赞同,那就是曲意逢迎,其诡诈阿谀之情就被揭露出来了。魏明帝照此人说的话去做,刘晔果然都是随声附和,于是明白他是怎样的一个人了。此后明帝对他逐渐疏远,不让刘晔在内朝为官,调他去外朝做大鸿胪(掌管客人的迎送、朝会礼仪)。刘晔见皇帝看穿了他的底细,因此得了抑郁症,不久后便忧虑而死。年轻时这样有胆有智的一个人,晚年却不能在国君和众臣面前推心置腹、光明磊落地行事,而是要耍弄权诈,见什么人说什么话,最终落得个可悲的下场。

张郃是死在木门道上吗

"伏弩齐飞万点星,木门道上射雄兵。至今剑阁行人过,犹说军师旧日名。"这首诗是《三国演义》第一〇一回叙述诸葛亮在剑阁木门道上设下埋伏,射杀曹魏名将张郃的故事。它的来源是《三国志·张郃传》,载太和五年(231),"诸葛亮复出祁山,诏(张)郃督诸将西至略阳,亮还保祁山,郃追至木门,与亮军交战,飞矢中郃右膝,薨。"但是这里有几处与其他历史记载不相吻合的地方。

第一,木门是在天水附近,并不在剑阁。关于木门的位置,学术界通常认为是在祁山之北,现在天水市西南九十里处,《水经注》称其为木门谷,据康世荣调查考证:"当是今秦岭乡西北,由铁炉至藉口的峡谷。"按照前引《张郃传》的记载,张郃是在诸葛亮从天水附近撤往祁山的路上,追到木门,被伏兵射杀的。

第二,根据《汉晋春秋》与《三国志·王平传》的记述,张郃并没有死在祁山以北的木门道,而是跟随司马懿的大军追击蜀兵到祁山附近,然后司马懿进攻诸葛亮的大营,张郃攻打王平驻守的南围,都以失利告终。尤其是司马懿遭到惨败,蜀军"获甲首三千级,玄铠五千领,角弩三千一百张"。

第三,张郃追击蜀军死在青封。魏蜀两军在祁山相持多日,《三国志·后主传》载："魏司马懿、张郃救祁山。夏六月,(诸葛)亮粮尽退军,郃追至青封,与亮交战,被箭死。"青封的位置没有具体记载,很难确定。

关于上述历史记载的矛盾之处,任乃强曾作出一个比较合理的解释。他认为张郃在木门和青封两次追击蜀军陷入埋伏,前一次在木门中箭负伤,但并无大碍,因此后来继续参加了祁山大战进攻南围的战斗。后一次是诸葛亮粮尽退兵时,张郃又追击到祁山以南的青封,再次中了蜀军的埋伏而阵亡。《三国志·张郃传》隐讳了他在青封的战败,所以只说他参加了木门谷的战斗中箭而死。"夫膝非致命之地,当是郃于木门被箭,仍督军进攻祁山。并追亮至青封,战败死。本传讳败死于青封,以薨字接于木门之役也。青封地当在祁山之南。"

另外,《太平御览》卷291引《汉表传》有这样一段记载:"丞相(诸葛)亮出军围祁连山,始以木牛运粮。魏司马宣王、张郃救祁连山。夏六月,亮粮尽,军还,至于青封木门,郃追之。亮驻军,削大树皮题曰:'张郃死此树下。'豫令兵夹道以数千强弩备之。郃果自见,千弩俱发,射郃而死。"有些学者根据这段文字认为"青封"就是天水附近的木门的别称,"青封"和"木门"是同一个地方。但是这样认识有两个问题不好解释,其一是如果张郃在天水附近的木门谷战死,那他怎么可能还会参加此后蜀魏两军在祁山的会战,并带兵攻打王平镇守的南围呢? 其二,诸葛亮在祁山大战后由于粮尽而退兵,于回国途中埋伏射死张郃,这个地点显然是在祁山之南,绝不会背道而驰,撤到祁山以北的木门谷。所以《汉表传》中的"青封木门"连读之句很可能具有不实之处。这段记载有几处可疑,例如两度称祁山为"祁连山",又说诸葛亮削树皮写上"张郃死此树下",与《史记》所载孙膑在马陵道布置伏兵射杀庞涓的故事有移花接木的嫌疑,因此难以令人信服。从目前史料欠缺、难以详细考证的情况来看,任乃强所作的推测,即张郃两次中了埋伏,负伤于木门,送命在青封,是比较合理的。而认为青封就是天水附近的木门之解释则有些牵强,很难自圆其说。

国渊巧破投书案

国渊是曹操手下的官员，做过司空掾属、丞相府长史。建安十六年（211）曹操西征关中，国渊居守后方，平定了河间（治今河北河间市）地区田银、苏伯的叛乱，并且抓获了很多余党，根据法律应当处死。国渊认为这些人并非首恶，请求免除他们的死罪，得到曹操的批准，有上千人因此而得以活命。依照过去的文书惯例，用兵作战的杀敌报告，都是以一当十，但国渊却是按照实际的斩首人数上报。曹操觉得奇怪，问他为什么这样做？国渊回答说："征讨境外的敌寇，夸大斩获人数是为了炫耀战功，向百姓宣传。河间郡是在境内，尽管打了胜仗有功，我还是为此感到羞耻。"曹操听了很高兴，提升他作魏郡太守。

当时魏郡有人写匿名信诽谤曹操，使他非常生气，想要知道是谁干的。国渊请求把书信的原本留下来，不向外界公布。匿名书信当中很多处引用了东汉张衡的《二京赋》，国渊决定从这里入手来破案，他对属下的功曹讲："魏郡很大，现在又划入了京畿，但是缺少有学问的人。你挑选一些聪明开悟的年轻人，我准备把他们派去向名师学习。"功曹找了三个人，临行之前引见给国渊。国渊说："你们还有没学到的知识，《二京赋》是博物广识的文学作品，多被世人忽略，少有这方面的老师，可以寻求能诵讲《二京赋》的人，到他那里接受教育。"随后又暗地下达命令,十天之内找到了熟悉《二京赋》的人,就让三位青年到他那里学习。属吏借这个机会请他回信,对照笔迹,果然和匿名书信上的一样。于是把这个人逮捕审问,罪犯全部承认,并供述了整个作案的情节。国渊因此获得成功,出色地完成了曹操交付的任务。

高柔智断军士失踪案

高柔早年担任过曹操属下的刺奸令史，他熟悉法律，审判公平允当，而且效率很高。因为手里没有积压的案件，犯人很快就得到判决，或是被杀，或是服刑与释放，监狱里没有滞留多日的囚徒。由于业绩突出，后来他得以升任魏国的最高司法长官廷尉。

据《三国志·高柔传》记载，魏明帝时，京师洛阳护军营内的士兵窦礼外出到附近没有回来，军营长官认为他逃亡了，上表请求发布通缉令，并按照法律把他的妻子和儿女收为官府的奴婢。窦礼的妻子接连到州府喊冤告状，但是没有人肯审理这个案件，最后上告到廷尉处。高柔问她："你怎么知道丈夫没有逃亡？"窦礼的妻子哭着回答说："丈夫从小是个孤儿，后来奉养一位老太太为母亲，非常孝敬；又心疼儿女，爱抚关注不愿离身，并非那种轻浮狡诈不顾家室的人。"高柔又问道："你丈夫是不是和别人有仇怨呢？"回答说："丈夫为人很善良，没有和别人结仇。"高柔又问："你丈夫和别人有钱财上的交往吗？"回答说："曾经借钱给同营的士兵焦子文，未能索要回来。"

这时焦子文恰巧因为一些小罪过被关进了监狱，高柔便传唤他过来审讯，先问他为什么进的监狱，然后再问他："你是不是借过别人的钱财？"焦子文回答："我是个单身贫苦的人，从来不敢向别人借贷钱物。"高柔看他的脸色发生了变化,就追问道:"你过去借过窦礼的钱,为什么不承认!"焦子文奇怪这件事怎么会暴露,回答得结结巴巴,很不流利。高柔看了,心里已经明白,便说:"就是你杀了窦礼,最好早点儿招供!"焦子文于是连连叩头,把谋杀窦礼的经过和掩埋尸体的地点全部讲了出来。高柔马上派遣官吏和士兵,按照焦子文的口供前去挖掘,果然挖出了窦礼的尸体。这个案件后来上报给朝廷,魏明帝相当重视,颁布诏书免除了窦礼妻子与儿女的奴婢身份,改为平民。并把这桩案件通告全国,要求各地法官以此为戒,仔细审核案情,予以公正判决。

郭淮五子救母

　　郭淮是曹魏在雍州抵抗蜀国入侵的一位名将,他先后对阵过刘备、诸葛亮和姜维三位统帅,从建安二十年(215)随曹操征服汉中,到正元二年(255)去世,在西陲整整作战、警备了四十年,郭淮经验丰富,领兵有方,历任雍州刺史,征西将军兼雍凉都督,曾是曹魏西部战区的最高军事长官。

　　曹魏嘉平三年(251),太尉、征东将军兼扬州都督王凌企图拥立楚王曹彪为皇帝,推翻执政的司马懿父子,阴谋泄露后被捕自杀。司马懿下令诛灭王凌三族,即父母、妻子儿女和兄弟姐妹。王凌的妹妹是郭淮的妻子,生了五个儿子,都已经长大成人,在郭淮部下任职。司马懿派遣的御史到达关西,宣布了逮捕郭淮妻子的命令。郭淮不敢违抗,听任御史将妻子押上囚车,送往洛阳。她上路的时候,郭淮的部下都痛哭流涕,摩拳擦掌,想要截住囚车,留下郭淮的妻子。郭淮的五个儿子伤心至极,叩头流血,请求郭淮救救他们的母亲。儿子和众人一连几天苦苦哀求,郭淮终于不忍心再看下去,于是命令左右的随从追回妻子。一声令下,追赶囚车的人马达到了几千骑,过了几天才把他的妻子救回来。

　　郭淮为此给司马懿写了一封信,说道:"五个儿子为母亲哀痛,不惜献出他们的生命;如果他们的母亲不在了,那么五个儿子也会随她而去；若是五个儿子都死了，那么我郭淮也就活不下去了。现在下令把妻子追回，如果不符合法律规定，那就应该由我这个主事的人来承担罪名。我在附近等候觐见。"书信送到洛阳，司马懿看了以后，生怕处罚太严而激起郭淮的愤怒，从而煽动兵变造反，那就太划不来了，所以赶紧下令对郭淮的妻子予以宽恕，免于追究。

邓艾苛待下属

三国后期的名将邓艾，曾经在灭亡蜀国的战役中立下大功。他先是带领将士偷渡阴平山险之地，得以进入盆地平原；后又在绵竹消灭了诸葛瞻的部队，迫使刘禅开城投降。魏国因此为他记上了头功，封官加爵，给予重赏。但是邓艾在成都代表朝廷自行对蜀汉降人及部下封拜官职，甚至任命他的部将师纂领益州刺史，牵弘等领蜀地各郡太守，又筹划进行平吴战争，建议封刘禅为扶风王，将他留在关中，这些都不符合执政者司马昭的心意，引起了他的不满。另一位伐蜀的大将钟会嫉妒邓艾的战功，又上表诬告他所作悖逆，企图谋反，致使司马昭下令将邓艾逮捕，用囚车押送回洛阳。

监军卫瓘接受了这项任务，为了防止邓艾的部下拒绝服从，他在夜里赶到成都，命令在城外驻扎的邓艾所统诸将前来报到，声称奉了诏书的指示来逮捕邓艾，其余的人一无所问。诸将要是前来报到从命，就依旧按照此前的战功封爵赏赐；要是胆敢不来报到，就要诛灭三族。等到鸡鸣时分，邓艾的部将都来到卫瓘那里听从命令，只有城内邓艾帐下的少数部将没有得到消息，未能前来。天亮后城门打开，卫瓘乘上使者的专车，径直来到旧日刘禅的皇宫，邓艾此时还在里边睡觉，结果他和儿子邓忠都被顺利擒获。

在这一事件中有些令人诧异的是,邓艾的众多部将在夜里接到卫瓘的通知后,竟然没有一个人把使者要来逮捕邓艾的消息赶紧转告给他,致使他措手不及,俯首就擒。此事也反映出来,邓艾虽然在陇西统率数万兵马长达八年,却没有在部下当中拉拢培育出一批患难与共的党羽,以致在生死关头连个通风报信的人都没有,这又是怎么回事呢?

邓艾后来被杀身亡,司马昭担心他在陇西多年,平素很受将士们的拥戴,一旦被杀后可能会引起边境的骚乱,于是就派遣唐彬到当地去做秘密的察访。唐彬调查结束后回到洛阳,对司马昭说:"邓艾为人忌妒苛刻,诡诈狭隘,自以为才华横溢,能力超群,凡是顺从他的人,便认为是会办事,凡是直言相对的人,就认为是对自己抵触冒犯。即便是长史、司马、参佐牙门那样的属下,如果答对不合他的心意,也经常遭到辱骂。他待人处事不讲礼仪,因此大失人心。邓艾又喜欢施行各种工程杂役,屡次劳师动众。陇西的官员和百姓对此非常忧虑和苦恼,听说他遭到祸事都很高兴,不肯再为他卖命。现在各支军队均已到达,足以镇压内外,希望您不用再为此事担心。"

通过唐彬的调查可以看出来,邓艾为人刻薄,对待下属官员、百姓不够宽厚,没有注意收买人心,所以未能与属官、部将结成死党,不会有人豁出性命去保护他。但是他和属下将士一同战斗、生活多年,而且打了不少胜仗,因此有些部下对他还是怀有感情的,并且认为将邓艾逮捕治罪有失公允。在他被捕之后,某些部将整顿兵马,来到卫瓘的军营,要为邓艾讨回公道。卫瓘见势头不对,就写了一份伪造的表章,说自己也觉得邓艾冤枉,正要上表为他申辩,邓艾的部将们信以为真,便收兵回营了。后来钟会图谋反叛,被手下的将士杀死。邓艾本营的将士们听说后，便追上囚车释放了他，并共同返回成都。卫瓘害怕邓艾煽起兵变，就派遣和他有仇的护军田续领兵赶到绵竹，在夜里突然袭击邓艾住宿的三造亭，杀死了邓艾、其子邓忠，以及部将师纂。

钟会仿人笔迹

　　三国时期的书法名家首推钟繇（151—230），他曾任曹魏的相国和太傅，其书法以东汉曹喜、刘德升和蔡邕为师，吸取了各家长处为己所用。唐人张怀瓘《书断》称他"真书光妙，乃过于师，刚柔备矣。点画之间，多有异趣，虽神明不备，可谓幽深无际，而古雅有余。秦汉已来，一人而已"。由于钟繇促进了真书（即楷书）的定型化，后代把他和"书圣"王羲之并称为"钟王"。钟会是钟繇的幼子，书法也有相当高的造诣，尤其是善于模仿别人的笔迹，能够达到以假乱真的程度。

　　钟会又是另一位权贵子弟荀勖的从舅，但是两个人的关系很不融洽。据《世说新语·巧艺》记载，荀勖有一口价值百万钱的宝剑，平常在其母钟太夫人那里收藏。钟会对此十分羡慕，便心生诡计，模仿荀勖的手迹写了一封给荀母的信，让她把宝剑交给来人。荀母没有看出信件是伪造的，便把宝剑交付钟会派去的送信者。荀勖得知后十分懊恼，他知道这事肯定是钟会干的，但是没有凭据，无法追回宝剑。

　　荀勖实在咽不下这口气，总想用什么办法报复一下钟会。恰巧钟毓、钟会兄弟共同出钱千万，盖了一所富丽堂皇的宅院，准备搬过去住。荀勖极善绘画，于是暗地进入新宅，在门堂上画了一幅钟繇的肖像，"衣冠状貌如平生。"钟毓、钟会兄弟进门看到亡父栩栩如生的画像,不禁心生悲痛,放声大哭,就不想住在那里了。这所宅院后来荒废掉,钟氏兄弟的千万资产打了水漂儿,当时人们都说荀勖报复钟会,让钟会的损失超过自己失去的许多倍。"彼此书画,巧妙之极。"

曹魏景元四年(263),朝廷任命钟会为镇西将军,率领大军十余万伐蜀,被姜维阻挡在剑阁(今四川剑阁县东北),因为粮运不继而准备撤兵。这时邓艾率万余人偷渡阴平成功,又打败了诸葛瞻的蜀军,迫使刘禅开城投降。魏国朝廷认为这场战役要数邓艾的功劳最大,于是封邓艾为太尉,增邑两万户。钟会被任命为司徒,位在邓艾之下,增邑万户。这个结果使钟会心生嫉妒,非常恼火。

邓艾立功受奖之后,有些得意忘形,他要把自己的陇右军队与蜀汉降兵留在当地煮盐冶铁,制造船只,筹备灭亡吴国的战役;又反对把刘禅送到京师洛阳,建议封他为扶风王,留在关中,这就与朝廷意见不合了。司马昭特意让监军卫瓘告知邓艾,不要自作主张。邓艾却不以为然,认为将在外君命有所不受。"《春秋》之义,大夫出疆,有可以安社稷,利国家,专之可也。"钟会见有隙可乘,就在剑阁扣下了邓艾的表章,仿效笔迹全部改变了内容,"令辞指悖傲,多自矜伐",故意用傲慢的词句激怒朝廷,以证明邓艾怀有谋逆之心。钟会还毁掉司马昭的回复公文,自己仿效其笔迹写了些让邓艾大起疑心的信件,促使双方矛盾激化。同时钟会又暗地向朝廷控告,"密白(邓)艾有反状。"致使司马昭下达了逮捕命令,将邓艾父子打入囚车,押送回洛阳。钟会由此统辖了邓艾的军队,控制了近二十万大军,还有蜀汉的投降官兵,自己觉得功名盖世,力量强大,于是准备造反以夺取天下。但是魏国伐蜀的将士们不肯协从,很快酿发了兵变,钟会也在这场动乱中被杀。他的两次仿人笔迹,都是开始阴谋得逞,获利匪浅,最后则以失败告终。

司马懿

邓艾

钟会

司马昭

王濬、王浑争夺灭吴大功

唐朝诗人刘禹锡的《西塞山怀古》说："王濬楼船下益州,金陵王气黯然收。千寻铁锁沉江底,一片降幡出石头。……"是讲东吴政权最终亡于西晋大将王濬之手。咸宁五年(279)十一月,晋武帝命令出动六路大军伐吴,从东至西为:司马伷领兵出涂中(今安徽滁州市),王浑出横江(今安徽和县东南),王戎向武昌(今湖北鄂州市),胡奋向夏口(今武汉市武昌区),杜预向江陵(今湖北荆州市),王濬、唐彬出三峡东征,共二十余万人。其中益州刺史王濬的巴蜀水师七万人是征吴的主力。曹魏此前与孙吴交战,水军的战船装备往往处于劣势。这次王濬营造的楼船体积庞大,还可以横向串联起来,方百二十步,能载两千余人,船上可以跑马,船头彩绘有鹢鸟怪兽,声称要吓唬江神。

王濬的部队在次年正月离开成都,船队先是烧毁了吴国横拦江面的铁索,然后驶出三峡,沿途连续攻克丹阳、西陵、荆门、夷道、乐乡等重镇,与荆州都督杜预所部胜利会师。朝廷下诏命令王濬的水师继续东下,"扫除巴丘,与胡奋、王戎共平武昌、夏口",然后顺流直捣秣陵,即孙吴都城建业,今江苏南京市。并安排王濬、唐彬的部队经过乐乡时,接受补充杜预的军队一万七千人,经过夏口时由胡奋补充七千人,经过武昌时由王戎补充六千人,这样最终还保持着八万多人的兵力。

晋武帝还命令王濬攻克建平后服从杜预的节度,到达秭陵附近时接受王浑的节度。但是杜预认为这一安排欠妥,他对部下说:"如果王濬攻克了建平,就顺流而下,威名已经显著,不宜命令他受我节制。如果不能攻克建平,我更没有办法去节制他。"王濬舟师到达西陵峡口之后,杜预写了一封信,请他不用接受自己的节度。信中说:"你已经摧毁了吴国的西部屏障,就应该直接去攻打秭陵,讨伐反叛了几代的敌寇,把吴国百姓从苦难中解救出来,然后由长江进入淮河,越过泗水、汴水,逆黄河而上,凯旋到达都城洛阳,这是前所未有的事业啊。"王濬看了非常高兴,给朝廷上表呈送杜预的书信。

这时扬州都督王浑已经在江北的版桥消灭了吴国的主力"中军",杀死了领兵的丞相张悌,但是由于缺乏大船,停留在横江渡口不敢前进,准备按照此前的命令接管王濬部队的指挥权,然后再共同渡江作战。尽管部下周浚提醒说,王濬已经立下大功,再接管他的部队很不妥当,这种事情是前所未闻的,应该自己直接渡江攻占秭陵。但王浑还是胆怯,怕万一失败无法交代,又不愿意把功劳让给王濬,所以坚持依照命令在江北等待与王濬会师。

王濬的水师行驶到横江附近时,王浑就派人送信过来,请他过江去商议军事。但是王濬不肯接受他的指挥,回信说:"顺风疾劲,无法停船。"于是继续进攻。吴国皇帝孙皓派遣将军张象率领水军万人前来迎战,看见王濬的战船布满江面,旌旗兵器盔甲接连天际,吓得马上投降。孙皓的手下再也没有部队用来抵抗,只得送去降书。三月壬寅,王濬来到秭陵北面临江的石头城,孙皓把自己捆绑起来,携带棺材前来投降。王濬在军营门前为孙皓松绑,派人押送这批重要的俘虏赶赴京城,然后接受了吴国的地图户籍,封闭了秭陵的府库,晋武帝闻讯后立即派使者前来犒劳慰问王濬的部队。

王浑失去了灭亡吴国、生擒孙皓的重大功劳,深感羞耻与气愤,于是上表弹劾王濬没有遵照命令服从自己的节度,又诬告王濬私分财宝、火烧宫殿与纵兵抢掠等许多罪状。由于王浑是豪门世族,在朝内多有党羽,有关司法部门就申请逮捕王濬、用囚车把他押回京师洛阳。晋武帝心里很明白,就下令不许那样做,但同时下诏责问王濬为什么不按照诏书指示服从王浑的节度? 王濬分别作了以下解释:

首先,王濬说自己只是接到了"军人乘胜,猛气益壮,便当顺流长骛,直造秣陵"的诏书,以及各路兵马都要接受太尉贾充指挥的命令,并没有收到另外要受王浑节度的诏书,那份诏书是后来才接到的。另外,王浑当时写信给自己,说的是到北岸商议军情,也未曾告诉他要服从王浑的指挥。此时他的水军迅猛奋发,乘势奔赴敌城,加上部署行进很有秩序,无法在浩荡的江水中调转船头到王浑那里,否则就会使船队的首尾断绝,秩序大乱。转眼之间,孙皓派遣使者前来投降,自己当即写信给王浑,并抄录了孙皓的降表,请他尽快赶来,准备在石头城等待他。军队在中午赶到秣陵,可是黄昏时才接到王浑下达的命令,让自己接受他的节度,但这时孙皓已经前来投降了。秣陵宫中起火,是孙皓手下人放的;宫中财物有许多已被孙皓赏赐给迎敌作战的部下,剩下的在孙皓投降后遭到他左右侍从的劫掠,王濬部队进宫后对府库加以封存,移交给王浑的部下周浚。自己在秣陵处死了违反军纪的士兵十三人,其余实行抢掠的兵将并不属于他的军队。最后,王濬又强调按照《春秋》的礼义,大夫出疆,拥有专断的权力。而自己马到成功,遭到了旁人的嫉恨。晋武帝看了以后就不再追究他的罪责。

王濬回到京城洛阳以后,王浑在朝内的党羽还是不肯放过他,再次劾奏他上表不列举七次诏书的月日，又在赦令之后继续违诏不服从王浑的节度，属于大不敬，请求交付廷尉治罪。晋武帝看了以后下诏说，王濬有征伐的功劳，不足以用微小的罪过来掩盖。有关部门再次劾奏，说王濬在赦令之后擅自烧毁了吴国的一百三十五艘战船，应该予以治罪。晋武帝又下诏说不要追究，并且拜王濬为辅国大将军。有关官员又奏报，说辅国大将军的职务按照条例不算是高官，应当不设置司马的属官，不给官骑，这是有意贬低王濬的待遇。晋武帝看了又下诏说，按照征镇将军的职位给予王濬五百辆大车，增兵五百人专门建立军营，并给亲骑百人、官骑十人，设置司马，并封为襄阳县侯，邑万户。赐绢万匹、钱三十万。

王濬认为自己的功劳很大，却被王浑父子及朝内的豪贵压抑，屡次遭到弹劾。每次进谏的时候，他都要向皇帝陈述自己攻战讨伐的功劳，以及被冤枉的情况，有时气愤至极，不向皇帝告辞就径直离开了，晋武帝经常给予宽容原谅。王濬的姻亲范通对他说："您的功劳可以说是很了不起，然而遗憾的是在这方面未能做到尽善尽美。"王濬问他是什么意思？范通说："您凯旋之日，应当头戴角巾回到私宅，不再提起平定吴国的功劳。若是有人问您，就回答说：'靠的是圣明君主的美德，各位将帅的功劳，我在这件事上哪有什么功绩呢？'如果你这样做，颜渊、老子的不矜功自伐，龚遂的谦虚对答，又怎么能超过您呢？蔺相如那样做可以使廉颇屈服，王浑能不感到羞愧吗？"王濬听后说："我一开始很害怕出现邓艾那样的事情，被人诬告逮捕，从而降临灾祸，所以不能不作辩解，也不能把委屈憋在心里，这是我的气量狭小啊！"

当时众人都认为王濬的功劳重大，而报答偏轻，博士秦秀、太子洗马孟康、前温县县令李密等分别上表来陈诉王濬的冤屈，晋武帝于是晋升王濬为镇军大将军,加散骑常侍、领后军将军。王浑到王濬那里去探访,王濬事先部署兵丁严加防备,然后才和他相见,相互猜忌提防都到了这种地步。

这件事情过后,王濬认为自己勋高位重,不再过简朴的生活,用玉器盛放饮食,身穿锦绣服装,纵情奢侈来自我享受。他所提拔、举荐的大多数是蜀地人士,以此来表示自己不忘故旧。后来他在太康六年(285)逝世,享年八十岁。

闻香识郎君——贾午、韩寿的爱情故事

　　贾充是司马昭和晋武帝司马炎的心腹大臣，官居司空、车骑将军。他有个小女儿叫贾午，很受宠爱。贾充设宴招待同僚与宾客的时候，贾午常常趴在窗棂上偷看，这天她发现客人中有一位容貌俊美、举止优雅的青年男子，不觉面热心跳，十分喜欢。她问跟随的婢女有没有认识这个人的，恰好有个婢女说：这是我过去的主人，叫韩寿，是曹魏司徒韩暨的后裔，被你父亲贾充任命为司空掾。

　　贾午回到房间后浮想联翩，夜不能寐，就打发那个婢女前往韩寿家，叙说了贾午对他的爱慕之情，婢女夸奖小姐长得非常漂亮，"光丽艳逸，端美绝伦。"韩寿听了以后也动了心，便委托那个婢女传话，说自己有意结好。婢女回去禀告后，贾午就准备了一份厚礼，暗地里找人送了过去，并约韩寿晚上偷着到她的闺房来幽会。韩寿是习武之人，身手矫健，等到夜深人静之时，悄悄地跳墙来到贾府的后院与贾午会面。全家人谁也不知道这个情况，只是贾充觉得这个女儿最近心情特别好，有说有笑，走路的样子都轻飘飘的，和平常大不相同。

　　当时西域给皇帝进贡了一种奇异的香料，涂在人身上一个月香味都不散去。晋武帝觉得很珍贵，只赏赐给了贾充和大司马陈骞，贾午趁没人的时候从父亲房里偷了一些送给了韩寿。贾充的一个下属与韩寿赴宴饮酒时，闻到他身上有那种特殊的香味，和长官贾充的情况一样，觉得很奇怪，就报告了贾充。这时候贾充开始怀疑女儿与韩寿私通，但是家里门阁严禁，都有人把守，不知道韩寿是怎么进来的。贾充想了个主意，在夜里睡觉时假装突然惊醒，家人进来询问，他说好像有盗贼进来了，你们快去院子里巡察。奴仆家丁们沿着院墙查看了一遍，回来报告说："没有什么异常情况，只是院子东北角有些浅浅的脚印，好像是狐狸从那里走过。"贾充就把女儿身边侍奉的婢女叫过来考问，她们都讲出了实情。贾充吩咐将这件事保密，然后告诉韩寿，把女儿嫁给他。

后来贾充去世，他的两个儿子都早年夭折，爵邑无人继承。妻子郭槐就申报朝廷，请求把韩寿、贾午的儿子韩谧转到贾家，来做继承人。朝内的大臣们觉得应该从同宗同姓的人中挑选，异性子孙过继为后代不合礼法。晋武帝则认为贾充的功劳很大，可以破例。"外孙骨肉至近，推恩计情，合于人心。"就让韩谧改姓贾，以贾充孙子的名义继承了他的爵位和封邑。

曹魏洛阳的凌云台

　　凌云台,又称陵云台、陵云殿,是三国曹魏在洛阳皇宫内修建的著名建筑。凌云台始建于魏文帝时,黄初二年(221),"是岁筑陵云台。"在魏明帝时又经过重新修缮。《三国志·高堂隆传》称曹睿"铸作黄龙凤皇奇伟之兽,饰金墉、陵云台、陵霄阙。"还有记载说凌云台是在魏明帝时完工的,这是怎么回事呢?据《世说新语·巧艺篇》所言,这座建筑起初是木质结构的,在魏明帝时倾侧毁坏,后来又重新修建起来。凌云台的楼观设计精巧,整个建筑在施工前先称过所有木材的轻重,使四面所用的材料重量相等,然后再进行安装,因此四面重量不差分毫。楼台虽然高峻,经常随风摆动,但是始终不会倾覆。后来魏明帝登台,觉得它的情况危险,心里害怕,就另外用粗大的木材在旁边支撑住它,不料这座楼台随即垮掉了,被评论者认为是它四面的重量发生偏差的结果。看来此后的凌云台是魏明帝重新修建的,为了克服皇帝的恐惧心理,新的凌云台改为土石堆砌,顶上有木制的楼阁。有人认为此后的凌云台仍然是木质结构,但从一些史料记载来看,它的情况并不是那样。现分述如下:

　　首先,台上有冰窖。见戴延之《西征记》:"凌云台有冰井,延之以六月持去,经日犹坚也。"《述征记》亦云:"冰井在凌云台北,古旧藏冰处。"如果是木材架构的楼台，就不可能设置这样的冰窖。另据《洛阳伽蓝记》所载，这口井在北魏时期的凌云台上依然存在，名为八角井（详见下文），也说明了这一点。

其次，台上有砖道。《述征记》曰："陵云台在明光殿西，高八丈，累砖作道通至台上。"登高远眺，可以详尽地观察整座洛阳城邑，再南望少室山，也能见到丘岭秀丽之极。若是木材架构的台子，应该是铺设木制的台阶，而不可能是砖道，只有用土堆砌的高台才会以砖来铺设道路。

再次，《洛阳宫殿簿》曰："陵云台上壁方十三丈，高九尺。楼方四丈，高五丈，栋去地十三丈五尺七寸五分也。"表明这座建筑的土堆上边有高九尺、方十三丈的台基，台基上面是方四丈、高五丈的木制楼阁，它的柱子底部距离地面十三丈五尺余。在台下南角还有一所白石砌成的房间，见《北征记》："凌云台南角一百步，有白石室，名'避雷室'。"

凌云台的高度记载不一，前引《述征记》称八丈，学界认为有误。如余嘉锡案："台高八丈，未为极峻，不称'陵云'之名。盖亦字有脱误也。"前引《洛阳宫殿簿》所言合计约为十八丈五尺余。《艺文类聚》卷62和《太平御览》卷177皆引杨龙骧《洛阳记》曰："凌云台，高二十三丈，登上直望孟津。"而卫恒《四体书势》则云为二十五丈。看来大约是在二十余丈了。

凌云台虽然很高，但是据说有个"铃下"（即在皇帝阁前聆听铃声等待召唤的仆人）身怀绝技，他穿着木屐攀登高台非常轻快，如履平地。魏明帝为此感到惊奇，又害怕此人会威胁他的生命，于是就把他杀掉了。见《酉阳杂俎》卷9《盗侠》："魏明帝起凌云台，峻峙数十丈，即韦诞白首处。有人铃下能着屐登缘，不异践地。明帝怪而杀之，腋下有两肉翅，长数寸。"

与凌云台密切相关的故事主要有两条。其一，是韦诞题榜。据《三辅决录》记载，韦诞是关中京兆郡杜陵（今陕西西安市三兆村南）人，曾被任命为武都太守，因为善书法而留在京师，没有去赴任，转为皇帝身边的侍中，专门书写都城宫殿里的大小匾额。洛阳、邺城、许昌三座都城的宫殿刚刚竣工，明帝就命令韦诞为它们题写铭文，作为永久的制度。韦诞嫌宫里的笔墨不好用，上奏曰："夫工欲善其事，必先利其器。用张芝笔、左伯纸及臣墨，兼此三具，又得臣手，然后可以逞径丈之势，方寸千言。"《晋书·王献之传》提到，陵云殿修建完毕后，榜匾没有题字，工匠就把它给钉上了（应是钉在楼上），没有办法取下来，于是用辘轳把韦诞吊上去书写。等到书写结束，韦诞惊吓紧张得胡子和头发都变白了，只剩下一口气。他回去后对子弟们说，以后不要再学习写大字的书法了。卫恒《四体书势》和王僧虔的《名书录》也记载了韦诞的这段经历。

关于这个故事的真伪，很早就有人提出了质疑。谢安对王献之讲述此事时，后者即正言厉色地说："仲将（韦诞表字），魏之大臣，宁有此事！"李治在他的《敬斋古今黈》卷 6 中也对此批驳说："魏明帝的为人，算是君主中英明俊健的，他兴造工程，必然不会轻率鲁莽。何况凌云殿并非小小的建筑，修建它的工匠，必定是天下最出色的；担任监工的人，也会是选拔出来能干的人。在楼观上题写榜匾，按照情理来推测，应该是事先写好了字，然后再挂上去。怎么会有大殿已成，而让工匠把空白的榜匾挂上去呢？所以错误地挂上白榜、再让人上去书写，绝对没有这个道理。"

不过，李治又列举了怀瓘《书法录》的另一条记载，说凌云台的榜匾原来是写好了字才钉上去的,但是魏明帝看了以后觉得不满意,就让韦诞重新描划纠正,指出这种情况倒是有可能发生的。余嘉锡认为卫恒距离韦诞的时代不远,卫恒和王僧虔都是世代书法名家,纵然所说凌云台题字的故事不可能没有一点儿失误,然而父子师徒相传,怎么会没有根据呢?《书法录》的记载合乎情理,能够纠正以往这个传说中的错误。"据其所言,此榜仍是在平地书就,及悬之台上,方觉其不佳。榜既高大,又已钉牢,取之甚难,故悬(韦)诞使上,令就加描润耳。高下异好,书画之常。怀瓘此说,必别有所据,足以正从来相传之失矣。"至于韦诞下台之后头发和胡须都变白了,这是后来形容过甚之词。

其二,是曹魏后期的两次政变。汉魏时期皇宫中高台的作用,除了登高远眺之外,还有军事上的防御功能,它往往是皇帝危急时的避难所。例如西汉新朝未央宫中的渐台,《汉书·王莽传下》载王莽在起义军冲进宫里的最后时刻,让部下簇拥着他逃了上去。起义军追了过来,把渐台包围得水泄不通。台上用弓弩与台下对射,起义军便攻不上去。后来台上的箭放完了,起义军才登上渐台,短兵相接,然后将王莽杀死。还有东汉洛阳南宫里的云台,《后汉书·宦者传》载延光四年(125)十一月丁巳,孙程等宦官发动政变,于北宫解救被囚禁的济阴王刘保,立为顺帝。为了躲避外戚阎氏及其部下,"召尚书令、仆射以下,从辇幸南宫云台,(孙)程等留守省门,遮捍内外。"从而取得了成功。

曹魏的凌云台也是如此,与渐台、云台不同的是,它还是皇宫内储存兵甲的武库所在地,足以装备三千人。《三国志·夏侯玄传》注引《世语》记载嘉平六年(254)二月,中书令李丰联络太常夏侯玄、皇后父亲张辑,图谋发动政变除掉执政的司马氏兄弟。司马师听到了消息,和亲信商量怎么应付。舍人王羡建议邀请李丰到府上来,再把他抓住。说李丰如果没有准备,就不敢不来。若是他躲在家里,我一个人就可以收拾他。要是他知道我们了解政变的密谋,带着护卫坐上马车,用长戟来自卫,从云龙门进宫,逼着皇帝和他登上凌云台,利用台上储存的武器装备,敲鼓集合队伍,那样的话,就没有什么办法了。司马师听了马上派王羡坐车去请李丰,李丰不知道情况,进了大将军府就被杀死了。然后司马师下令捉拿夏侯玄、张辑等人,这场政变也就没能发动起来。《魏书》记载当年九月,司马师及其同伙上表给皇太后,劾奏皇帝曹芳"耽淫内宠,沉漫女色",其罪状之一,就是"于陵云台曲中施帷,见九亲妇女"。最终把他废掉,另立曹髦为帝。

甘露五年(260)五月戊子日夜晚,魏国皇帝曹髦不堪忍受司马昭专权的欺凌,在宫中召见侍中王沈、散骑常侍王业和尚书王经,对他们说:"司马昭之心,路人皆知。我不能坐等承受废黜的羞辱,今天应当与你们出宫去讨伐他。"曹髦不知道这三个人中有两个是司马昭的亲信,王经劝阻未成后留在宫里,王沈和王业赶快出宫给司马昭报信。曹髦不顾一切,自己带领冗从仆射李昭、黄门从官焦伯等到了凌云台,派人把兵器铠甲从上边搬运下来,发放给仆从和奴婢等人,加上宫里的一些卫士,拼凑了几百名部下,然后冲出云龙门去讨伐司马昭。司马昭闻讯后派贾充率领军队前来阻击,很快就打败了曹髦的乌合之众,并且杀死了这位年轻的皇帝。

后来司马炎代魏,建立了西晋王朝,凌云台也是他经常游玩的场所。《晋书》记载汝南王司马亮的母亲太妃伏氏得了小病,到洛水岸边祈求消灾。司马亮兄弟三人陪同母亲,并且拿着皇帝赐给的节杖,鼓吹乐队随行,吹奏的声响和服饰仪仗的华丽震耀洛水之滨。晋武帝登上凌云台,望见了这幅场景,感叹说:"伏妃可以称得起富贵了。"武帝还曾在凌云台设宴招待群臣,卫瓘在席间想劝他废掉痴呆太子司马衷,欲言又止有三次,用手抚摸皇帝的座位说:"这副宝座真是可惜!"晋武帝明白了他的意思,故意说:"您真是大醉了吗?"卫瓘从此再也不敢提这件事了。五胡乱华之后,凌云台历经沧桑仍旧巍然屹立,直到北魏时期还可以看到。《洛阳伽蓝记》卷1《瑶光寺》记载:"千秋门内道北有西游园,园中有凌云台,即是魏文帝所筑者。台上有八角井,高祖于井北造凉风观,登之远望,目极洛川。"《水经注》卷16《谷水》引《洛阳记》也说:"陵云台西有金市,金市北对洛阳垒者也。"

捣折脚

汉末三国时期出现了一种前所未有的残酷刑罚,叫做"捣折脚",就是打断人的小腿骨,使他不能走路。据《三国志·贾逵传》记载,建安十六年(211),曹操任命贾逵做弘农(治今河南灵宝市北)太守,随后征发兵丁,贾逵怀疑境内的屯田都尉藏匿逃亡的百姓,叫他过来询问。都尉认为自己和贾逵分别属于两个行政系统,自己不归郡太守管辖,因此说话很不客气。双方发生了言语冲突,贾逵大怒,就把屯田都尉抓了起来,"数以罪,捣折脚,坐免。"即列举他的罪状,打断了他的小腿骨,贾逵也因为这件事做得过分,被上司追究免去了官职。同传注引《魏略》则记载杨沛做了长社(治今河南长葛市东)县令,当时曹洪门下的宾客在县内居住,不肯依法承担赋税徭役,杨沛"先捣折其脚,遂杀之"。因此受到了曹操的赞赏。这些案例值得注意的有以下几点:

第一,"捣折脚"不同于官府法律明文规定的笞刑(用箠)、杖刑等惩治的刑罚,它属于官员仅凭个人意志使用的一种私刑,是不正规、不合法的施刑。另如,《后汉书·袁绍传》注引《英雄记》载袁绍任命朱汉为都官从事,朱汉为了报复私怨,带兵闯进韩馥的家里,"收得馥大儿,捶折两脚。"袁绍立即逮捕朱汉,把他杀掉了。也表明这是一种非法的刑罚,所以施刑者事后受到长官的严厉惩治。

　　第二，从贾逵和杨沛的案例来看，受刑者起初都是有恃无恐，态度嚣张，不把地方长官放在眼里。"挝折脚"有先灭掉那厮威风的作用。被打折小腿后，受刑人无法站立，剧痛难当，自然就没有以前的张狂了。

　　第三，先秦时代官府有刖足之刑，秦及汉初仍然存在，称为斩左止（趾）、斩右止（趾），汉文帝十三年（前167）除肉刑，斩足之刑罚予以废除。东汉时期"斩右止（趾）"更多的是成为交纳绢帛的赎刑、代刑，汉末已不复存在。当时人们认为肉刑过于残忍，与儒家"身体发肤受之父母，不可损伤"的流行观念不相吻合，而"挝折脚"虽然也很痛苦，但并非不可治愈，所以在某些官员那里成了替代刖足的刑罚，开始散见于社会。

　　南北朝时期，这种私刑只发现一例，即刘宋孝武帝使人诬告颜竣私通叛逆，"诏先打折足，然后于狱赐死。"到了唐后期及五代，"折足"的惩治则频频出现。例如，唐僖宗文德元年（888）十二月甲子，"蔡州牙将申丛执秦宗权，挝折其足，乞降。"天复元年（901）正月己丑，"朱全忠械程岩，折足槛送京师，戮之于市。"后唐庄宗天祐十九年（922）九月丁未，"镇州平。获（张）处球、处瑾、处琪并其母，及同恶高濛、李翥、齐俭等，皆折足送台。"后唐明宗天成元年（926）七月乙亥，镇州留后王建立上奏："擒刘殷肇及其党一十三人，见折足勘诘。"其中引人注目的一件事，是唐宪宗元和十年（815），李师道在洛阳藏匿兵丁近百人，准备焚烧宫阙，大肆杀掠，被举报后逃出长夏门，东渡伊水，窜入嵩山，被官府重赏缉拿。几个月后，这伙贼人在市场上抢了一个猎户正在出售的鹿，那位猎户招来朋友和官军，在山谷里将那伙贼人全部擒获，经过严厉的审讯，供出他们的首领是嵩山中岳寺的一个老和尚，法名圆静，已经八十多岁了，曾经做过史思明的将军。圆静身材高大，勇悍过人,官军抓到他后,怕他在押送途中逃跑,就让力气大的人举锤奋力砸他的小腿,居然无法折断。圆静发怒道:"鼠辈,折断人脚都不会,还敢称健儿吗!"于是自己把腿摆好,教给官军怎样才能把腿砸断。临受死刑时说:"耽误了我的事,不得使洛城流血!"另据《宋史》记载,北宋景德年间还发生过类似的事情。杨琼领贺州团练使、知兖州,有个兵卒自称获得了仙术,能够在空中飞行,骗了许多人。杨琼逮捕了他,"折其足,奏戮之。"此后这种私刑在历史上就非常罕见了。

三国名人的须髯

古代男子英俊的特征之一,就是个子高大、胡须很长,具备了上述条件可以算作是一项优点。例如《国语》记载春秋时晋国智氏家族推举首领的后继人,认为智瑶有"五贤",就是"美须长大则贤,射御足力则贤,技艺毕给则贤,巧文辩惠则贤,强毅果敢则贤"。汉魏名人中因为胡须较长而称美者很多,例如刘邦,"高祖为人,隆准而龙颜,美须髯……"霍光,"长财(才)七尺三寸,白皙,疏眉目,美须髯。"光武帝刘秀,"身长七尺三寸,美须眉,大口,隆准,日角。"曹操谋士程昱,"长八尺三寸,美须髯。"隐士管宁,"长八尺,美须眉。"东吴太史慈,"长七尺七寸,美须髯。"

三国胡须最长的要数曹操的大臣崔琰,"声姿高畅,眉目疏朗,须长四尺,甚有威重。"当时普通男子身高也就是七八尺,崔琰须长四尺占了身高的一半。而以须髯闻名天下于后世的就是蜀汉名将关羽了,即著名的美髯公。《三国志·关羽传》记载关羽听说马超归顺了刘备,就给诸葛亮写信询问其才能可以和谁相比。诸葛亮知道关羽性格骄傲,因此回信说马超文武兼备,雄烈过人,是当代的豪杰,属于英布、彭越那类的人,和张飞差不多,比不上关羽。"当与益德并驱争先,犹未及髯之绝伦逸群也。"信中的"髯",便是尊敬关羽的代称。"羽美须髯,故亮谓之髯。"关羽看了信沾沾自喜,还传给门下的宾客们阅读。

　　由于长须醒目,它的特殊颜色也成了识别人物的标志。例如孙权胡须发紫,在合肥逍遥津战斗中十分显眼,引起魏军的注意。《献帝春秋》记载张辽战后询问东吴投降的士兵:"向有紫髯将军,长上短下,便马善射,是谁?"回答说是孙权。张辽与乐进相遇后,说没有早知道这个人就是孙权,急忙再去追赶,已经是来不及了,整支军队都在叹恨。曹操的次子曹彰,被称为"黄须儿",就是因为他胡须发黄的缘故。"彰须黄,故以呼之。"

　　当时男子普遍蓄有长须,如果用手捉住对方的胡须,或是"捋须",即手握对方胡须再抹下来,则是一种亲昵、亲热的举动。像曹彰北征乌桓获胜,听了曹丕的劝告,在面见曹操时归功于部下众将。曹操听了很高兴,握住他的胡须说:"黄须儿竟大奇也!"蓝田人刘雄鸣投奔曹操很受器重,拜为将军。曹操派他去招降旧日的党羽,那些部下不愿意,反而劫持了刘雄鸣,逼着他领头造反,先是占据武关,后又逃亡汉中。曹操攻占汉中后,刘雄鸣无处藏身,只好再次归降。"太祖捉其须曰:'老贼,真得汝矣!'"然后恢复了他的官职,迁徙到勃海郡。吴国的名将朱桓病愈返回防区之前,孙权亲自去送行。朱桓举起酒杯说:为臣应当远去,希望捋一下陛下的胡须,就没什么可遗憾的了。想以此举动来表示他和孙权有特殊亲近关系。孙权给了他这个面子,倚靠着桌几把身子凑了过来。朱桓进前捋了他的胡须说:"臣今日真可谓捋虎须也。"惹得孙权哈哈大笑。

　　长须既然是男子貌美的特征,那么无须就会被视为生理上有某种缺陷了。建安十六年(211)刘备领兵入川,与刘璋在涪县(治今四川绵阳市东)会面,蜀郡张裕是刘璋部下的从事,在旁边侍坐。刘备见他胡须茂密,就开玩笑说:过去我住在涿县,那里有很多人姓毛,东西南北都有姓毛的人。涿县县令因此说:"诸毛绕涿居乎!"这是以"涿"作为"啄(嘴部)"的谐音,嘲笑张裕满嘴周围都是毛。张裕见刘备没有胡须,便反唇相讥道:过去有个人作上党郡潞县的县长,很快升迁为涿县的县令,后来罢职回家。有人给他写信,称他"潞君"则漏掉了涿县,称他"涿君"则漏掉了潞县,只好称他作"潞涿君"。"潞涿"在这里是"露啄"的谐音,表示嘴上没毛,光秃秃的。"先主无须,故(张)裕以此及之。"这话把刘备气得够呛。后来刘备占领四川,借口张裕关于进兵汉中作战的占卜失灵,把他抓起来杀掉了,以此来官报私仇。

男子没有胡须还会被误认为是宦官,有时甚至会带来杀身之祸。中平六年(189),宦官张让、段珪等诱骗大将军何进入宫,将他杀害。《三国志·袁绍传》记载何进的部下袁绍、袁术兄弟领兵报仇,打破宫门,见了宦官就杀,死了两千多人,其中就错杀了一些没有胡须的宫内服务人员。"遂勒兵捕诸阉人,无少长皆杀之,或有无须而误死者。"有些没长胡子又不是宦官的男士担心分辨不清,急得解开自己的衣服露出身体来证明,才没有被杀,"至自发露形体而后得免。"

蜀汉英烈

刘备招亲是中了美人计，但并非"弄假成真"

俗话说"刘备招亲，弄假成真"，是讲《三国演义》中周瑜与孙权定计，以嫁妹为名，骗刘备到东吴，企图将他扣押后索取荆州。不料诸葛亮将计就计，使刘备过江迎娶孙尚香（小说化名，真名没有历史记载），然后假借到江边祭祖逃亡而归。周瑜算计落空，"赔了夫人又折兵。"但是查阅三国史籍，这段故事与实际情况出入很大。分述如下：

首先，孙权嫁妹在前，刘备赴东吴在后。《三国志》中的《先主传》记载赤壁之战后刘备的势力发展迅速，他与周瑜合兵打败曹仁，又征服了荆州的江南四郡，即长沙、武陵、桂阳、零陵，然后庐江的雷绪率部曲数万口前来归顺。刘琦病死后，部下推举刘备为荆州牧，治所设在公安。"（孙）权稍畏之，进妹固好。"这是说孙权看到刘备日益强盛，有些畏惧，为了联合起来共同对抗曹操，主动把妹妹送到公安嫁给刘备，以巩固孙刘两家的联盟。随后才记载："先主至京见（孙）权，绸缪恩纪。"说明他亲赴京城（今江苏镇江市）是在娶亲之后。司马光考订时间，在《资治通鉴》里列孙权嫁妹是在建安十四年（209），刘备赴东吴则是在建安十五年（210）。不是刘备去江东迎娶，而是孙权将新媳妇送上门来的。

其次，《三国演义》说刘备与孙夫人夫妻恩爱，"两情欢洽"，其实并非如此。据《三国志·法正传》记载：孙权把妹妹嫁给了刘备，他的妹妹性情敏捷刚猛，有诸位兄长的风度，身边的婢女一百余人，平时都手执利刀侍立，刘备每次来看她，都是提心吊胆。胡三省评论道："恐为所图也。"就是害怕遭到娇妻的暗算。毛宗岗点评说："孙夫人房内设兵，而玄德心常凛凛。玄德非畏兵，而畏夫人之兵；亦非畏夫人，而畏好兵之夫人也。"孙夫人属下除了这支娘子军，还有随行送亲而来的一批吴军官兵。《赵云别传》称，刘备率兵进入益州后，赵云出任留营司马。这时候刘备的孙夫人凭借孙权之妹的身份，傲慢恣纵，她手下有许多东吴来的吏兵纵横不法。刘备认为赵云严肃持重，必定能够整顿法纪，特地任命他掌管军内的事务。这批吴国官兵人数不少，而且骄横跋扈，经常违法乱纪。由于他们是客军，又属于孙夫人帐下，刘备碍于妻子和孙权的情面，对他们不好管理，所以离开以后让执法严明的赵云负责军中的治安工作。

再次，孙夫人嫁到公安后别住一城，与刘备分居。刘备当时居住的地方有三座城池，一座是东汉的孱陵县城，另一座是刘备居住的公安城，在油水入江的口岸，即所谓油口。《荆州记》云："时（刘）备为左将军，人称为左公，故曰公安。"还有一座在孱陵县东，由孙夫人居住。《元和郡县图志》曰："孙夫人城，在孱陵城东五里。汉昭烈夫人，（孙）权妹也，与昭烈相疑，别筑此城居之。"注说《舆地纪胜》引此段文字曰："夫人（孙）权之妹，疑（刘）备，故别作此城，不与备同住。"看来刘备与孙夫人貌合神离，各自心怀鬼胎，相互防范，所以分别筑城居住。孙夫人城应该是由她部下的吴国兵将把守，等于是刘备辖区里的一个独立军事据点。

由此看来，刘备与孙夫人的关系很不融洽。按照常理，孙夫人出嫁时身边只应该有跟随服侍她的婢女,没有必要带那么多男女兵将,这是件非常反常的事情。可见孙权主动嫁妹给刘备不仅是为了联盟结好,而且暗含杀机,是借此制约刘备的一种狠辣手段。如果孙刘两家和好,孙夫人能够就近了解刘备的动态,尽快转报给孙权;要是双方关系破裂,孙夫人便可以利用侍卫的女兵或吴军突然劫持甚至杀掉刘备,这就是孙权精心策划的美人计。这一举措使刘备如芒在背,寝食不安,处于非常尴尬的境地。《三国志·法正传》记载诸葛亮后来说:"主公之在公安也,北畏曹公之强,东惮孙权之逼,近则惧孙夫人生变于肘腋之下;当斯之时,进退狼跋。"后来刘备领兵进入四川,才摆脱了这一困境。"翻然翱翔,不可复制。"孙权见刘备离开荆州,也明白妹妹在那里独守空房,起不到什么制约作用了,于是"大遣舟船迎妹",接她和部下众多吏兵返回东吴,还嘱咐她顺便把年幼的刘禅一起带走,以便作为人质来要挟刘备。结果,"诸葛亮使赵云勒兵断江留太子,乃得止。"至此孙权的美人计才完全落空。

孫夫人

糜夫人

昭烈帝

甘夫人

刘备赴江东是去"借荆州",不是为了招亲

建安十五年(210)刘备曾亲赴江东会见孙权,《三国演义》说是为了迎娶孙权之妹,这并非历史实际情况。前文《刘备招亲是中了美人计,但并非"弄假成真"》已述,孙权嫁妹是在建安十四年(209),其事在刘备赴江东之前,而且是主动送她到公安成婚的。那么刘备去东吴的目的究竟是什么?《三国志》的《先主传》记载:"先主至京见(孙)权,绸缪恩纪。"是说他到京城(今江苏镇江市)为联络感情,促进孙刘两家结好。但这只是笼统的官样文字,没有提到他这番出行的具体任务。从史书的相关记载来看,有些问题是值得关注的。如下所述:

第一,刘备此行冒了很大的风险。在出行之前,处事谨慎的诸葛亮曾经执意劝阻刘备,怕他被孙权扣押。据《江表传》记载,刘备后来对庞统说:当时孔明劝他不要前往,态度非常坚决。刘备觉得虽然有这种可能,但是孙权的主要敌人是势力强大的曹操,他势单力薄,需要依靠刘备来联合对抗,所以不会扣留自己,于是决心出行。这实在是冒险,并非出于万全之计。

刘备到达京城以后,果然有几位吴国大臣提出建议,要扣押刘备,再把关羽、张飞及其部队分散收编入吴军。如《三国志·周瑜传》记载周瑜曾向孙权上书说:"刘备身为枭雄,还有关羽、张飞像熊虎一样的

勇将,必定不会长久屈从为人所用。愚意最好的办法是迁徙刘备到吴郡居住,为他大造宫室,多给他美女和珍宝玩物,让他享受声色之娱。再分开关、张二人,各自安置在一方,让像我周瑜那样的人协力与他们一起攻伐作战,大事就可以定下来。现在轻率地割让土地资助他们,聚集这三个人,都在边疆战场,恐怕就像蛟龙得到云雨,终究不是池中之物。"吕范也秘密上奏,请求留住刘备,不要让他返回。但孙权考虑再三,认为劲敌曹操还在北方,应当广泛招揽英雄,如果贸然扣押刘备,恐怕一时难以制服,关羽、张飞等要是不服东吴管辖,一旦激起数万人的兵变不好处置,因此最终拒绝了周瑜等人的建议。孙权的这项决定果然符合刘备出行之前的预料。

第二,刘备此行是由于形势所迫,必须去江东会见孙权,好当面提出自己的诉求并进行最高级别的谈判。《江表传》记载他后来对庞统说:"我当时形势危急,有求于孙权,所以不得不前往,差点儿遭受周瑜的毒手!"刘备对孙权的具体要求,就是所谓的"借荆州"。参见《江表传》:"刘表吏士见从北军,多叛来投(刘)备。备以(周)瑜所给地少,不足以安民,复从(孙)权借荆州数郡。"胡三省注此事曰:"荆州八郡,(周)瑜既以江南四郡给备,(刘)备又欲兼得江、汉间四郡也。"

从当时的形势来看,孙刘联军在赤壁之战后打败了曹仁,逼迫他撤出江陵,退往襄阳。刘备则领兵打下了荆州的江南四郡:长沙、武陵、桂阳、零陵。随后进行了被占领土的划分,由于吴军是赤壁、江陵之战的主力,所以主要是根据孙吴方面的意愿来进行郡县分配的。周瑜获得了地势重要、最为富足的南郡(其西部被曹操划为临江郡),主力部队屯驻在江北的江陵,可以由南郡北攻襄阳,西取巴蜀,拥有充分的发展空间。刘备则拥有荆州偏远的江南四郡,被长江与吴军阻隔,基本上丧失了进攻中原和巴蜀的可能,无法实现诸葛亮《隆中对》提出的占据荆州、进取巴蜀,然后分兵进攻秦川与宛、洛以夺取中原的计划。

另外,赤壁战前刘琦与刘备控制的江夏郡,北边被曹操占领,由将军文聘把守;其江南部分已被东吴掌控,并委任老将程普做江夏太守,西邻的南郡也归属东吴。不仅如此,孙权还在刘备的长沙郡割取了东部的下隽、汉昌、刘阳三县,作为周瑜的奉邑。这样一来,刘琦的夏口与刘备江南四郡之间的陆上通道就被吴军隔绝,使夏口变为一座孤城。据《江表传》记载孙权和周瑜的下一步作战计划是"规定巴蜀,次取襄阳",刘备则被排斥到局外,其势力分别困守在夏口和荆州的江南四郡,无法向外发展,而且在地势上也无险可守。如果将来与东吴反目,就有被分割、蚕食、消灭的危险。由于所处形势非常被动,迫使刘备不得不冒险亲赴江东,向孙权"借荆州",即索取江北的南郡和临江郡,以便在今后能向北方和西方扩展自己的势力。

刘备到京城后受到孙权很好的接待,就是前面所说的"绸缪恩纪"。双方会谈了许多大事,刘备赴吴途中曾在秣陵(今江苏南京市)住宿,观看了周边的地形,认为这是建立都城的好地方,就向孙权提出建议。此前张纮也讲过同样的话,孙权表示赞同但未施行。这回他对刘备说"智者意同",于是决定了迁都。不过,刘备在索取领土方面一无所获,孙权虽然上表推举刘备作荆州牧,却始终不肯答应把南郡等地借给他。而刘备在当地的情报工作也非常灵通,很快就知道了周瑜提议扣留他的消息,于是便告辞回到公安。《江表传》记载刘备后来询问庞统:"您当时任周公瑾的功曹,我到东吴,听此人有秘密的奏事,劝孙权把我扣留,是有这回事吗? 在谁手下就为谁办事,您不用有所隐瞒。"庞统回答说有这么回事。

《山阳公载记》叙述刘备离开东吴后害怕孙权反悔,再把他扣押起来,就命令部下尽快行船,晚上也不要休息。刘备对左右说:"孙将军上身长下身短,很难做他的下属,我不可以再见到他。"没有想到孙权又乘坐快船"飞云大船"赶来,与张昭、秦松、鲁肃等十余人共同追过来送别,再次举行宴会,这下应该把刘备吓得不轻。酒宴结束时,刘备因为忌恨周瑜出谋要扣留他,就乘附近没有旁人,出言挑拨孙权和周瑜的关系,说要提防周瑜将来可能会谋朝篡位。"公瑾文武筹略,万人之英,顾其器量广大,恐不久为人臣耳。"可是孙权并没有听信他的这番谗言。

　　刘备这次东吴之行虽然未能借得荆州,但是他回到公安后不久,周瑜便在当年病死,孙权手下没有合适的大将来镇守南郡,更不要说西取巴蜀、北攻襄阳了;而且曹操又要发动"四越巢湖"攻打东吴的战役,孙权需要集中兵力来应付北方的强敌,暂时顾不上荆州的事务,就接受了鲁肃的建议,"借荆州"予刘备。刘备因此获得了江北的南郡和临江郡(后改称宜都郡),这才得以实现其入蜀图霸的宏伟事业。

诸葛亮出山是三顾茅庐，还是毛遂自荐

　　刘备三顾茅庐恳请诸葛亮出山相助的故事，经过《三国演义》的艺术加工，成为千古流传的佳话。但是这段事迹在《三国志·诸葛亮传》中只有寥寥数语，即徐庶向刘备推荐诸葛亮后，"由是先主遂诣亮，凡三往，乃见。"除了后边的《隆中对》之外，并没有探访求见过程的详细内容。可是在裴松之《三国志注》所引述的另一本史书《魏略》里，却有对此事完全不同的记载，称诸葛亮是自己求见刘备，然后出仕的。

　　《魏略》说刘备当时驻扎在樊城，由于曹操平定了河北，诸葛亮认为荆州就是曹兵的下一个进攻目标，而州牧刘表性情迂缓，又不懂得军事，于是诸葛亮由隆中北行去见刘备。刘备并不了解诸葛亮的才能，觉得他太年轻（27岁），就安排他与另外几位普通宾客一起接见。等到堂上其他宾客都告辞散去了，只有诸葛亮留了下来，刘备也不问他有什么话讲。正好有人送来一些牦牛尾毛，刘备喜好编织（这是他早年织席贩履的手艺），于是用来"结毦"，就是编织帽带。诸葛亮进前问道："将军应当有远大的志向，难道只是编织帽带吗？"刘备听了这番话，知道诸葛亮不是寻常书生，于是把牦牛尾毛扔到地上，回答说："这是什么话！我只是用它来排解忧愁罢了。"诸葛亮于是问道："将军认为刘表比曹操怎样？"刘备说："不如。"诸葛亮又问："将军衡量自己比曹操怎样？"刘备回答说："也不如。"诸葛亮说："你们两位都不如曹操，而将军的部下只有几千人，以这样的兵力准备和敌人战斗，恐怕不是个好主意吧！"刘备说："我也正为此事发愁，应当怎么办呢？"诸葛亮回答说："现在荆州并不缺少人口，但是在户籍上登记的人却不多。如果按照目前的户籍征兵，百姓们会觉得不公平。可以向刘表请示，命令州内的游动人口都要自己申报户籍，然后按照登记情况征发壮丁就可以了。"刘备听从了他的建议，因此壮大了队伍。通过这件事情，刘备得知诸葛亮具有英才大略，此后就以上等宾客的礼遇来接待他。

《三国志》与《魏略》的说法互相矛盾，那么诸葛亮的出山究竟是毛遂自荐，还是经过刘备三次恳请呢？史学家裴松之认为，关于这件事最可靠的记载应该是诸葛亮自己撰写的《（前）出师表》，文中说道："先帝不以臣卑鄙，猥自枉屈，三顾臣于草庐之中，咨臣以当世之事，由是感激，遂许先帝以驱驰。"刘备三顾茅庐的事迹，蜀国朝内大臣都知道，后主刘禅也应听刘备说过此事，诸葛亮没有必要编造这段故事来欺骗朝廷，因此裴松之觉得刘备三顾茅庐是真实可信的，《魏略》的记载是作者"闻见异辞"，也就是道听途说之言。

《魏略》是曹魏后期的郎中鱼豢私自撰写的，全书已经亡佚，目前只能看到其他史籍转引的佚文。从现存的记载来看，《魏略》对魏国及汉末中原群雄的史事记述得比较详细，可是对蜀、吴两国的情况则相当简略，有些情况甚至与正史记载大相径庭。例如它说刘禅数岁时与刘备家人失散，被人当做奴隶卖到汉中。至建安十六年（211）关中人刘括避难到汉中，买下刘禅后得知他的身世，恰巧刘备派遣使者到达汉中，经过盘问后才将刘禅带回四川，被刘备立为太子。裴松之曾钩稽史料，指出这一记载的荒诞。可能是因为《魏略》成书在曹魏灭蜀之前,中原与巴蜀相隔甚远,鱼豢对蜀汉的史实不甚了解,所以采用了一些不可靠的传言。从《出师表》的记述来看,三顾茅庐的真实性应当是毋庸置疑的。值得注意的是,罗贯中也看到了《魏略》中刘备结耗时诸葛亮进言招募民兵的记载,并把这段故事写进了《三国演义》,不过将时间安排在三顾茅庐之后,居于第三十九回《荆州城公子三求计 博望坡军师初用兵》当中。

诸葛武侯　关壮穆　徐庶　庞统　张桓侯

诸葛亮不肯留江东

《三国演义》第四十四回《孔明用智激周瑜　孙权决计破曹操》，说周瑜请诸葛瑾说服诸葛亮留在东吴，共同辅佐孙权。诸葛瑾见面后说："伯夷、叔齐虽然饿死在首阳山下，而两个兄弟都在一起。现在我和你同胞共乳，却各事其主，岂不是愧对古人了吗？"诸葛亮回答道："兄长若能离开东吴，与兄弟一起服事刘皇叔，则上不愧为汉臣，而骨肉又得以相聚，这是情义两全的办法啊。不知兄长以为如何？"说得诸葛瑾无言相对，只得作罢。但实际情况与小说还是有些出入的，要留下诸葛亮是孙权的主意，诸葛瑾也没有去说服兄弟。

据《江表传》记载，孙权后来曾经和陆逊谈起过这件事。赤壁之战前夕，诸葛亮出使东吴，成功地劝说孙权联刘抗曹，其见识与谈吐深深地打动了孙权，很想把他留在东吴为自己效力。于是找来诸葛瑾，对他说："您和孔明是同胞兄弟，而且弟随兄长，又是合乎道义的，为什么不去说服孔明留下来呢？孔明若是听从您的话留在江东，我会写信给刘备，说明这是遵从孔明自己的意愿。"不料诸葛瑾当场拒绝，说："兄弟诸葛亮已经失身于人，经过'委质'的仪式，双方确定了君臣名分。兄弟不会留在东吴，正好像我诸葛瑾不会离开一样。"这番话说出来，孙权也就不再勉强他去做说服工作了。

　　另据《袁子》一书记载,张昭也佩服诸葛亮的聪明才智,向孙权推荐,试图把他留下来,但是诸葛亮不肯答应。诸葛亮说:"孙将军称得起是位了不起的君主,但是看他的气度,能够以贤士的地位接待我,却不能完全发挥我的才能,所以我不愿意留下来。"这番话明显是对自己人说的,而不是对东吴人士;从其内容可以看出来,诸葛亮对于吴国的政治状况和自己的前途有着清醒的判断。

　　诸葛亮当初自比管仲、乐毅,可谓有很高的理想。管仲是春秋时齐国的宰相,总揽朝政,辅佐齐桓公成就霸业,被尊称为"仲父",桓公把政务完全交给他去处理,自己不来过问。孙权有这样的度量吗? 很显然是没有,孙权为人相当强势,大权独揽,任命的丞相前有孙邵、顾雍,都是唯唯诺诺的老好人,国家大事都听从孙权的安排。后有步骘、陆逊,分别是坐镇西陵和武昌的地方长官,根本不在国都建业,所以谈不上处理朝政,只是挂着丞相的虚衔而已。

　　乐毅是燕昭王的大将,统率全国军队,一举灭亡了强大的齐国,掌握兵权直到昭王逝世。孙权则是把军权牢牢地抓在手里。赤壁之战前夕,他对诸葛亮说:"吾不能举全吴之地,十万之众,受制于人。"面对曹操的二十余万大军,周瑜向他要五万人出征,这个要求不算过分,但孙权却推托难以召集,只给了三万人马,以致被陆机说是"偏师",大部分兵力仍然控制在自己手里,并对周瑜说如果战事不顺利,就回到我这里来,我当与曹孟德决一死战。后来的荆州之役、夷陵之战,他也是临时任命吕蒙、陆逊为大都督,战后便立即收回权力,仍让他们担任本部兵马的主将。所以诸葛亮若是留在东吴,既无法总揽朝政,也不能独自控制兵权。

　　另外还有一点,诸葛亮在《隆中对》中说:"孙权据有江东,已历三世,国险而民附,贤能为之用。"就是说东吴政权的建立经历了三代,统治集团相当稳固,它的军政要职已经被先来的贤士们纷纷占据,处于饱和状态。如文臣有张昭、张纮、鲁肃,武将有周瑜、程普、吕蒙,没有重要的岗位空缺,等待诸葛亮来挑选就任。这一点和刘备那里的情况截然不同,刘备由于人才匮乏,担任军政要职的空间相当广阔。他夺得荆州后,自己领兵外出作战,后方的军政要务一概由诸葛亮办理,先做军师将军,后担任丞相,有职有权。后来刘备去世,诸葛亮辅佐刘禅,被尊称为"相父",包揽了全国的军政大权,终于实现了他自比管乐的政治理想,而这些在东吴是完全不可能做到的。可以说,诸葛亮当时没有留下来辅佐孙权,是做了一个明智的选择。

诸葛亮为什么自己校对簿书

刘备死后，诸葛亮掌握了蜀国的军政大权，让人难以理解的是，他身居丞相高位，却喜欢办理一些下属官员负责的日常庶务。有一次，诸葛亮亲自核对相府的账簿，当时值班的主簿杨颙看不过去，就上前进谏说："治理国家有一定的体制，上级和下级之间不可以互相干扰，请允许我为您用治家的道理来比喻。现在有个主人派遣男仆去耕种庄稼，女仆负责生火烧饭，公鸡打鸣报时，狗管看家防盗，牛担负重载，马跋涉远途，全家的工作没有荒废，所要求的都能得到满足。主人可以从容安睡，吃喝无忧。忽然有一天他想亲自去做所有的劳役，不再分派任务，而是劳累自己的体力，只为做那些琐碎的事务，弄得精疲神乏，到头来一事无成，难道是他的智力不如那些奴婢鸡犬吗？这是失去了作为一家之主的规矩啊。由于这个原因，古人把坐而论道者称作三公，亲身实践者称作士大夫。所以作为丞相，丙吉不问路上的死人而担心牛在喘气（时令不对），陈平不愿意知道国家钱粮的数额，说自有主事者，他们都很明白自己职位和工作本分的体制啊。现在您治理国政，竟然自己亲自核对账簿，整天忙得满头大汗，岂不是太辛苦了吗？"诸葛亮听了以后，向杨颙道歉并致谢，后来提拔杨颙担任东曹属，负责官员的选举。杨颙逝世，诸葛亮难过得哭泣了三天。

诸葛亮认为杨颙的话很有道理，但是他并没有因此而纠正自己干涉庶务的习惯，直到他临终发病之前还是这样。诸葛亮屯兵五丈原的时候，曾派遣使者到魏国的军营去。司马懿询问蜀国使者："诸葛公起居如何，吃多少饭？"回答说早起晚睡，每天吃三、四升米（正常为五升）。又问他每天处理政务的情况，回答说："凡是杖责二十以上的案件他都要亲自审阅。"使者走后，司马懿对身旁的人说："诸葛孔明这样生活岂能长久，他快要死了吧。"事后果然如此。

为什么诸葛亮始终保持着经常处理庶务的工作方式呢？众人的看法很不一致。有人说是由于他不信任下级官员，也有人说因为没有仗打而觉得无聊，所以用处理小事来打发时光，又有人说这是他对付后主刘禅的一种"韬晦"策略，这些意见都有些似是而非。王夫之在《读通鉴论》中说，诸葛亮的名言是"宁静可以致远"，他并非爱好那些繁琐苛碎的事务，而是每天规划处置那些军国大计太劳累了，蜀国人才匮乏，没有人替他分忧，所以在中间处理一些琐事，可以使头脑获得休息，就是俗话所说的"换换脑子"，这样能够使他保持清醒，以便更好地安排重大事务。杨颙的职务是主簿，诸葛亮突然过来亲自校对账簿，是干扰了他的正常业务，所以引起了不满，提出了意见。但是诸葛亮的上述苦衷，是杨颙不了解的，也是诸葛亮没有办法告诉他的，这实在是迫不得已。

关羽的"单刀会"和蜀汉名臣的宝刀

　　关羽使用的兵器,在后代的小说《三国演义》中是一口重八十二斤的青龙偃月刀,又名冷艳锯,是需要双手握持,属于骑乘使用的长柄劈砍兵器。但在历史记载上,关羽在马上使用的应是长矛、长戟之类的突刺兵器,其本传记载的白马(今河南滑县东)之战,"(关)羽望见(颜)良麾盖,策马刺良于万众之中,斩其首还。"可见他在矛或戟之外,随身还带有刀、剑之类的短兵器,因此在刺倒颜良之后,才能下马斩掉他的首级。

　　关羽携带佩刀的记载,见于《三国志》中的《鲁肃传》,建安二十年(215)孙权率兵与刘备争夺长沙、零陵、桂阳三郡,鲁肃所部在益阳与关羽相拒,为了尽量维持孙刘两家的同盟关系,鲁肃邀请关羽在前线谈判,要求与会者只能携带"单刀"。"肃邀羽相见,各驻兵马百步上,但诸将军单刀俱会。"鲁肃在讲述归还荆州的道理时,受到关羽部下的反驳而恼羞成怒,厉声进行呵斥,言辞和脸色都非常激动。关羽见状手握刀柄起身,对那位部下说:"这是国家大事,你懂得什么?"然后使了个眼色让他离开,算是给了鲁肃面子。

　　所谓"单刀会",是因为当时武人往往身带长短两把战刀。据陆锡兴研究,汉代及三国战刀有长短之分,短刀40—50厘米,合汉尺二尺左右。"即《东观汉记》记赐邓遵的'尺八佩刀',《释名》谓之:'短刀曰拍髀',短刀宜于随身携带,史称佩刀。"大刀、长刀则没有完整的长度记载,出土三尺至五尺的都有,长度为70—120余厘米,都是短柄武器,没有见到像青龙偃月刀那样的长柄大刀。汉代及三国的战刀经常长短搭配使用,如皇甫谧《列女传》载酒泉烈女庞娥亲,其父被豪强李寿所杀,娥亲为了报仇,"阴市名刀,挟长持短,昼夜哀酸,志在杀寿。"《献帝起居注》载李傕见汉献帝时,"带三刀,手复与鞭合持一刃。"另外,在出土墓葬中经常可以发现短刀与大刀同时出现。鲁肃为了表示和平谈判,不动干戈,所以要求参加者"单刀俱会",这应是大家都不带矛、戟之类的长兵器,也不带大刀、长刀,只随身携带一把防身的短刀。

值得关注的是,南朝陶弘景曾编著过一部《刀剑录》,《四库全书总目提要》说此书是"真伪参半",其中记载了一些蜀汉君臣制造刀剑的逸闻。首先是刘备铸造宝剑的情况:"蜀主刘备章武元年辛丑采金牛山铁铸八铁剑,各长三尺六寸。一备自佩,一与太子,一与梁王理,一与鲁王永,一与诸葛亮,二与张飞关羽,一与赵云。"章武元年(221)刘备称帝建国,他制造的这批宝剑属于特殊纪念品,因此只有8把,分别给自己和儿子以及早年跟随他的重要功臣。当时关羽已死,那把剑应是留给了他的遗属。

《刀剑录》又云:"关羽为先主所重,不惜身命,自采武都山铁为二刀,铭曰'万人'。及羽败,惜刀,投于水。"武都即今甘肃陇南山区,《梁书》记述当地"山出铜铁"。关羽的"自采"并非自己去开矿,应是派遣下人前往,这和出土的吴王剑、越王剑铭文有"自作自用"的情况类似。铭文"万人"则为吉语,就是希望能用此刀上阵杀敌无数。关羽临终前与赵累、关平等十余人逃到临沮(治今湖北远安县西北),被吴将潘璋部下马忠领兵截住,最后被逼到河边。关羽看到身陷绝境,不愿自己的佩刀被敌人缴获,因而在战死之前将其投入水中,由此可见他对此刀非常钟爱,视如珍宝。

《刀剑录》下文云:"张益(翼)德初受新亭侯,自命匠炼赤珠山铁为一刀。铭刃曰'新亭侯,蜀帝大将也'。后被范强将此刀入吴。"张飞在刘备伐吴前夕被部下范强、张达杀害,"持其首,顺流而奔孙权。"那把宝刀也被带到吴国,成了他们的战利品。

《刀剑录》还提到,"黄中(忠)从先主定南郡,得一刀,赤如血。于汉中击夏侯军,一日之中,手刃数百。"关于黄忠杀敌的人数说得相当夸张,有可能是阵斩夏侯渊那天他和部下官兵杀死曹军的数目。

《刀剑录》最后说到孔明,"诸葛亮定黔中,从青石祠过,拔刀刺山没刃,不拔而去。行者莫测。"黔中即今贵州,汉代属牂牁郡,刘备去世前后发生叛乱;青石祠在成都附近的德阳市。《三国志·后主传》载建兴三年(225)三月,"丞相亮南征四郡,四郡皆平。改益州郡为建宁郡,分建宁、永昌郡为云南郡,又分建宁、牂牁为兴古郡。十二月,亮还成都。"诸葛亮在南征获胜返回成都的途中,路过今德阳市的青石祠,他拔刀刺入山石之中,很像李广射箭"中石没镞"的故事。司马懿说诸葛亮"好兵",但是在南征云贵之前,他始终在治理后方,保障刘备前线的供给,没有获得过独立指挥作战的机会。这次征服南中四郡,对诸葛亮来说虽然只是牛刀小试,但可能还是按捺不住激动的心情,所以做出了上述旁人难以理解的举动。

关家的厄运

三国的关羽家族曾经两次遭受敌军俘获,最终全家被害。

刘备攻占益州之后,蜀汉的荆州成为一个相对独立的作战区域,主将关羽和部下将士的家属都居住在荆州和南郡治所江陵城(今湖北荆州市)内,一来这里是大后方,比较安全;二来部将、士卒的家属被集中看管,可以作为人质,对前线的官兵有所制约,以防他们叛变投敌。关羽家庭的具体情况,史书没有多少记载,只知道他有一个女儿在江陵家中。孙权曾经派遣使者到荆州来提亲,请求关羽把女儿嫁给他的儿子,其中也暗含着扣押她作人质的用意。但是关羽辱骂东吴的使者,不答应婚事,惹得孙权大怒,这事对孙刘两家的决裂起到了助长作用。建安二十四年(219),关羽北征襄樊获得大胜,威震华夏,但是被孙权派遣吕蒙偷袭江陵,蜀军将士的妻子全部被俘,关羽的军队因此溃散投降,他自己也和儿子关平逃到临沮,被埋伏的吴军杀害。据《三国志·吕蒙传》记载,关羽的家属也在江陵被吴军俘虏,但是受到吕蒙的慰问优待。后来孙权如何处置关家情况不明,不过儿女亲事肯定是不会再提了。

据关羽本传记载,他的子孙此后又在蜀汉任职。关羽的儿子关兴,字安国,少时就有名声,丞相诸葛亮对他很器重。关兴成年后担任侍中、中监军,几年后病故。关兴的儿子关统继嗣,娶了蜀国的公主,官至虎贲中郎将。关统没有儿子,死后由关兴的庶子关彝继承了他的封邑。笔者推测,这很可能是在刘备去世、诸葛亮主政之后,蜀汉与吴国恢复了盟好,关羽的家属因此被孙权释放,回到了四川,算是摆脱了困苦处境。

斗转星移,到了蜀汉灭亡的景耀六年(263),曹魏派遣钟会、邓艾伐蜀,刘禅开城投降后,关家再次遭受了厄运,这次竟然是灭门之祸。早年关羽水淹七军,擒斩庞德,庞德的儿子庞会后来又在魏军中任职。据曹髦甘露二年(257)五月丁丑诏书表彰,诸葛诞在寿春发动叛乱时,"平寇将军临渭亭侯庞会、骑督偏将军路蕃,各将左右,斩门突出",回到了魏营。钟会率领大军伐蜀,庞会是他的部将,曾经和胡烈、田续等带兵追击过姜维。《蜀记》叙述后来他跟随钟会进入成都,要报复关羽的杀父之仇,于是领兵前往,"尽灭关氏家。"此时距离庞德被杀,已经过去44年。

蜀汉丢失荆州，谁该负主要责任

俗话说"大意失荆州"，是指关羽全力进攻曹操的国境，对后方疏于防范，被孙权、吕蒙偷袭成功，从而丧失了荆州。关羽在建安十九年（214）接受刘备的任命，"董督荆州事"，相当于担任荆州都督，全州的军政要务都由关羽来掌握。关羽在任期间，他在军事方面的成就有目共睹。据《元和郡县图志》记载，关羽主持了荆州首府江陵城的重修工程，将旧城的面积向南延伸了一倍，并在新旧城区之间增筑城墙以加强防务，他和数万将士的家属都住在坚固的江陵城内。关羽统领荆州以来战功卓著，威震华夏。此前刘备和诸葛亮先后各率荆州数万军队进入四川，使当地的兵力明显削弱。在这种不利的情况下，关羽扩军备战，打造了一支强悍的精兵，不仅把对魏作战的防线向前推进了数百里，逼近襄阳城下，而且控制了汉水航道，迫使曹操的荆州主将曹仁将治所撤退到汉水北岸的樊城。关羽还一举消灭了于禁的精锐"七军"，说明关羽在训练和指挥作战方面卓有成效，可以说是建立了赫赫殊勋。

但是作为荆州的最高长官，关羽的行政管理能力相当欠缺。《三国志·张飞传》说关羽"善待卒伍而骄于士大夫"，就是对军队的将士非常体恤和优待，而对当地的士绅相当傲慢。这些士大夫有不少出任了本地的郡县官吏，和他们的关系处理不好，对关羽控制荆州就会产生消极的影响。后来吕蒙偷袭荆州，这些人差不多都迅速投靠了孙权，没有谁继续拥护蜀汉。如孟达《辞先主表》所言："荆州覆败，大臣失节，百无一还。"关羽手下两个最重要的官员，即驻守江陵的南郡太守麋芳、驻守公安的将军傅士仁，都和他关系很紧张，一向怨恨关羽对他们的蔑视，又因为粮草军需未能及时供应前线而引起关羽的愤怒，扬言回去以后要加以严惩，致使二人惶恐不安，在吕蒙袭击荆州时放弃抵抗，献出公安、江陵两座坚固的城池，断绝了关羽的归路，数万将士的家属成为俘虏，局面遂不可收拾。

另外，关羽不懂得外交策略，对待吴国一贯态度强横，因而刺激和助长了孙权的敌意。例如，孙权曾派人为自己的儿子向关羽的女儿求婚，这件事虽然暗含着控制他的亲属做人质之用意，但是如果不同意可以婉言谢绝，保全对方的体面，而关羽却不顾外交礼节，当场严词拒绝，并且"骂辱其使，不许婚"，惹得孙权大怒。由于他在襄樊前线长期作战，又俘虏了于禁的三万士兵，致使粮饷缺乏。关羽竟派人在湘关（湘水之滨的关卡）抢夺吴国的粮米，致使吴蜀两国的矛盾发生激化。孙权听取汇报之后，当即命令发兵袭击荆州。

在军事方面，关羽的警惕性不高，看不起驻守边境的吴将陆逊，认为他只是个书生，轻易地被吕蒙的装病和陆逊来信中的卑辞美言欺骗，将沿江防备的军队撤走，调往对魏作战前线，使吴军的偷袭顺利成功。关羽水淹七军获胜后，曹操抽调了邻近各州的兵马前来支援，局面变为敌强我弱，关羽却不能审时度势，及时收兵，甚至在看到曹操接受董昭之计，发过来孙权求降、企图偷袭荆州的书信之后，仍然犹豫不决，不肯撤退，以致贻误了军机。结果被徐晃打败，回师荆州则后方已经陷落，陷于进退两难、无路可走的境地。

综上所述,关羽在行政管理、外交、军事方面都犯有错误,荆州兵不血刃地落入敌手,属于他严重的失职。作为当地的最高军政长官,身有守土之责,别无旁贷,确实辜负了刘备给他的这份重任。不过,关羽只是一介武夫,领兵上阵厮杀是其所长,而运筹帷幄、处置政务和外交联络都是他的短处,因此并不具备总管荆州军政要务的才干和能力,派遣他"董督荆州事"可以说是刘备的用人不当,最终造成了无法弥补的损失。

庞统死后,刘备调诸葛亮、张飞、赵云入川助战,关羽留守荆州,这项安排引起了后代史家的非议,很多人认为这是战略上的重大失策。因为刘璋实在算不上强劲的对手,刘备却把荆州的大部分文武精英调往成都,只留下有勇无谋的关羽,身边都没有一位可靠又能干的帮手,显然关羽是难以挑起这副重担的。王夫之在《读通鉴论》中批评道:"关羽,是个可用的将才,没有使用关羽的长处而致使他败亡的原因,是刘备对他的骄宠和偏爱,这不是管理部将的正确方法。"王夫之认为,正确的安排应当是调关羽入川,让诸葛亮和张飞、赵云留守荆州对付曹操。而夺取四川的任务,刘备自己就能解决,用不着调诸葛亮过来帮助。

当时吴国与蜀汉的关系是若即若离,荆州又处于两国交界之处,所以主管该地的军政长官必须要小心谨慎,以联吴为要务,尽量不要反目为仇。诸葛亮是孙刘同盟的创立者,素以外交见长,为人既精细审慎,又能注重大局,有战略眼光,实际上没有比他出镇荆州更为合适的人选了。但是刘备没有看清这个问题,又疑心过重。王夫之说刘备之所以让关羽留守的缘故,是"以羽之可信而有勇",即关羽勇武善战,且跟随刘备多年,政治上更受信任。如刘晔所言:"且关羽与(刘)备,义为君臣,恩犹父子。"

此外还有一个重要的原因,就是关羽对孙吴态度较为强硬,与刘备的主张一致。诸葛亮则主张对吴交好,其兄诸葛瑾又在东吴任职,因此刘备担心诸葛亮态度软弱,会对孙权让步过多,不符合自己的愿望。如王夫之所说:"疑武侯之交固于吴,而不足以快己之志也。"如果说当初刘备入川时让诸葛亮镇守荆州因为有关羽、张飞、赵云等诸多心腹辅佐并制约,还可以放心的话,那么现在要抽调几位武将入川,若继续让诸葛亮主政荆州,则顾忌他的权力过大而无法有效地控制,在对吴交往中可能会使蜀汉的利益受损,甚至怀疑他有投奔东吴、与其兄长诸葛瑾共事孙权的可能。王夫之认为刘备此举是个败笔,反映出他对诸葛亮远不如对关羽的信任,甚至比不上孙权对待诸葛瑾。"先主之信武侯也,不如其信羽,明矣。"又说刘备,"其信(诸葛)公也,不如信羽,而且不如孙权之信子瑜也。疑公交吴之深,而并疑其与子瑜之合。"刘备这一人事部署的负面影响很快就显现出来,诸葛亮离开后,蜀、吴在荆州的敌视与冲突迅速增多,幸亏还有鲁肃的周旋调解。《三国志·鲁肃传》曰:"及(关)羽与(鲁)肃邻界,数生狐疑,疆场纷错,肃常以欢好抚之。"但很快又爆发了双方对江南三郡的争夺,蜀汉在外交与军事上都遭到失败,结果以刘备的被迫割地告终。正如今人冯文广所言:"(诸葛)亮镇荆州两年,荆州战场无大事,亮一入川,吕蒙就袭(取)了三郡。"

另一方面,刘备给关羽搭配的各郡太守、守将也多是不称职的。建安二十年(215)孙权派吕蒙进攻荆州南三郡(长沙、桂阳、零陵),长沙太守廖立弃郡逃走,桂阳太守与零陵太守郝普也献城降吴,刘备和关羽的援兵尚未赶到,南三郡就已经丢失了。此后刘备仍未吸取教训,他任命驻守江陵和公安的糜芳、傅士仁在政治上极不可靠,到任以后就心怀不轨,私下与孙权书信来往,早有叛逃的准备,大敌来临后随即开城投降。

　　地处三峡东段的宜都郡(首府在夷陵,今湖北宜昌市),原来是由襄阳名士向朗镇守,刘备占领成都后把他调入四川。《三国志·向朗传》曰:"先主定江南,使(向)朗督秭归、夷道、巫、夷陵四县军民事。蜀既平,以朗为巴西太守。"接替他的是原来的蜀将孟达,也算是个精明强干的人,但不久又被命令北攻房陵(今湖北房县),编入刘封的属下。继任的樊友胆怯无能,当年孙权袭取荆州,派陆逊进攻夷陵,樊友未经抵抗就逃回四川,把这个峡口重镇白白送给了吴国。《三国志·陆逊传》曰:"(刘)备宜都太守樊友委郡走,诸城长吏及蛮夷君长皆降。"而且断绝了关羽兵败入川的归途。蜀汉在荆州的惨重失败,在很大程度上是由于刘备的用人不当,他任命的许多城郡和要镇的长官都是庸碌无耻之徒,既没有能力守住该地,又缺乏报国的忠心,所以吴军一到就纷纷出降或逃走。给关羽手下安排了这样一批卑劣小人,他就是有天大的本事也别想守住荆州。

　　再者,刘备对于主攻方向的选择与军队主力的投放安排也有不小的失误,对关羽在荆州的败亡具有重要影响。蜀国大臣廖立曾批评刘备占领成都后的一系列举措失当:"昔先帝不取汉中,走与吴人争南三郡,卒以三郡与吴人,徒劳役吏士,无益而还。既亡汉中,使夏侯渊、张郃深入于巴,几丧一州。后至汉中,使关侯身死无孑遗,上庸覆败,徒失一方。"是说刘备攻取四川后没有及时北伐汉中,却带兵东下,和孙权争夺长沙、桂阳、零陵三郡,使曹操乘虚击败张鲁,夺得汉中,并进军三巴(巴郡、巴东、巴西),致使蜀中惊恐震撼;而南三郡也被孙权占领,白白浪费大量人力粮饷空跑了一趟。后来虽然经过苦战夺取了汉中和东三郡(房陵、上庸、西城),却又把军队主力撤回成都,让关羽在东线孤军北伐,结果后方被孙权偷袭,关羽兵败身死,丢失了荆州。刘封也由于兵力薄弱,无法抵御魏国的进攻,使上庸等郡又落入敌手。卢弼《三国志集解》对廖立的话注释说:"此虽忿言,然当日情势实如此。"

　　荆州位于魏、吴两面夹攻的形势之下,关羽能够保境平安已属不易,刘备还命令他进攻襄樊,自己却没有给予任何策应与支援,难怪关羽出征前做了噩梦,被猪咬了脚,认为自己凶多吉少。《蜀记》载:"(关羽)语子平曰:'吾今年衰矣,然不得还!'"诸葛亮《隆中对》中说:"天下有变,则命一上将将荆州之军以向宛、洛,将军身率益州之众出于秦川,百姓孰敢不箪食壶浆以迎将军者乎?"这是要等到中原发生严重内乱,蜀汉再出动两路兵马东西夹攻,才有可能打败曹魏。可是当时并不具备这样的条件,刘备却命令关羽孤军北征,最终形成了关羽这支偏师独自抗衡曹操、孙权两大强敌的被动局面。因此可以说,刘备作为蜀汉的最高决策者,对于荆州主将及下属各郡、要镇长官的任命安排很不适当,让关羽出征襄樊的时机与配合也不理想,这是造成荆州陷落的根本原因。如果他部署得当,本来是有可能避免出现上述局面的。

廖化

马超

魏延

赵云

黄忠

马谡之死与周秦汉魏的军法

诸葛亮斩马谡一事，在历史上被称颂为执法严明的范例，但是也遭到了许多人的批评。自东晋习凿齿指责他"杀其俊杰，退收驽下之用"以后，沿袭其说者不胜枚举。时至今日，仍有许多人坚持这种看法，认为马谡不该被处死，所执理由主要有两点：

其一，马谡虽有战败丧众失地之罪，但是不至于处死；胜败乃兵家常事，马谡失败只能总结一下经验教训，至多不过撤职罢官了事。甚至说他的被杀，是历史一大冤案。其二，街亭之役战败的主要责任应由诸葛亮来负，马谡本身具备一定才能，应该予以赦免，以便发挥其长处，为国效力。诸葛亮对他是错用于前，错杀于后。诸葛亮用人失当，杀马谡不足以塞其责，却使蜀中失一谋士。还抨击诸葛亮此举是为了维护个人威信、推卸责任和发泄失败之愤懑，不杀马谡不快，马谡被斩得冤枉。

上述种种观点，笔者认为是值得商榷的。这桩公案，如果从不同的立场和角度出发去分析论证，显然会得出不同的看法。但是，马谡是否应该被处以死刑，归根结底，是一个属于法律性质的问题，这要看他在街亭之役中是否犯有死罪，按照当时的刑法该不该被斩首。如果马谡触犯了蜀国的重典，依律当斩，那么就是死得不冤。即使他是个人才,诸葛亮判其死刑也有正当合法的依据,旁人只能说他死得有些可惜,在法律上并没有理由说他不该被斩。

据《华阳国志》所载,当时参军李邈出于爱惜人才的考虑,曾向诸葛亮请求赦免马谡,并引用了历史上的典故,"秦赦孟明,用霸西戎;楚诛子玉,二世不竞。"但是遭到了拒绝。据诸葛亮事后对蒋琬解释,他之所以痛下决心杀掉马谡,是为了严肃法纪。诸葛亮流泪说:"孙武所以能在天下取得胜利,是因为他的法度运用非常明确。所以杨干违反军纪,魏绛就斩杀了他的仆人。四海分裂,战争刚刚开始,如果再废除了法度,那还用什么来讨伐叛贼呢!"另外,《三国志·诸葛亮传》曰:"亮拔西县千余家,还于汉中,戮谡以谢众。"说明马谡在街亭之役中的表现不仅触犯了法律,而且引起了军中的公愤,不杀不足以维护国典、平息众怒。这里有以下问题需要辨明:

第一,马谡在哪些方面、何种程度上违反了法律? 其犯罪行为是否必须依法处死? 第二,诸葛亮在街亭之役中"违众拔谡",用人不当,确实负有不可推卸的责任。对此他已经向后主上疏谢罪,并请求自贬三等。不过,诸葛亮是否应负全部责任或主要责任? 马谡是否具有需要自己承担(不能推到诸葛亮身上)的罪名? 以上问题,笔者试做以下分析:

诸葛亮斩马谡所依据的是军法,军法是对军人犯罪或吏民在作战过程中发生的犯罪行为进行惩罚的法律规范,是适用于军队和战争中的刑法。军队是政权的重要支柱,执行着保卫国家、对敌作战的危险任务,军法正是为了组织和强化这一统治工具而建立起来的法规。由于两军交锋是性命相搏、赴汤蹈火之事,难免会出现畏缩怯战的现象。为了激励士气,争取胜利,军队往往实行严明的奖惩制度,重赏那些英勇杀敌、得胜立功的将士，而对于那些不服从命令和指挥、违反军规、贪生怕死、临阵退逃的将士，则给予严厉的惩罚。如《尉缭子·制谈》所说："民众并非喜欢死亡而厌恶生存。号令严明，法制缜密，就能使他们勇往直前。明赏于前，决罚于后，这样出兵就能获利，进攻就能立功。"

另一方面，军法又是特殊性质的刑法，它比普通刑法对犯罪的规定更严厉，量刑更重，如蜀国法律规定："军法异等，过轻罚重，令不可犯，犯令者斩。"如果奖惩不明，会造成军心涣散，号令难以贯彻，甚至导致部队崩溃。因此，诸葛亮治军强调明法，认为"必杀可生，忿怒不详，赏罚不明，教令不常，以私为公"是国家的五种危险。所谓"必杀可生"，就是必须处死的人却让他活了下来，如果这样做就会造成"众奸不禁"，就是各种奸邪无法禁止。

那么，马谡在哪些方面触犯了军法，以致被诸葛亮认为必须处斩呢？主要有以下几款：

一、败军、失军罪

败军、失军罪，是指将领打了败仗，并且损失或丢弃了大部分人马的犯罪行为。古时带兵的将领在军中享有至高的权力，甚至于有些时候可以君命有所不受，如《尉缭子·武议》所称："夫将者，上不制于天，下不制于地。"这是由于他承担了沉重的责任。上古诸侯林立，小国寡民，如果因为指挥失当而战败，轻者丧众失地，重者会导致亡国灭族，所以军法对败将予以严厉惩罚，通常是处以死刑，例如《左传·僖公二十八年》载春秋时楚将成得臣城濮之役战败，楚王禁止他回国，让其自杀向阵亡将士的亲属谢罪,说:"大夫如果回来了,那将如何向申、息两地的父老交代啊?"战国时赵王命赵括为将,其母"愿王勿遣",未获准许,因而请求在兵败时不受连坐的惩罚。后来项羽兵败垓下,不肯渡江而归,自称无颜见江东父老,必须以死殉难,实际上也是遵从古代的有关军法。在疆域统一的汉代,土广民众,一次战役的失败对国家的危害影响较先秦为弱,所以对败将的惩处略有减轻。按照法律规定,犯有败军、失军罪行的将领也应处以死刑。但是在很多情况下,为了保护将才,往往允许用金钱赎其死罪,仅免去官爵为庶人,以便使他将来还有被重新起用的可能。例如《史记》载李广,"所失亡多,为虏所生得,当斩,赎为庶人。"苏建随卫青出定襄,"失军当斩,赎为庶人。"又元光元年,公孙敖自代出兵击匈奴,"亡卒七千人,当斩,赎为庶人。"杨仆征朝鲜,"擅先纵,失亡多,当诛,赎为庶人。"

　　三国时期,各政权为了保证军队的稳定和作战能够获胜,也依照先秦及汉代旧制颁行了有关军法来惩治败将,如曹操在建安八年五月己酉颁布的《败军抵罪令》曰:"《司马法》:'将军死绥。'故赵括之母,乞不坐括。是古之将者,军破于外,而家受罪于内也。自命将征行,但赏功而不罚罪,非国典也。其令诸将出征,败军者抵罪,失利者免官爵。"遭受惨败的将领逃脱不掉责任,理应处斩,如果免死就是减刑。如蜀将黄权所言:"且败军之将,免死为幸。"街亭战役前夕,蜀汉北伐进展很顺利,南安、天水、安定三郡反叛魏国,响应诸葛亮的进军,就连关中也受到震动。蜀军在前线的兵力也超过了曹魏,孔明自己认为陇西作战应该是"十全必克"。但是因为街亭的失败,前军"众尽星散",丢弃了战略要地,而且断送了大好形势,诸葛亮不得不撤兵回国,损失是极为惨重的。作为前线的指挥官,马谡自然要承担相应的罪责。从这一点来说,判处他死刑是于法有据的。

不过,由于三国是割据时代,战争相当频繁,彼此常有交锋失利的现象,不能动辄斩杀将领,所以各方政权对败军、失军罪的处罚普遍又较汉代为轻。虽然军法规定将领战败要承担相应的罪责,而实际上因此被杀的将领寥寥无几,也未见赎死的记载,多数情况下是只给予贬降官爵的处分,如曹休、司马师、赵云、姜维等例。如果马谡仅仅是因为败失街亭而被诸葛亮斩首,那么处罚确实有些过重。可是,马谡所犯的不仅是上述罪名,他还另有其他恶劣行径。

二、违抗军令罪

军队的各级将士必须严格执行统帅的命令,才能保证战斗的胜利。对于在作战当中违反、违抗军令者,按照军法也应处以死刑。这是一项古老的法律,在军法起源之时就已经存在了。如《尚书·甘誓》记载夏启在甘之战前宣布:全体将士必须服从军令,按照左右军事部署和各自的职责去勇敢作战,违反军法者即构成"不用命"或"不恭命"之罪,要受到孥戮之刑,即罪犯本人处死,家属没为奴婢。这一军法为历代统治者所继承,并不断加以补充和完善。如《尉缭子·将令》曰:"将军入营,即闭门清道。有敢行者诛,有敢高言者诛,有敢不从令者诛。"不服从军令者一律处死,汉代此条军法仍在执行,如武帝末年各地爆发农民起义,朝廷任命暴胜之为直指使者,身穿绣衣,手执斧钺,督率各地官吏进行逐捕,"以军兴诛不从命者,威振州郡。"即在镇压起义的过程中,依照军法从事,对违抗命令者一律处死。

在三国时期持续频繁的战争当中,各方都重申了有关的军法。如曹操颁布的《步战令》《船战令》中，均强调"违令者斩"，"不如令者斩"。执行也相当严格，如曹操行军时经过麦田，下令说："士卒不得践踏麦苗，违犯者处死。"结果自己的马受惊践踏了麦地，他说："制定军法而自己违反，那怎么能指挥部下？然而我是军队的主帅，不可以自杀，请自己施行别的刑罚。"于是对自己处以"髡刑"，拔剑割下发髻扔在地上。又《晋书·宣帝纪》载司马懿率众进攻襄平，遇到大雨和洪水，平地水深数尺，三军因此恐慌，想要移动营地到高处去。司马懿命令军队里有敢言移营者处以斩首。"都督令史张静犯令，斩之，军中乃定。"

　　蜀汉也颁行了违抗军令者处死的法典，"指挥不随者"属于背军，"背军者斩"。据史籍所载，马谡在担任街亭前线指挥时，曾经违反诸葛亮事先安排的军事部署，自作主张，乱发命令，"舍水上山，举措烦扰"，"依阻南山，不下据城"，结果导致了战斗的失败。尽管马谡欠缺作战经验，但是他在街亭兵力充足，以主待客，先占地利，又有王平等经验丰富的部将辅佐，如果严格执行诸葛亮的军事部署，占据城池抗击魏兵，不置军队于断水的绝地，是不会遭此惨败的。诸葛亮虽有用人不当的错误，但马谡自以为是，一意孤行，既违抗上级的命令，又不听从王平等人的苦谏。因此，街亭战败的主要责任，应该由他自己承担。这一点，当时人们即看得很清楚，故后主刘禅在建兴七年（229）诏书中称："街亭之役，咎由马谡，而君引愆，深自贬抑，重违君意，听顺所守……"

　　由于违抗军令而丧众失地，就此而言，马谡被处以死刑是完全应当的，诸葛亮的处置既符合军法，又合乎情理，没有什么过错。尽管如此，值得强调的是，马谡还犯有更为严重的罪行，这就使他的被杀绝无挽回的可能了。

三、阵前逃亡罪

　　清代学者赵一清曾考证道："谡之受诛亦以军败而逃耳,见《向朗传》。"马谡逃亡的情况,《三国志》仅有简略的记录:"(向)朗素与马谡善,谡逃亡,朗知情不举,亮恨之,免官还成都。"清儒钱振锽曰:"据此,则谡军败后,尝畏罪而逃,逃而被获,于是乎其罪不可赦。不然,未必见戮也。"向朗是襄阳人,与马谡同乡,担任丞相长史,随军处理公务。当时诸葛亮的中军大营在西县,距离街亭不远。看来,马谡很可能是在战败之后先跑回大营,考虑到自己罪孽深重,难免一死,然后决定逃亡,并告诉了私交甚好的向朗。后者得知却没有举报,因此被诸葛亮撤职。如果马谡在前线战败后立即逃亡,向朗是没有机会事先获讯的。

　　在战场上遇到失败,将领不应当惊慌溃逃,其职责是收拢残兵,拼命抵抗,设法把剩余的军队平安撤出,尽量保全兵力。例如街亭战败之后,蜀国大军四处溃散,只有马谡部将王平所领千余人,鸣鼓列阵,保持着战斗队形。魏将张郃怀疑有伏兵,就没有前来逼迫他们。王平于是收容各营的败兵,缓缓后退,安全撤回了后方。赵云在箕谷兵败后,集合部队,顽强防守,没有遭到大败,然后整军撤退。"身自断后,军资什物,略无所弃,兵将无缘相失。"而马谡作为前军指挥却没有这样做,居然畏罪潜逃了。

　　将士临阵逃亡,是背叛朝廷的严重犯罪,古代军法视此种行为等同于溃败和投降,罪犯被宣布为国家公敌,如被擒获,不仅处以死刑,亲属还要受到连坐,没官为奴。见《尉缭子·重刑令》:"将自千人以上,有战而北,守而降,离地逃众,命曰国贼。身戮家残,去其籍,发其坟墓,暴其骨于市,男女公于官。"秦汉法律也对亡叛者处以同样惩罚,如秦律,"降敌者诛其身,没其家。"张家山汉简《二年律令·贼律》也规定,防守城邑亭障,遇到敌人不坚守而逃亡,与降敌、谋反同罪,都处以腰斩,父母、妻子儿女和兄弟姊妹无论老幼全部处死。《史记·齐悼惠王世家》记载吕后宴请贵族大臣,令朱虚侯刘章监酒,刘章奏请以军法行酒,得到许可。过后吕氏亲族中有人饮醉,不肯再喝而离席,刘章追上去拔剑斩杀了他,回来禀报说:"有逃亡不肯饮酒者一人,为臣按照军法杀掉了他。"吕后及左右大惊,但是已经允许他执行军法,所以没有理由治罪刘章。这件事就是汉朝军法对逃亡者处以死刑的反映。

上述军法在三国时也得到沿用,见《通典》载曹操《步战令》:"卒逃归,斩之。一日家人弗捕执,及不言于吏,尽与同罪。"并一度加重处罚,对逃犯家属亦予以处死。例如,《三国志·卢毓传》曰:"时天下草创,多逋逃,故重士亡法,罪及妻子。"后来高柔建议不杀逃犯妻子,但仍将其没官为奴。这样做"一可使贼中不信,二可使诱其还心"。得到曹操的准许,才又恢复了旧法。

孙吴在其统治前期,对逃亡投敌的将领家属也是实行死刑,后亦恢复汉朝的旧法,见孙权赤乌七年(244)诏曰:"督将亡叛而杀其妻子,是使妻去夫,子弃父,甚伤义教,自今勿杀也。"蜀汉也是如此,夷陵之战时,蜀将黄权率偏师驻在江北,江南刘备率领的蜀军主力溃败,黄权撤退的道路被吴军截断,无法回国,因此率领部下投降了魏国。"有司执法,白收(黄)权妻子。"刘备因为黄权曾劝阻他率军伐吴,故予以特赦。

马谡畏罪逃亡,按照军法也应处以死刑。而且,这项罪名比起前两条死罪——败军和违抗军令来说,其性质更为恶劣。如果三罪并罚,那么他必死无疑。犯下如此严重的罪行若是因为爱惜人才而被减免，堂堂国法岂不成了儿戏！将如何整军服众？诸葛亮治蜀以赏罚公正著称，由此得到了士众的敬畏和爱戴，并使境内大治。如臣下张裔所言："公赏不遗远，罚不阿近，爵不可以无功取，刑不可以贵势免。"陈寿也称赞他，"尽忠益时者虽仇必赏，犯法怠慢者虽亲必罚。"马谡身犯数款重典，本来就是罪不容诛，何况又遇到执法严明的丞相，所以他的被斩是必然的，也完全是合法合理的，不存在什么"错杀"和"冤枉"。

从马谡在狱中上书的内容来看，他并没有鸣冤叫屈，请求赦免，只是希望诸葛亮能够照顾他的儿子："明公看待马谡犹如儿子，马谡对待明公犹如父亲，希望您像唐尧一样，诛杀了有罪的鲧而没有株连他的儿子大禹，这样就不亏负我们平生的交往，马谡虽死也不会怀恨于地下了。"这是因为他深知自己犯下重罪，死有余辜，绝无被赦的可能，按照当时的军法，还应对他的家属施以连坐的惩罚。诸葛亮斩马谡后，"待其遗孤若平生"，未加治罪，已经是法外施恩，实行格外的照顾了。

严颜

马谡

马岱

张松

姜维

张嶷抱病战死疆场

张嶷是巴郡南充国（今四川南部县）人，二十岁出头就当上了县里主管记录业绩的功曹。刘备攻占四川的时候形势混乱，山里的土匪来攻打县城，县长大人抛弃家属逃亡，张嶷在战斗中背着县长夫人冲了出去，得以幸免，因此出名获得了提拔。建兴五年（227）诸葛亮领兵北伐进入汉中，大军的后援粮饷屡屡遭到绵竹山贼张慕等人的拦路抢劫。张嶷以都尉职务带兵前去征讨，因为盗匪力量分散藏匿，难以通过战斗来消灭，张嶷便伪装与他们停战交好，定下日期请他们前来赴宴，在喝酒尽兴的时候突然发难，张嶷率领身边的将士杀掉了张慕等五十多人，歼灭盗匪的全部头目，随后带兵清剿余党，十天之内肃清，保证了前线的后勤供应。

张嶷后来出任越嶲太守、巴郡太守，屡次建立功绩，境内平安。他在年过六十以后被召还成都，拜为荡寇将军。延熙十七年（254），曹魏狄道（治今甘肃临洮县）县长李简送来密书请求归降，众人怀疑是一场骗局，而张嶷分析形势，认为这是必然的，姜维便决定领兵赴陇西前去接应。这时张嶷年老，风湿病相当严重，只有扶着拐杖才能起身。大家都说他刚到成都，又双腿有病行走困难，不应该随着军队出征，但是张嶷坚持前往，最后得其心愿。临行之时，他向后主刘禅告别说："为臣正好遇到了圣明天子，受到过量的恩惠，但疾病在身，经常担心会突然去世，辜负了荣耀的待遇。这次上天保佑没有违背我的意愿，得以从军出行。若是占领了凉州，为臣请求留下担任边境的守将；若是没有获胜，我就牺牲在战场上来报答国家。"后主听了以后，感动得流下了眼泪。

蜀汉大军到达狄道，李简果然率领吏民出城来欢迎，姜维就乘势去攻打陇西郡的首府襄武（治今甘肃陇西县东南），与曹魏将领徐质的兵马交锋。张嶷在阵前战斗中英勇牺牲，然而他的部队打了胜仗，所杀伤的敌人超过了自己损失的一倍以上。张嶷的相貌举止和谈吐都没有什么惊人之处，但是他的策略盘算都非常准确，作战的果敢壮烈足以树立威严，因此获得了人们的尊敬。尤其是他重病在身时，宁愿战死沙场，马革裹尸，也不肯躺在床上等待病终，这种豪迈的报国热情，着实令人感动。

露巧不如守拙——张裔脱险小记

张裔是三国蜀郡成都人,早年因为研究公羊学派注释的《春秋》、熟悉《史记》《汉书》而知名,为人精明强干,处理事务又很利落,因此被刘璋提拔起来。他先是到边关重镇鱼腹(后称永安,今重庆市奉节县)去作县长,后来又被调回州里担任从事,兼任帐下司马的武职,成为刘璋的亲信。刘备进攻成都时,诸葛亮、张飞率军入川来支援,刘璋派张裔领兵到德阳去抵挡,无奈他用兵不是张飞的对手,被打得大败而还。刘璋准备投降时,曾派遣张裔作使者前往刘备军营接洽。张裔在得到优待刘璋和安抚民众的承诺后返回报信,刘璋才开城降服。

刘备见张裔是个人才,便先后任命他担任巴郡太守和主管冶铸铁器的司金中郎将。这时地处云南的益州郡(治所在滇池,今昆明市)发生叛乱,太守正昂被杀,由豪族大姓雍闿掌握了地方大权,雍闿在当地很有声望,并且和东吴的孙权通使来往。刘备顾忌这个心腹之患,又派不出兵力镇压,于是任命张裔为益州郡太守,只身前往滇池去见雍闿,希望能够说服他归顺自己。不料雍闿根本没有把张裔放在眼里,将他扣押后假托"鬼教"发话,把他押送到吴国交给孙权处置。"鬼教"相当于后代的"跳大神",就是找个男巫伪装鬼神附体而发出指示。"鬼教"说:"张太守像葫芦,外面光鲜里面粗,杀他不值得,绑了送东吴。"

刘备在夷陵战败后回到永安，不久病死。执政的丞相诸葛亮决定和孙权恢复盟好，派遣以邓芝为首的使团前往吴国，临行前特意嘱咐他在会谈结束后请求释放张裔返回蜀国。张裔在吴国这几年，已经流放转移了好几个地方，吃了不少苦，孙权没有见过张裔，也不知道具体情况，便答应准许他回国，并派属下找到张裔带他到都城武昌（今湖北鄂州市）来见面。

孙权喜欢捉弄人搞恶作剧，对他的臣下也是如此，像诸葛瑾的脸长，孙权就在酒宴上牵来一头驴，命人在木板上写了"诸葛子瑜"四字，挂在驴头上，惹得众人欢笑。此番他见了张裔，又突然问道："蜀郡的寡妇卓文君和才子司马相如私奔，贵乡的风俗就是这样的吗？"张裔应声回答说："我觉得卓文君还是要比朱买臣的妻子贤惠得多。"朱买臣是西汉会稽郡人，与孙权算是同乡（吴郡在西汉曾属于会稽郡）。当年朱买臣的妻子因为丈夫贫困而逼着他离婚。后来汉武帝任命朱买臣作会稽太守，他的前妻因此羞愧自尽而死。张裔是用故乡的丑闻来讽刺孙权，弄得孙权无话可答，非常尴尬，只好询问张裔："你这次回国，肯定要在朝廷受到重用，总不会回到村里种地。若是这样的话，你将如何报答我？"张裔回答说："我是个有罪之人，回国后将会受到审判。如果能够侥幸活命，那么五十八岁以前的生命是父母给的，此后的余生就是大王赏赐的。"孙权听后哈哈大笑，非常高兴，言谈之中表现出对张裔相当欣赏。

接见结束后，张裔走出孙权的内阁，忽然发觉自己犯下了一个极大的错误，他不应该对孙权言语嘲讽，最好是假装糊涂，这样就不会引起孙权的关注，能够顺利回国，而现在则因为抖机灵而有被扣押在吴国的危险。张裔对此深感懊悔，于是在登船后命令水手加快航行，"倍道兼程",行驶速度几乎翻了一番。孙权事后果然觉得张裔非同凡类，不能让他返回蜀国，就派遣快船前来追赶，要把他捉拿回去。从武昌一直追到吴蜀边境永安，才得知张裔的航船已经过去了几十里，只好悻悻而归。

　　张裔回国后受到诸葛亮的重用，建兴五年（227）蜀汉兴师北伐，张裔被任命为丞相府在成都的留府长史，主持后方的军政日常事务以及对前线的后勤补给，体现出诸葛亮对他的极大信任。张裔不顾年老体衰，工作兢兢业业，最终在三年后死在任上，报答了诸葛亮对他的救命之恩。

性情梗直又不识时务的李邈

　　李邈字汉南,原籍广汉郡郪县(今四川三台县),这人心直口快,有话就说,但胸无城府,不会审时度势。刘璋统治益州时,李邈担任牛鞞(治今四川简阳市简城镇)县长。刘备攻取成都后,李邈又做了益州从事。元旦酒会上,李邈负责监酒,趁这个机会当众指责刘备说:"刘璋认为将军是宗室,有肺腑之亲,请你入川讨伐贼寇张鲁,可是你寸功未立,张鲁没有打却把刘璋消灭了。我认为将军夺取益州是非常不对的。"刘备反问他:"你既然知道不对,为什么不帮助刘璋抵抗呢?"李邈回答:"并非是不敢,而是力量不足。"主管官员要求将李邈处死,幸亏诸葛亮前来讲情,刘备才饶了他。李邈对刘备侵夺刘璋基业相当不满,可是当时木已成舟,批评刘备几句也无济于事,反而会给自己带来杀身之祸,这些李邈都没有想到,要不是诸葛亮相救,恐怕是自身难保了。

　　这事过了许久,李邈又出任犍为太守、丞相参军、安汉将军,随同诸葛亮到汉中北伐。马谡在街亭之役失利后,诸葛亮要处死他。李邈又提出反对,希望能够赦免马谡,说:"秦国赦免了孟明视,由此称霸西戎;楚国杀掉了成得臣,一连两代不再强盛。"诸葛亮任命马谡作前军主将,军中将领很多人不服气,如今马谡打了大败仗,又舍水上山违抗军令,加上畏罪逃亡,其罪名够杀两三回了,要是不处死他就无法服众。这些情况李邈并没有仔细考虑,只是说马谡人才难得,结果触怒了诸葛亮,让他回到成都去。

建兴十二年(234)诸葛亮病逝,刘禅亲自为他发丧,身穿素服三日,李邈却上疏对此事表示祝贺,说:"吕禄、霍禹未必怀有反叛之心,汉宣帝也不喜好作杀害臣子的国君,实际上是臣子害怕君主的逼迫,君主畏惧臣下的声威,所以才会产生奸邪猜忌之心。"又说诸葛亮掌握强兵,对国君的位置像虎狼一样觊觎。《左传》讲"五大不在边"(即太子、母弟、贵宠公子、公孙、累世正卿不可久居边境,否则容易发生反叛),现在诸葛亮死了,他的家族得以保全,西方也不再有战事,这事大到国家、小到诸葛亮家都值得庆贺。后主读了大怒,下令将其处死。李邈的这番上奏可以说非常不合时宜,诸葛亮在蜀国朝野威望甚高,死后说他的坏话有些不近人情。有人认为刘禅杀死李邈是昏庸之举,可是执政的蒋琬、费祎都是诸葛亮的亲信,领兵的姜维则是孔明的学生,刘禅如果任凭李邈诋毁诸葛亮,就会得罪这些人,以致影响社稷的安危,所以他不得不把李邈杀掉,这也是刘禅罕见下令处决的人。俗话说有一而再没有再而三,这次没有人愿意替李邈说情,因此他最终还是死在了不识时务的直言上。

人之才力相去甚远——董允叹服费祎

　　费祎和董允在青年时代就以才学闻名，两个人的声望差不多。有一次两人同去参加葬礼，董允请求父亲董和派辆车子送他们前往。董和想测试一下他俩的度量，于是给了他们一辆人力推送的"鹿车"（独轮车）。董允觉得坐这种简陋的车太丢人，脸色变得很难看，而费祎不以为意，一下子就坐在了车的前边，董允也只好乘了上去。到了下葬的地方，诸葛亮等官员的马车都停在那里，光鲜夺目，董允见了仍然是面露惭色，而费祎却泰然自若。推车的人回来后，董允问他两个人的表现，听了以后就对董允说："过去我总觉得你和文伟（费祎表字）的优劣难以分别，自今以往，我心里就清楚了。"这是认为董允不如费祎大度。

　　费祎后来接替蒋琬做了尚书令，主管处置国家的军政日常事务。当时是战争年代，公务繁杂，但是费祎的见识和悟性超过常人，每次阅读公文，拿起来一看，就知道其中的意旨，其速度过人几倍，而且事情办完了，他也不会忘记。经常是白天处理公事，中间还接待宾客，饮食游戏，还要下几盘"六博"（古代棋类）和围棋，每次都能使人欢乐尽兴，尚书台的公务也从不耽搁。后来董允代替费祎为尚书令，也想学他玩一把潇洒，但是十天之内就耽误了许多公务。董允叹息道："人与人之间的才华、智力相差得实在太远了，这不是我能够达到的。整天处理公务,还没有空闲的时间啊。"算是彻底佩服了费祎。

　　费祎虽然非常能干,可是也比不上诸葛亮。费祎很有自知之明,不愿意继续执行孔明的北伐事业。他对姜维说:"我们这些人比起丞相就差得太远了,丞相都不能收复中原,何况是我们这些人呢! 还不如保国治民,敬守社稷,像北伐中原那样的功业,就留给后边的能人去做吧。不要心存侥幸就投入所有的国力,决成败于一举。若是不能如意,那就后悔也来不及了。"

杨戏不尊重上级

　　杨戏表字文然,是蜀国犍为郡武阳县(治今四川眉山市彭山区东)人。他在年轻时就得到了丞相诸葛亮的赏识,二十余岁被提拔为督军从事,执掌军中的司法工作。杨戏对法律条文相当熟悉,处置那些疑难案件非常得体,被人称为公平允当,诸葛亮又提升他作丞相府的主簿。诸葛亮死后,接替他执政的蒋琬任用杨戏作了东曹掾。杨戏这个人很能干,性格直爽但有些骄傲,日常不拘礼节。

　　"曾经沧海难为水",杨戏在大贤诸葛亮手下工作多年,现在上级换成了蒋琬,能力有明显的差距,他对蒋琬就有些轻视和怠慢。蒋琬和他讲话,有好几次杨戏不予理睬。这时有人趁机向蒋琬说他的坏话:"您和杨戏讲话,他却置若罔闻,这是对上级傲慢无礼,也太不像话了。"蒋琬回答:"人的想法不同,就像人的面貌各有不同一样。如果是当面顺从,背后又说反对的话,这正是古人所告诫的啊!杨戏想要称赞我的看法,但又不是他的本心;想要反对我的讲话,则又会彰显我的错误,所以他默不作声,这正是他的直率快性啊。"

　　据《三国志》记载,还有一位部下督农杨敏曾诋毁蒋琬说:"做事昏聩,比起前人(诸葛亮)差得太远了。"有人把这话告诉了蒋琬,主管法纪的官员请求治杨敏的罪。蒋琬说:"我确实不如前人(诸葛亮),说这话没有什么可治罪的。"主管法纪的官员又问:"那杨敏说您昏聩的事又怎么办呢?"蒋琬回答:"若是不如前人(诸葛亮),那么政事就办理不好,政事办理不好,那就是昏聩了,又有什么可问罪的呢?"后来杨敏因为犯法被关进监狱,大家都担心他这回活不了,但是蒋琬心里没有偏见,杨敏也就没有被判处死刑。蒋琬心存善意,判断是非很公道,遇事都是这样。

　　蒋琬死后,杨戏先后担任过建宁太守和梓潼太守,办理公事清正简约而不繁琐。后来他又到军队任职,担任射声校尉。延熙二十年(257),他跟随大将军姜维出征魏国。杨戏一直对身居高位却败多胜少的姜维不服气,所以在酒后谈笑时,屡次对姜维有傲慢嘲弄的话。姜维可没有蒋琬那么好的脾气,他这个人"外宽内忌",就是表面宽容而内心忌恨,把杨戏嘲讽他的话牢牢记在心里。大军回到了四川,姜维就向有关部门授意,劾奏杨戏对上级不恭敬,将他罢了官。由于心情郁闷,杨戏回家后没有几年便去世了。

卧龙未生龙——少爷诸葛瞻

俗话说"龙生龙,凤生凤",可是诸葛亮这条"卧龙"却没有留下龙种,他的儿子诸葛瞻才能平庸,不堪重用,作为辅政大臣与奸宦黄皓攀援朋比,由于作战指挥失误,率领蜀军抵抗邓艾失败,加速了蜀汉政权的灭亡。其父诸葛亮的文治武功,他是半点儿也没有继承下来。

诸葛亮的子嗣相当艰难,他的夫人是名士黄承彦的女儿,早年并未生育,诸葛亮不得已而向兄长诸葛瑾求助。汉献帝建安二十年(215)诸葛瑾担任东吴使臣赴蜀,事先请奏孙权得到准许,才携带儿子诸葛乔来到四川,过继给诸葛亮为嗣。后主建兴四年(226)诸葛瞻诞生,当时诸葛亮已经四十六岁,原配夫人黄氏已老,因此诸葛瞻估计是侍妾或后妻所生。建兴六年(228),跟随诸葛亮到汉中的诸葛乔不幸病故,其子诸葛攀为后嗣,而吴国的诸葛瑾死后,其子诸葛恪、诸葛融又遭受灭门之祸,子孙全都被杀。因为诸葛亮有了亲生儿子,所以诸葛攀一家又恢复为诸葛瑾的继嗣。

据《三国志·诸葛亮传》记载,诸葛瞻小时候很聪明,诸葛亮老来得子,非常喜欢,却又担心他将来的发展,曾给兄长诸葛瑾写信说:"瞻今已八岁,聪慧可爱,嫌其早成,恐不为重器耳。"诸葛亮的忧虑后来果真成为现实,他在写这封信的当年即病逝五丈原,诸葛瞻少时便继承了武乡侯的爵位,生活养尊处优,却缺乏严父的管教培育,长成后"工书画,强识念",也就是擅长书法绘画,读书的记性很好,但没有学到什么真正的本事。

诸葛瞻的仕途一帆风顺,"年十七,尚公主,拜骑都尉。其明年为羽林中郎将,屡迁射声校尉、侍中、尚书仆射,加军师将军。"年纪轻轻就被皇帝招为驸马,官衔有了一大堆,虽然多是武职,可是他从未离开过成都,没有经过前线作战的历练。蜀国民众出于对诸葛亮的爱戴,对诸葛瞻也很尊敬。每次朝廷有一项良好的政令或佳话,虽然不是诸葛瞻提倡施行的,百姓们也都互相传告说:"这是葛侯办理的啊。"他获得的赞美与声誉,很多是言过其实了。

当时刘禅已经宠爱宦官黄皓,但执政大臣尚书令董允刚直不阿,使其未能擅乱朝纲。《三国志·董允传》说:"董允经常对上正颜厉色地匡正后主的过失,对下则屡次斥责黄皓。黄皓畏惧董允,不敢为非作歹。所以董允在世的时候,黄皓的职位不过是黄门丞。"董允死后,刘禅在景耀四年(261)任命诸葛瞻和董厥、樊建同为辅政大臣,拜诸葛瞻中都护、卫将军,迁董厥辅国大将军,以侍中义阳樊建守尚书令。诸葛瞻与董厥和奸宦黄皓相处甚好,从不干涉他擅权乱政。自从诸葛瞻、董厥辅政以来,黄皓执掌大权,没有能矫正他的人,只有樊建不与黄皓和好往来。黄皓与其亲信阎宇沆瀣一气,企图以阎宇取代姜维的大将军职位。据孙盛《异同记》记载,这件事也得到了诸葛瞻与董厥的拥护,"瞻、厥等以(姜)维好战无功,国内疲弊,宜表后主,召还为益州刺史,夺其兵权;蜀长老犹有瞻表以阎宇代维故事。"只不过被魏国的伐蜀之役打断,没有来得及实现。

《三国志·姜维传》载钟会征蜀前夕,姜维在沓中得到消息,赶紧上书给朝廷,要求派遣张翼、廖化领兵到阳安关口、阴平桥头加强守护,结果被黄皓扣押,黄皓还密信鬼巫,听信敌人不会到来的谎话,启奏后主封锁了消息,使群臣不得而知。但姜维的文书是经过尚书台传递的,三位辅政大臣中,诸葛瞻和董厥"平尚书事",樊建守尚书令,这三个人都了解姜维的请奏,受蒙蔽的只是外臣而已。这么重要的事情他们跟着黄皓装聋作哑,耽误军机,由此可以看出其见识有多么低下。

　　后来钟会的大军在剑阁被姜维等挡住,邓艾偷渡阴平成功后占领江油,蜀汉朝廷把剩余的军队交给诸葛瞻统率,前去迎击,可是他到了涪县之后,"盘桓未进。"尚书郎黄崇很有见地,几次劝诸葛瞻尽快前进据守险要,不要让邓艾的军队进入平地,但诸葛瞻既不懂得兵法,又不擅长运用手中的部队,彷徨无计,"犹与未纳,(黄)崇至于流涕。"最终诸葛瞻只派出少部分军队迎敌,自然是寡不敌众。《华阳国志》记载:"前锋已破,(邓)艾径至涪。瞻退保绵竹。"

　　邓艾的魏军进入涪县后,形势变得非常不利于蜀军。首先是剑阁姜维部队的粮草和后路被截断,无法再坚守下去。其次是邓艾所部在陇西征战多年,战斗力很强,如果是在山地作战,其优势还发挥不出来,部队的给养也难以供应,到了平川则如虎添翼,蜀军很难抵挡。再次,敌军到了平原,消息传播迅速,会引起民心恐慌和崩溃。"百姓闻艾入坪,惊迸山野。"即使到了这个地步,诸葛瞻如果带领兵马死守绵竹城,也还可以拖延时日,他却偏要出城与魏军野战,导致大败阵亡。黄崇及羽林督李球、尚书张遵都作战身死,诸葛瞻的长子诸葛尚见大势已去,叹道:"父子深受国恩,不能早斩黄皓,以致于国家败亡,百姓生灵涂炭,活着还有什么用。"也投入战阵牺牲。从这番话可以看出,诸葛瞻辅政期间与黄皓交好的那一套活动,连他的儿子也看不过去。蜀军在绵竹惨败之后,刘禅手下再无兵将,只得听从谯周的建议投降魏国。诸葛瞻这个富家子弟,干宝说他"智不足以扶危,勇不足以拒敌",只是堪当"忠孝"二字,可以说是相当中肯了。

东吴豪俊

孙权佯攻孙韶

孙韶表字公礼,据《三国志》本传的记载,他的伯父孙河本来姓俞,跟随孙坚、孙策作战,很受信任,被赐姓为孙,担任驻守京城(今江苏镇江市)的将军。建安九年(204),孙河被叛变的部下杀害,叛乱平息后,年方十七岁的孙韶接管了这支队伍,他下令修缮城墙,制造楼橹等守城的工事与器械,准备抵抗入侵的敌人。孙权当时在外出征,听说后方叛乱就撤退下来,在返回吴县(今江苏苏州市)的途中路过京城,想试探一下年轻的孙韶是否具备领兵作战的才能。孙权的部队在夜里来到城外立下军营,然后明火执仗地假装攻城来吓唬城里的守军。不料孙韶早有防备,警报奏响后,守城的兵士都迅速赶到城上,呐喊的声音惊天动地,频频向城外的军人射箭,直到孙权派人去告诉他们是自己的部队才停了下来。第二天孙权见到了孙韶,非常器重这位青年才俊,当时拜为承烈校尉,将孙河的属下正式交给他统领,还允许孙韶自己任命高级官吏。后来孙韶升为广陵太守、偏将军,孙权称帝后又任命他为镇北将军。

孙韶担任驻守边境的将领有数十年,他善待部下的士卒,使他们能够拼命地打仗。孙韶很重视情报工作,经常向远方派遣巡逻侦察的部队,得以提前知道敌军的动向,然后及时设防,因此很少打败仗。远在敌国青州、徐州、汝南、沛国的人们纷纷前来归顺,曹魏在淮南江畔的驻军都撤退到远方,徐州、泗水以及江淮之间的土地,无人居住的各有数百里。

自从建安二十四年(219)孙权西征荆州,后来定都武昌(今湖北鄂州市),孙韶有十几年没有见到他。到黄龙元年(229)孙权称帝,回到建业(今江苏南京市),孙韶才得以朝见。孙权问他青州和徐州各处屯兵要害、远近兵马多少,曹魏将帅的姓名,孙韶都知道得很清楚,有问必答。孙权又见孙韶身高八尺,相貌举止很是高雅,高兴地说:"我很久没有和公礼见面,想不到你长进成这样。"随即加封他为幽州牧,临时授予他可以专权的节杖。孙韶死后,两个儿子孙越、孙楷相继出任督将,仍然驻守京城。皇帝孙皓迁都武昌之后,施但等人劫持了孙皓的弟弟孙谦,发动叛乱袭击建业,兵败被杀。孙皓认为在京城的孙楷没有及时出兵平叛,有观望成败的态度,是怀有二心,几次派人来盘问他。天玺元年(276),孙楷接到召他返回建业的命令,害怕被杀,于是带领妻子和亲兵数百人归降了西晋,封为车骑将军、丹阳侯。

孙权涕泣骗浩周

史书记载三国人物中哭泣最多的是东吴君主孙权,他在亲人(孙策、孙登、孙虑)死亡时痛哭,在文臣武将(周瑜、张纮、凌统、吕范、陆逊)去世后流泪,或受臣下(张昭、周泰、冯熙)行为感动而垂涕,孙权此举通常被认为是真情流露、义气深重,但有一次孙权明显地是欺骗,而且表演得天衣无缝,不露任何破绽,使人感觉他的演技实在高超,那就是送别魏国使臣浩周时的哭泣。

建安二十四年(219)蜀魏襄樊战役期间,关羽水淹七军,俘获了曹魏大将于禁和护军浩周、军司马东里衮,押送到江陵囚禁。后来孙权派吕蒙袭取荆州,于禁、浩周和东里衮又被吴国扣留。第二年曹操病逝,曹丕继任魏王,孙权因为和蜀汉处于战争状态,不愿两面受敌,于是释放了浩周和东里衮,并带去书信,向曹丕表示致哀与臣服,还说自己的真情实意都由浩周来转达。浩周等人在吴国居留时,孙权以礼相待,非常客气,请他们回国后多为自己说些好话。等他们到洛阳后,曹丕果然下诏予以接见,并询问孙权对魏国的态度究竟怎样?浩周满口称赞,说孙权必然臣服,而东里衮却没有上孙权的当,说孙权那些话都是骗人的,根本不会真心归降。没想到曹丕的见识不深,看了孙权通篇阿谀逢迎的书信觉得很受用,就相信了他的花言巧语,心里已有成见,因此听了浩周的话感到很高兴，而对东里衮的告诫却不以为然。

过后不久，曹丕取代汉献帝做了皇上，孙权又派遣使者前来祝贺，并上表称臣，表示降服，还说自己愿意继续去攻打刘备，又把于禁送了回来。曹丕愈发高兴，准备封孙权为吴王，但曹魏大臣中很多人对孙权的态度表示怀疑，提出要让孙权交纳儿子做人质，否则不予相信，使曹丕一度产生动摇。这时浩周提出愿以全家百余口人的性命担保孙权是真心归降，这使曹丕的态度确定下来，他派遣太常邢贞为使者，下诏书拜孙权为大将军，封为吴王，并送去"九锡"的全套仪仗和名马百驷（四百匹），还让浩周作为使团成员一同去了吴国。

魏国使臣的封赐仪式结束后，孙权为了感谢浩周的美言相助，特意私下设宴予以招待。席间浩周说了他以全家性命担保、博得了曹丕信任的事。孙权激动地说："浩孔异（孔异是浩周表字，称字表示尊敬），你以全家百口保我，我应当说什么才好呢？"言罢放声痛哭，"流涕沾襟"，使浩周非常感动。与浩周告别时，孙权又指天发誓，一定要忠心为臣，送儿子孙登去做人质。魏国使臣相信了他这一套谎话，回到洛阳向曹丕汇报。哪知后来孙权根本没有送儿子过来，只是派使者到魏国讲了一番理由，举东汉初年的情况为例，说隗嚣给刘秀送去了人质，但后来仍然叛变了，窦融没有送人质，却对刘秀忠心耿耿，可见送人质没有必要。

曹丕这下可被气坏了，他扣押了吴国的使臣，不让他回国。孙权闻讯后又上书谢罪，说儿子孙登将在十二月送来，还要派两位心腹大臣孙邵、张昭护送到洛阳，又请曹丕在曹氏宗室选个女儿给孙登做媳妇，说得天花乱坠，又骗了曹丕几个月。这段时间很重要，当时刘备带兵伐吴，双方在夷陵（今湖北宜昌市）相持了数月。魏国刘晔等大臣建议乘此机会出兵攻打吴国，但是曹丕不同意，说人家向你称臣投降，你却要去征伐他，这会使天下想要归顺你的人心生疑虑，要打也应该是帮着吴国去打蜀国。结果让吴国集中兵力，火烧连营打败了刘备，而送孙登到洛阳做人质的事一拖再拖，直到黄初三年（222）九月，曹丕忍无可忍，准备派遣侍中辛毗、尚书桓阶到吴国与孙权盟誓并带回人质，被孙权拒绝入境后，魏吴两国关系才宣告破裂。曹丕调动三路大军征吴，浩周也因为禀报严重失实，被魏文帝疏远，终身未被起用任职。

从以上情况可以看出，孙权善于伪装作秀，眼泪说来就来，一时骗过了魏国君臣。"假作真时真亦假"，由于孙权痛哭流涕的表演实在是太出色了，使人不禁怀疑他在臣下去世或受感动时的哭泣究竟是真实的，还是逢场作戏、哗众取宠？恐怕这些已经很难说清了。

孙权堵烧张昭家大门

　　张昭表字子布,是彭城(今江苏徐州市)人,汉末避难来到江东。孙策起兵之后,任命张昭为长史(相当于秘书长),对他非常信任,将军府里的文武日常事务都交给他去办理。孙策被刺临终之前,把继位的弟弟孙权托付给张昭,并对他说:"若是仲谋(孙权表字)不能胜任,您便自己取代他担任这个职位。"于是张昭作为文官之长,带领群臣尽心为孙权辅政。但是张昭耿直倔强,孙权如果不听他的话,张昭就埋怨发脾气,这常使孙权不堪忍受。

　　孙权就任吴王之后要设置丞相官职,大臣们经过议论都认为张昭最合适。孙权却不同意,任命了孙邵,孙权对大家说:"现在事务很多,担任丞相责任重大,并不是对张昭的优待。"不久孙邵因病去世,百官再次推举张昭接任丞相。孙权被迫讲了实话,他说:"我难道是对子布有所偏爱吗?担任丞相事务很烦重,而这位老先生性情刚直,他讲的话你要是不肯听从,就会被他埋怨责备,这对工作没有好处。"接着就让顾雍做了丞相。

　　孙权自称皇帝以后,两次派遣官员渡海,和割据辽东的军阀公孙渊联络,企图拉拢他来牵制曹魏。嘉禾元年(232)十月,公孙渊派遣使者到吴国来,自称藩国,表示愿意臣服于孙权,并送来貂皮和马匹。孙权看了很高兴，就颁下诏书，封公孙渊为燕王，并派遣了庞大的使团乘船赶赴辽东，对公孙渊进行册封。使团以太常张弥、执金吾许晏为首，带领士兵万人，还有金宝珍货，九锡的仪仗。这件事在吴国朝内引起轩然大波，几乎全部臣僚都对此表示反对，认为公孙渊未可信任，孙权给他的待遇太过优厚，而且也不用让上万士兵随从前往，派几百人去也就可以了。可是孙权固执己见，一概不听。

这时张昭已经77岁了，由于年迈身体欠佳而退休居家，他听说了这件事，特意赶到宫里来见孙权，进谏道："公孙渊背叛魏国，害怕受到讨伐，所以远来向我们求援，这并不是他本来的志向。若是公孙渊改变了意图，为了向魏国表示忠诚而把两位使臣抓起来送去，吴国不是要被天下人取笑了吗？"孙权还是不同意，与张昭反复辩论，张昭的态度愈发坚定。孙权忍受不了，就把手按在刀上说："吴国的士人进出宫殿都要对我朝拜，你却可以享受免跪的礼节，我对你的尊敬也算是高得到头了。而你却不识好歹，屡次当着众人批评，让我下不来台，我时常想，对你这样的态度算是失策了。"张昭看了孙权一阵，然后对他说："为臣虽然说的话不管用，但每次还是要竭尽愚忠，就是因为太后在临终前呼唤老臣于床下，遗诏顾命我辅佐圣上的话言犹在耳啊！"说完涕泪横流，孙权也感动地把刀扔到地上，和张昭相对哭泣，然而最终还是没有听从他的忠告，让张弥、许晏带着万人使团出海奔赴辽东去了。

张昭对孙权不听劝告很是气愤，于是称病不去宫里朝见。孙权恨他不给面子，派人用土堵住了张昭家的大门，张昭又让人在门里边也用土封了起来。过了不久，消息传来，公孙渊果然杀了张弥、许晏，把他们的首级送往洛阳，向曹魏请功，还吞没了孙权送来的金银财宝及上万名士兵。这一事件使吴国不仅承受了沉重的人力、物资损失，还在外交上蒙受了极大的羞辱。孙权气得暴跳如雷,准备亲自领兵跨海征伐辽东,好不容易被大臣们劝阻下来。

　　孙权认识到自己的错误之后,觉得对不起张昭,就派人拆掉他家门外的封土,数次让使者去表示慰问和道歉,但是张昭推托有病,都不起床去迎接使者。孙权没有办法,就找了个外出的借口,路过张昭家,派人进去传唤。可是张昭说自己病重,仍然不肯出来。孙权丢了面子,又大发脾气,让人放火焚烧张昭家的大门,想以此来恐吓他。但张昭仍不理会,吩咐把内院的门关上,任凭火势蔓延。孙权这回无可奈何,只好命令手下灭掉大门的火,在门外等了很久。张昭的几个儿子见君臣这场闹剧实在不成体统,必须要给皇帝一个台阶来下,就共同扶着张昭起来,到门外叩见孙权。孙权命令手下用车把张昭拉到宫里,对他沉痛地道歉自责。张昭迫不得已,也只好在以后参加宫里的朝会了。

　　东晋的史家习凿齿批评张昭做得太过分,已经丧失了做臣子的本分。习凿齿说古代的大臣若是三次进谏,君主仍不肯听从,就要退职回家,不应该为这种事气愤埋怨。春秋五霸当中,秦穆公拒绝过蹇叔和百里奚的谏言,晋文公不愿采纳狐偃的建议,这几位大臣也没有怨恨之辞。后来两位君主都认识到自己的错误,予以改正并成就了霸业,君臣之间依然和谐,都获得了荣耀。现在孙权已经对过去的失误非常后悔,频频向张昭致歉,这是他的善意。而张昭作为人臣,不考虑孙权的作为已经符合道义,正在匡正过失,还为过去不听自己的话而生气,把过错都推到国君身上,闭上大门拒绝听命,坐待火烧全家,岂不是太糊涂了吗?

吴大帝　周瑜　张昭

黄盖　鲁肃

太史慈劫州章

　　"州章"是州府送交朝廷的奏章。太史慈表字子义,是东莱郡黄县(今山东龙口市)人,他年少时以好学出名,成年后到郡里担任奏曹史,即分管文书奏章的官吏。恰巧东莱郡和青州府(治今山东淄博市临淄区)发生了分歧,是非曲直很难分辨,这种情况通常要上报给朝廷来做处置,谁的奏章先到谁就有理。这时州里的奏章已经派人送去了,郡里的太守恐怕落后,就来寻求可以胜任的使者。

　　太史慈当时二十一岁,被同事们推举出行。他领取任务后日夜兼程,一路上没有休息便抵达了首都洛阳,赶到皇宫收取州郡文书的公车门,只见州里派来的官吏刚刚到达,正在门前通报。太史慈急忙过去拦住他问:"您是要送交奏章吗?"回答说是。太史慈又问奏章在哪里?回答说在车上。太史慈说:"奏章的题目和署名有没有错误?拿过来看看。"州里来的官吏不知道太史慈是东莱郡派来的,以为他是朝廷负责检查的人员,就回到车上取下文书交给了他。太史慈这时已经把刀揣进怀里,拿到奏章后就抽出刀来把它截断毁掉了。州里的官吏见了急得跳起来大叫:"有人弄坏了我的奏章!"太史慈恐怕被朝廷的官员看见,就把那个人带到马车附近,对他说:"刚才要不是你把奏章交给了我,我也不会得到并损坏了它,所以这件事不管后果是吉凶祸福,咱们俩是相同的,我不会独自承担这个罪名。现在你最好不要喊叫,我们俩人一起离开,可以活下命来,而且路上有个伴儿也容易逃亡,这样可以避免都被抓起来杀掉。"州里的官吏说:"你是为东莱郡毁掉了我的奏章,既然达到了目的,为什么还要逃亡呢?"太史慈回答:"我接受郡里派遣的时候,只是说来看一看情况,并没有给我呈交的奏章。我今天毁掉了你的文书,做得太过分了,恐怕现在回去也要受到责罚,所以想和你一起逃走。"州里的官吏信以为真,就和他当天离开了洛阳。太史慈和那个人共同出了城,然后找了个空子自己跑掉,返回到洛阳呈交了郡里的奏章,这才动身回家。州府长官知道了这个消息后,又换了官吏再次到洛阳送交文书,但是朝廷认为这是和东莱郡的奏章互相抵触攻击,就没有理会,最后判处这场官司是东莱郡获胜,州府理亏。太史慈因此出了名,但也因此被州里的官员们痛恨,他担心会由此带来灾祸,于是就跑到辽东去避难了。

飞毛腿虞翻

　　谁是三国走路最快的人？据《吴书》记载，应该属东吴的谋士虞翻。孙策有一次在江东征讨山越，追击当中与部下失散，在山间小路遇到了虞翻。虞翻请孙策下马步行，说路窄草深，万一遇到突然袭击，马容易受惊。他让孙策拿上弓箭牵马在后，自己手持长矛在前面探路。过一会儿到了平地，虞翻请孙策上马前进，孙策说你没有马，怎么办？虞翻回答："翻能步行，日可二百里，自征讨以来，吏卒无及翻者。明府试跃马，翻能疏步随之。"这是说他一天能跑二百里路，孙策部下没人能追上他。孙策就是骑马快跑，他也能跟得上。这话是不是真的？我们结合古代的行军和其他记载做一番考察。

　　两汉时期，部队的行军分为"重行"和"轻行"两种，即重装行军和轻装行军，前者跟随车辆辎重一起走，速度比较慢，一天为三十里。后者只携带盔甲兵器，走得要快一些，每天五十里。见《汉书·陈汤传》："且兵轻行五十里，重行三十里。"部队为了保持战斗力，行军不能过于劳累，在通常情况下一天只走三十里。如《后汉书·南蛮传》说："军行三十里为程，而去日南九千余里，三百日乃到。"每天走五十里也叫做"吉行"，见《汉书·贾捐之传》："鸾旗在前，属车在后，吉行日五十里，师行三十里。"《汉书·王吉传》亦称："臣闻古者师日行三十里，吉行五十里。"汉朝一里大约合现在 415 米左右。

汉代的军人随身装备较重,如果是没有负担的空身行走,速度肯定还要更快。例如袁盎夜间从吴军中逃亡,"屐步行七十里,明,见梁骑。"穿着木屐从半夜到天亮跑了七十里。《唐六典》卷 3《尚书户部》度支郎中条:"凡陆行之程:马日七十里,步及驴五十里,车三十里。"是说国家规定出公差的人每天步行赶路不得少于五十里,汉里与唐里之比约为 1.3 ∶ 1,唐朝五十里折换成汉朝六十五里,这是一个人不带重物每天行走的普通距离。按照张家山汉简《二年律令》中的《行书律》的记载,西汉初年每隔十里设置一个邮站,公文采取接力传递,"邮人行书,一日一夜行二百里。"一个白天接力行走的距离则为一百里。

如果是急行军,速度要快得多,有达到每日一百六十里以上者。例如《魏略》记载夏侯渊带兵时,行军速度很快,经常出乎敌人的意料。曹军里为他编了个歌谣说:"典军校尉夏侯渊,三日五百,六日一千。"甚至有日行(包括夜晚)二百里以上的例子,像东汉虞诩领兵和羌人作战,一昼夜赶了二百里,部下很不理解,问他说:"兵法讲每天行军不过三十里,以便戒备发生不测,而今天走了有二百里。这是什么缘故?"段颎与羌人作战时,也曾经带领部队轻装前进,加快速度赶路,"一日一夜二百余里,晨及贼,击破之。"《荀子·议兵篇》也说战国时期魏国的武卒,按照一定的标准录取,要穿三层的甲衣,拿上拉力在十二石的弩,携带五十枝箭,肩上扛着戈,戴上头胄,腰悬利剑,随身带着三天的口粮,"日中而趋百里",就是早上到中午小步快走一百里路,测试合格的人全家免除赋税徭役,由国家赏赐良田和住宅。

汉代的一日,可以指一天一夜,也可以指一个白天。结合上面的史料来看,虞翻所说的"日可二百里",若是用一个昼夜的话,是应该能够完成的。因为他是不带武装的行走，比急行军的战士负担轻，更为有利，时间应是比较充裕的。可要是仅仅一个白天的话，就相当困难了。不过魏国的"武卒"既然能够负重半天趋行百里，那么如果他们没有负担，是不是有可能一天行军二百里路呢？或许也有可能，但这只是一种推测罢了。

陆逊所受的殊荣与重谴

陆逊是孙吴中叶的名将,他在夷陵之战中打败刘备,让蜀军从此不敢东出三峡;又于石亭(今安徽潜山县东北)击溃曹休的十万之众,使魏兵至其终身也没有大举侵吴。陆逊自用兵以来从未打过败仗,堪称功勋卓著,因此洪迈在《容斋随笔》中将他和周瑜、鲁肃、吕蒙称为"孙吴四英将",说他们"真所谓社稷心膂,与国为存亡之臣也"。在这四人当中,陆逊的功绩或许比不上赤壁获胜的周瑜,但是他所受的恩宠与官职秩位之高,则是其他三位远远无法比拟的。

周瑜末年不过是任偏将军、领南郡太守,鲁肃为横江将军、领汉昌太守,吕蒙以虎威将军接替鲁肃任汉昌太守,后来袭取荆州,任南郡太守。陆逊初破荆州时任右护军、镇西将军,夷陵之战结束后为西陵都督,镇守三峡东口。刘备死后,蜀国由诸葛亮执政,与孙权结盟交好。当时吴国对蜀的联系及想要办理的事务,往往是孙权以陆逊的名义写信给诸葛亮。孙权甚至把自己的大印放在陆逊那里,他每次写给刘禅、诸葛亮的国书,传递途中路过西陵,都要交给陆逊审阅,有不合适的地方就由陆逊负责修改订正,再盖上孙权的大印封起来送到蜀国。这是多大的信任!孙权其他臣下望尘莫及。太和二年(228),魏国大司马曹休率领大军入侵皖城(今安徽潜山县),孙权集合了数万军队交给陆逊指挥,赐给他代表皇帝权力杀伐决断的黄钺,出征的时候,孙权亲自执鞭,百官下跪送行。得胜后陆逊回到武昌(今湖北鄂州市),孙权命令手下用自己的御盖遮覆陆逊出入宫殿,"凡所赐逊,皆御物上珍,于时莫与为比。"

黄龙元年(229)孙权称帝,拜陆逊为上大将军、右都护,所谓"上大将军",表明这一官衔是在大将军之上,也就是东吴将领中的最高军职,无以复加。当年孙权迁都回到建业(今江苏南京市),让太子孙登和诸皇子及尚书九官留守武昌,并从西陵调来陆逊,任命他做荆州牧,"并掌荆州及豫章三郡事,董督军国。"胡三省注:"三郡,豫章、鄱阳、庐陵也。三郡本属扬州,而地接荆州,又有山越,易相扇动,故使(陆)逊兼掌之。"如前所述,周瑜、鲁肃、吕蒙生前不过是一郡太守,而陆逊不仅掌管荆州八郡(蕲春、江夏、南郡、宜都、长沙、桂阳、零陵、武陵),还要加上扬州的三个郡,几乎占据吴国疆域的一半。

不仅如此,孙权还赋予陆逊教育皇子和宗室公子的权力。例如皇子孙虑在武昌府邸堂前修建了小巧玲珑的"斗鸭栏",陆逊见了就正言厉色地批评他说:君侯应该勤读经典来使自己的学问有所长进,用这玩意儿能干什么呢!孙虑马上就命令手下人拆掉了它。射声校尉孙松是孙权最亲近的宗室公子,训练部下时队伍不整齐,陆逊就把孙松属下负责军务的官员施以髡刑,即剪断其发鬐以示惩处。赤乌七年(244),孙权又任命陆逊为丞相,但并未调他到京城建业任职,仍然让他留在武昌做荆州牧,这个丞相实际上成为一种荣誉性的头衔,陆逊至此可谓是位极人臣了。但是物极必反,第二年陆逊就迅速失去了恩宠,以致丢掉了性命。

孙权晚年昏聩,其子鲁王孙霸企图争夺皇位的继承权,与他的党羽杨竺等人暗地毁潛太子孙和,使其在孙权面前失宠,嗣位摇摇欲坠。太子太傅吾粲上表请求让鲁王孙霸出镇夏口,将其党羽调离京师,同时将宫内暗斗的消息数次写信告知陆逊。陆逊深为孙和担忧,与自己在京的亲属纷纷上疏,请求孙权慎重考虑,保全太子。信中说:"太子正统,宜有盘(磐)石之固,鲁王藩臣,当使宠秩有差,彼此得所,上下获安。谨叩头流血以闻。"

陆逊上奏了三四次,还要求亲自到建业当面向孙权陈述,以匡正得失,惹得孙权很生气,认为他不应该干涉有关立嗣的事情,就下命令禁止他回来,还把和太子关系亲密的陆逊外甥顾谭、顾承、姚信流放到远方,吾粲则由于写信给陆逊泄露宫里的情况被下狱处死。孙权还派遣中使(宦官)接二连三地到武昌去质问和谴责陆逊,这是一种很重的惩罚。据贾谊所言,汉代皇帝平时礼敬丞相和公卿大臣,有罪也不派人逮捕下狱,只是采取颁下诏书进行谴责质问。但是一旦下诏谴问,臣下轻罪者就要换上丧服进行叩请谢罪,表示自己死罪在身;中罪和大罪者都是马上自尽。如成帝时黄河决堤泛滥,"御史大夫尹忠对方略疏阔,上切责之,忠自杀。"明帝时楚王刘英谋反,虞延听说后不信就没有告发。"及英事发觉,诏书切让,延遂自杀。"

下诏谴责的诡异之处在于,有时朝廷只是在诏书中给予"严谴"或"重责",并没有列出死罪或是直接暗示其自尽,受谴者要根据诏书的责备内容去揣测上意,自己领悟是否需要自杀谢罪。若是官员获谴应死却没有自尽,朝廷通常会再次下诏痛责,直到他被迫接受死亡为止。例如《后汉书·侯霸传》记载,建武十五年(39)大司徒韩歆得罪光武帝刘秀被免职回乡,但是皇帝仍然很不满意,"复遣使宣诏责之",韩歆父子只好自杀谢罪。受谴应死而执意不肯自尽,以致被朝廷反复催促者,以御史大夫张汤为最，竟有八次之多。"天子果以（张）汤怀诈面欺，使使八辈簿责汤。汤具自道无此，不服。"于是汉武帝专门派了酷吏赵禹去斥责他不知分寸，翻来覆去不想死，给皇帝添麻烦，张汤只得被迫自杀。

孙权谴责陆逊的诏书，史籍没有记载是什么内容，但是从屡次派遣中使责问的情况来看，孙权对陆逊的谢罪肯定是不满意的，反复谴责当中可能暗含着让他自我了断的用心。这对陆逊来说就是非常难受了，他肯定知道汉朝官场的惯例：大臣遇到重谴需要自杀谢罪；但是他自认为无罪而不想自尽，孙权又频频谴责追问而不肯放过他，那么最终就只有死路一条了。《三国志·陆逊传》曰："（孙）权累遣中使责让（陆）逊，逊愤恚致卒，时年六十三。"是说陆逊由于气愤和委屈而导致发病死亡，也可以说他是被孙权逼死的。

陆逊死后，孙权连他的儿子陆抗也不放过。据陆抗本传记载，送父亲灵柩返乡安葬后到建业谢恩，"孙权以杨竺所白（陆）逊二十事问（陆）抗，禁绝宾客，中使临诘，抗无所顾问，事事条答，权意渐解。"态度这才有所缓和。后来孙权废黜太子孙和，将鲁王孙霸赐死，另立幼子孙亮为嗣。四年以后，孙权逐渐清醒过来，他见到陆抗流着泪说："我以前听信了谗言，对你父亲没有一贯坚持道义，这件事对不起你。当初责问你父亲的那些诏书，你回去把它们找出来全部烧掉，不要让别人见到那上面的内容。"可以想见，孙权当时谴责陆逊的话语应当是非常严厉而且是无理过分的，所以他不愿意再让旁人知道。一代英杰陆逊，最后落得如此下场，着实令人扼腕叹息。

慢性子打仗——诸葛瑾用兵

诸葛瑾表字子瑜,琅邪郡阳都县(今山东临沂市沂南县)人,是蜀汉丞相诸葛亮的长兄。他在汉末来到江东避难,正值建安五年(200)孙策去世,孙权继位后开始广招人才。孙权的姐夫弘咨见了诸葛瑾,觉得很有才能,于是向孙权推荐,诸葛瑾和鲁肃等人一起受到上宾的礼待。诸葛瑾容貌堂堂,为人深思广虑,众人都佩服他的宽宏高雅,孙权也对他很器重,先是任命他为府内的长史,又升为中司马,在十几年的时间里担任高级幕僚,为孙权出谋划策,匡正得失。

这段时间诸葛瑾以进谏得体而深受赏识,他遇到孙权看待或处理问题出现偏差的时候,从来不肯直言相谏,更没有进行过言语顶撞,往往只是大体上讲明意见的要旨。如果话不投机,就马上转移议题,先扯到别处去,然后再借其他事情引起此前的话题,讲述类似的事情,仔细论证其中的道理,用旁敲侧击的办法使孙权慢慢理解,经过触类旁通的说教,让孙权意解心开,认识到错误,从而不再坚持自己原来的意见。例如吴郡太守朱治,是孙权亲自提拔的官员,一向很受尊敬,但有些事情让孙权产生了不满和怨恨,却很难直接对他进行责难,因而怀恨在心而不能释然。诸葛瑾揣摩知道了其中的缘故,又不敢公开说出来,于是就在孙权的面前写信,广泛地议论事物的道理,借此用自己的想法来迂回揣测孙权的心意。诸葛瑾写完之后把信交给了孙权,孙权也是个聪明人,看了以后明白了诸葛瑾的心思,就高兴地笑着说:"我的思想解开了,颜渊的德行,是让人更加亲近,难道不就是这样的事情吗?"

孙权还曾怪罪过校尉殷模,给他定的罪名之重使人料想不到,许多大臣来为殷模说情,而孙权的怒火更加高涨,和他们反复争辩,只有诸葛瑾在旁边默不作声。孙权感到奇怪,就问他为什么沉默无语,诸葛瑾离开座席说:"我和殷模都遭受了家乡的动乱,人畜生灵几乎全死光了,不得已抛弃了祖宗的坟墓,扶老携幼,拨开荒草来到江东,归顺圣明的教化,在流亡的仆役生活中蒙受着养育长生的幸福,却不能相互督促激励来报答万分之一的恩德,以致于殷模辜负了圣上的恩惠,陷于罪恶之中。我谢罪还来不及,实在不敢说什么。"孙权听了这番话很是伤感,就说:"我特地为您饶恕他吧。"另外,虞翻由于狂放直率屡次得罪孙权,被流放到偏远的交州(今两广地区),只有诸葛瑾多次为他讲情。

建安二十四年(219)冬,诸葛瑾跟随孙权出征荆州,袭杀了关羽。随后吕蒙病故,孙权任命诸葛瑾接替了他的南郡太守职务,拜为绥南将军,领兵驻守江南的公安。从此诸葛瑾由文职官员改为武将,很是出人意料,不久他就投身战场。黄初三年(222)九月,魏吴两国关系破裂,曹丕下令出兵三道征吴,诸葛瑾所在的荆州南郡是魏国进攻的重点区域,敌人投入的是数量众多而且最为精锐的"中军",魏文帝曹丕也从都城洛阳南下宛城(今河南南阳市),亲自督战。曹真领兵围攻朱然镇守的江陵(今湖北荆州市),起土山,挖地道,在城外立起高大的楼橹,弓箭像雨点似的射向城内,守城的吴国将士伤亡惨重,加上疾病,能够参战的不过五千人。

江陵与诸葛瑾驻守的公安只有长江一水之隔,江心还有一块较大的岛屿"中洲",由吴将孙盛率领万人把守,作为江陵城的外援。魏将张郃领兵渡江前来进攻,孙盛抵挡不住撤往南岸,张郃占领中洲后截断了江陵与公安的联系,使这座要塞孤立无援,危在旦夕。这时诸葛瑾是南岸吴军的最高指挥,手下拥有大兵,但他"性弘缓",原本是个慢性子不着急的人,又毫无作战经验。史书上说他"推道理,任计画,无应卒倚伏之术"。就是反复论证斟酌作战方案,没有仓猝应变与把握战机、转换祸福的本领,耗费了许多天的时间,面对危急的形势却拿不出解救的办法。此时魏将夏侯尚分兵三万人,修建了一座由北岸通往中洲的浮桥,每天向岛上增兵并运送物资,来往络绎不绝。孙权又派了杨粲带兵前来增援,可是杨粲和诸葛瑾一样,屯兵在南岸作壁上观,不知道怎么出兵打败敌人。

江陵的危机很久不得解除,孙权因此对诸葛瑾非常不满,频频埋怨责备,又从三峡边境调来了猛将潘璋及所统属的部队。潘璋到达前线了解情况后说:"魏军的势力强盛,江水又浅,现在不可以直接和敌人交战。"他带领本部数千兵马来到上游五十里处,砍伐了数百万束芦苇,捆成了大筏,准备等到春潮降临、江水上涨时顺流放筏纵火,来烧毁浮桥。这时曹魏谋士董昭看出了浮桥面临的危险,提醒曹丕注意。曹丕于是下令给中洲的夏侯尚,让他赶快率军撤退。诸葛瑾也开始分兵两路进攻浮桥和中洲,魏军且战且退,撤回了北岸。十天之后江水暴涨,江陵久攻不下,兵力损失严重,再加上疾疫流行,魏文帝被迫放弃进攻,收兵回国,结束了这场长达半年之久的围城战斗。战后吴国论功行赏,诸葛瑾虽然没有显赫的战绩,但是所领部队编制完整,并未遭受惨重的伤亡,江陵和中洲最终都没有丢失,因而由于"全师保境",也被记上了一功。

黄初七年（226）曹丕去世，孙权乘魏国丧乱出兵进攻江夏，诸葛瑾和张霸也受命攻击襄阳，结果被增援的司马懿打败，张霸战死，损失了千余人马，诸葛瑾率众退兵。孙权并没有责怪他的失利，反而在后来晋升诸葛瑾为大将军，仍然留守公安。孙吴嘉禾三年（234），诸葛亮出兵关中，孙权予以配合，兵分三路北伐曹魏，中路孙权进攻合肥，东线孙韶、张承出师淮阴，诸葛瑾和陆逊带兵在西线沿汉水北攻襄阳。孙权攻击不利撤兵，消息传到西线，陆逊派往后方联系上奏的韩扁也被敌人截获。诸葛瑾得知后很是惊慌，写信给陆逊要求赶快撤退，陆逊却没有理他，仍然在营内与诸将下棋射箭游戏。诸葛瑾急得亲自来询问对策，陆逊对他说："敌人知道孙权已经还师，就没有什么忧虑，可以集中兵力来对付我们。他们已经守住要害之处，我们要想有所行动，应当先安定下来稳住敌人，突然实施变化，然后动身撤退。现在如果马上显示出撤退的迹象，敌人会认为我们害怕了，就要出兵追击逼迫，那样撤退行动必定遭到失败。"于是秘密地制订计划，由诸葛瑾准备船只，陆逊整顿兵马，佯装要进攻襄阳。魏军素来畏惧陆逊，得知情报后就回到襄阳城下进行防御。陆逊指挥部队缓慢地登上船只，虚张进攻的声势，然后迅速撤退回国，没有遭到任何损失。

赤乌四年（241），孙权命令扬州的全琮进攻淮南芍陂，诸葛恪攻六安，荆州的朱然进攻樊城，诸葛瑾和步骘攻击少数民族夷王梅敷统治的柤中（今湖北南漳县蛮河流域）。那一年诸葛瑾已经68岁了，这次出征也没有什么战果，他回到公安不久便去世了。

由于不擅长作战，诸葛瑾的军旅生涯成绩平平，他未曾打过大的胜仗，却也没有遭受过严重失败，这些应该是在孙权预料之中的。作为东吴开国的英主，孙权当然明白性情舒缓、躬行仁义道德的诸葛瑾不是个称职的将才，之所以委任他重要的军务，也实在有难言的苦衷。首先，孙权占领荆州后，沿江国境防线漫长，如干宝《晋纪》所言："自西陵以至江都，五千七百里。"长江上下两岸屯驻兵将的要塞有几十处，吴国并没有那么多合适的镇守人选。诸葛瑾的优点是政治上非常可靠，如《江表传》载孙权所言："子瑜与孤从事积年，恩如骨肉，深相明究，其为人非道不行，非义不言。"因而深受信任，不用担心他会拥兵自重或反叛投敌。其次，诸葛瑾为人小心谨慎，用他来带兵虽然难以获得大胜，但也不会遭受惨败。如果是不求有功但求无过的任务，那么诸葛瑾还勉强可以胜任。基于这两点原因，孙权任命诸葛瑾为将，而在军事上的使用是有一些条件限制的：

第一，让他退居二线。南郡战区以北岸的江陵为御敌前线重镇，承当着较重的作战和警备任务，所以孙权接受了吕蒙临终的推荐，让"胆守有余"的朱然做主将。诸葛瑾驻守的公安在南岸，实际上是在二线待命作战，江陵遇到危急时予以支援，平时的战备任务并不紧张繁重。第二，让有经验的将领协助他作战。孙权在南郡的部署与此前的蜀汉不同，刘备任命关羽"董督荆州事"，各个重镇的长官都要听他指挥。孙权却把这一战区划分为江陵、公安、西陵（夷陵）几座要镇，各设督帅，互不统属，遇到战事则相互配合支援，作战方案要进行商量才能决定。而江陵的朱然、西陵的陆逊（后为步骘）都是富有战斗经验的将领，大战时诸葛瑾没有主意，得听从其他有经验的战将的意见，如前述潘璋计烧浮桥、陆逊佯攻襄阳的建议，这样可以弥补诸葛瑾本身的不足。如上所述，诸葛瑾在公安驻守了 22 年，没有创立殊勋，也没有犯下大过，打个败仗也不过损失千把人，这对吴国来说不算什么。因此可以说，他基本上完成了孙权交付的任务，只不过确是勉为其难罢了。

贬损诸葛亮的败家子诸葛恪

　　诸葛恪是东吴大臣诸葛瑾的长子,他聪明机敏,能言善辩,个子不高,大嘴巴高嗓门,在江东争论没有对手。但这个人的品行很差,为了讨孙权的喜欢不惜贬低自己的叔父诸葛亮。有一次孙权问他:"你的父亲和叔父哪位更有贤能?"其实大家都知道,诸葛瑾的本事远不如诸葛亮。但是诸葛恪故意说:"我的父亲更好!"孙权问他为什么这样讲?诸葛恪回答:"臣的父亲知道应该为谁做事,而叔父不知道。"孙权听了开心得大笑。诸葛恪这样回答是有缘故的,当年诸葛亮出使东吴,很受孙权的器重,张昭也向孙权举荐,认为应该把诸葛亮留在江东。孙权同意后派人去说服,结果被诸葛亮拒绝了。所以诸葛恪说诸葛亮办事糊涂,不如他父亲诸葛瑾明白,以此来让孙权高兴。

　　又有一次蜀国派使者到东吴,孙权让群臣都来欢迎,席间对蜀国使者说:"这是诸葛恪,很喜欢骑乘,你回去转告诸葛丞相,给他的侄子送一些好马来。"话刚说完,诸葛恪就起身道谢。孙权感到奇怪,就问:"马还没有送来,你为什么就道谢呢?"诸葛恪说:"蜀国就是陛下的外厩(宫外的马棚),您现在颁下恩诏,他们肯定会送来好马,我怎么能不道谢呢。"这是当着使者和群臣的面来嘲讽蜀国和诸葛亮,孙权听了又特别高兴。

据史书记载,诸葛恪讨好孙权不择手段,后来他的长子诸葛绰牵涉到鲁王孙霸图谋夺嫡的案件,孙权没有对其审判处理,而是交付给诸葛恪,让他自己去教诲责罚。诸葛恪知道孙权对这起涉案人员判刑都很重,为了表示大公无私,让孙权看了满意,他居然逼着诸葛绰饮鸩自杀,由此可见其性情冷酷,为了自己的仕途连父子之情都不顾,贬损诸葛亮几句对他来说根本不算什么。

诸葛恪这样对待他的叔父,可是诸葛亮却不和他一般见识,而且很关心这位"贤侄"的前途。孙权为了考察诸葛恪的实际才能,任命他做掌管军粮的节度,这个差事要处理繁杂琐碎的文书,需要非常精细才行,诸葛恪对此根本不感兴趣。上述消息传到蜀国,诸葛亮知道后很是担忧,就给陆逊写信说:"家兄诸葛瑾年老,而诸葛恪性情粗疏,现在让他主管粮饷,那是军队里最紧要的事务,恐怕他管不好。我虽然远在境外,也为此深感不安,特地请您向孙权转达。"陆逊将此事上报后,孙权就免除了诸葛恪的节度官职,让他去做领兵的将领。

虽然孙权很重视诸葛恪,但是他的父亲诸葛瑾却不这样看,诸葛瑾一生低调做人,老实本分,所以对诸葛恪耍小聪明、逞强好胜很是不满。当时诸葛瑾在东吴任大将军,两个儿子诸葛恪、诸葛融都是统领兵马的将帅;弟弟诸葛亮为蜀汉丞相,族弟诸葛诞在曹魏也出任高官,"一门三方为冠盖,天下荣之。"但是诸葛瑾对诸葛恪的做派很不以为然,对此忧虑发愁,说这不是保家的儿子,不会使我们家兴旺发达,将来要带来灭门之灾啊!

因为太子年少,孙权在临终前为选择执政的托孤大臣一事犯难。有很多人推荐诸葛恪,孙权觉得这个人刚愎自用,不太合适。后来实在没有更满意的人选,只好勉强任命诸葛恪为大将军兼太子太傅,出来主持国政。这年冬天魏国派兵入侵,吴军在东关(今安徽巢湖市东关镇)予以反击,获得大胜。诸葛恪被胜利冲昏了头脑,次年夏天不顾群臣的反对,征发国内二十万大军进攻曹魏的淮南,围攻多日也没有打下合肥,"病者大半,死伤涂地。"最后只得撤兵。这场战役劳师动众,丧失人心,而诸葛恪若无其事,并没有什么自责,反而追究其他官员的罪过,罢免了很多人,招来了百姓和众臣的怨恨。政敌孙峻趁此机会向皇帝孙亮进言,密谋暗杀了诸葛恪,将他和兄弟诸葛融的全家满门抄斩。诸葛瑾当年的担心终于变成了残酷的现实,幸亏他以前将次子诸葛乔带到蜀国,过继给弟弟诸葛亮,生子诸葛攀。这回"诸葛恪见诛于吴,子孙皆尽"。诸葛亮还有诸葛瞻为后代,于是诸葛攀又以诸葛瑾为本家祖父,继承了他的香火。

步骘不耻食菜茹

步骘是吴国的丞相,东汉临淮郡淮阴(今江苏淮安市淮阴区)人。汉末中原战火四起,他逃难到了江东的会稽郡(治今浙江绍兴市),生活非常穷困。他和广陵(治今江苏扬州市)人卫旌同岁,两个人关系很好,都是靠种瓜养活自己,白天在地里劳动,夜晚诵读经书。像他们这样孤身到异乡谋生的人,当时被称为"客子"或"单家",既没有宗族势力可以依靠,也得不到当地官府的保护,处境十分艰难。据《三国志》的《步骘传》记载,豪族焦征羌是会稽郡内的一霸,家里的亲属和门客相当蛮横,经常欺凌乡里百姓。步骘和卫旌在他的地盘上混饭吃,害怕受到侵害,于是共同写了名刺(相当于名片),带上自己种的瓜去献给焦征羌,希望能够得到他的庇护。

步骘和卫旌登门求见时,焦征羌正在内室睡觉,他们俩在外边站了一个多时辰。卫旌见时间太久,就想把瓜放下离开,步骘阻止他说:"我们前来的原因,就是畏惧他的强横。现在要是撂下瓜就走,想要保持尊严,但是会结下怨恨啊!"两人又等了半天,焦征羌才起来,打开窗户见到了,也没有请他们进屋,而是自己倚靠着桌几,坐在帷帐里,叫仆人给步骘、卫旌拿来席子,让他俩坐在窗外的堂上。卫旌越发感到羞耻,而步骘神色自若,继续和焦征羌交谈。

等到吃饭的时候，焦征羌给自己放上大条案，摆满了鱼肉，给步骘、卫旌的只是盛在小盘里的米饭，下饭的只有"菜茹"，即蔬菜、野菜之类。卫旌气得吃不下去，步骘却放开肚子吃得很饱才告辞出来。卫旌生气地问道："怎么能忍受这样的羞辱呢？"步骘回答："我们是贫贱之人，所以主人把我们当作下人来对待，这本来就是理所应当，为什么要感到羞耻呢？"卢弼在《三国志集解》中评论说："此真饱经世态、识透人情之语，大有韩信忍辱胯下之风。"又说步骘和韩信都出生在淮阴，他应该听说过韩信忍胯下之辱的故事，所以不与流氓小人计较，免得眼下陷入困境，丧失了将来成就伟大事业的希望。

孙权继位以后，听说了步骘的名声，就请他出来做官，先后担任过主记（秘书）、海盐（今上海市金山区）县长、东曹掾和鄱阳太守。建安十五年（210），孙权想要控制交州（辖今广东、广西、福建东南部和越南广南省中部以北地区），便任命步骘做交州刺史，仅带领习武善射的吏卒千人跋山涉水前往。刘表任命的苍梧太守吴巨不愿接受孙吴的统治，对其号令阳奉阴违。步骘便以好言劝诱，请他前来会面，然后将吴巨擒获斩首，因此威名大震。交州的交阯、合浦、九真、南海四郡，都是由士燮与几个兄弟担任太守，见到吴巨被杀而心生畏惧，急忙表示服从，步骘仅以千余人马就为孙吴收降了岭南交州七郡的广袤领土。卢弼称赞他的功业可以和韩信媲美，"迫斩徇吴巨，宾服南土，又与韩信之国士无双，一军皆惊者何异？"后来交州局势稳定，孙权将步骘调回内地，他手下有兵马万人，驻扎在长沙。刘备发动夷陵之战时，步骘领兵在益阳担任后备部队。刘备兵败以后，荆州江南的桂阳、零陵等郡纷纷发生叛乱，都被步骘陆续镇压下去。黄龙元年（229）孙权正式建国称帝，把镇守西陵（即夷陵，今湖北宜昌市）的大将陆逊调往武昌，任命步骘为西陵都督,统治这块西连蜀汉、北拒曹魏的军事重镇,有二十年没有出过任何差错闪失。步骘晚年被孙权加封为丞相的荣誉官职(未到都城建业上任),最终死在了西陵都督任上。

严畯辞职，有自知之明

　　孙吴大臣严畯表字曼才，是彭城（今江苏徐州市）人，性格朴直宽厚，早年以研究经学闻名。汉末中原战乱爆发后，他逃难到江东，被张昭推荐给孙权，做了骑都尉、从事中郎，跟随孙权左右。严畯"忠告善道"，经常给人以诚恳的告诫，又能说会道，因而给孙权留下很好的印象。

　　建安二十二年（217），镇守荆州陆口（今湖北赤壁市陆溪镇）的大将鲁肃病逝，孙权任命严畯接替这个军职，统率一支万余人的部队，到陆口上任。大家都为他的升迁感到高兴，不料严畯坚持要辞掉这个职务。他对孙权说："我只是一介书生，并不熟悉军事，没有这方面的才能而占据了职位，必然会带来过失和后悔。"孙权不同意，严畯反复推辞，发言慷慨激昂，甚至眼泪都流了下来，孙权这才答应了他的请求。据《志林》记载，孙权还想试试严畯的骑术，谁知道他笨手笨脚，刚跨上马背就从鞍子上跌落下来。这番举动大概就是演戏了，因为严畯当了几年骑都尉、从事中郎，经常要乘马出行，骑术不应该如此拙劣。甭管流泪和落马怎么丢人，严畯总算达到了不担任军职的目的，当时吴国朝野都赞扬他根据实际情况辞让了这个并不适合的官职。后来孙权任命吕蒙出镇陆口，干得非常出色，最后献计袭取了关羽的荆州。而严畯一直在朝里做官,孙权称帝后,他担任九卿之一的卫尉,负责皇宫的保护与治安工作,之后还当过尚书令。

严畯深有自知之明,懂得平时议论军事与带兵作战完全是两回事。和他恰好相反的失败例证就是纸上谈兵的马谡,《三国志》说马谡"才器过人,好论军计,丞相诸葛亮深加器异"。尽管刘备临终前嘱咐说此人言过其实,不可重用,诸葛亮却不以为然。"以谡为参军,每引见谈论,自昼达夜。"诸葛亮南征前,马谡曾对他深刻分析了形势,并提出"攻心为上,攻城为下,心战为上,兵战为下"的中肯建议,说明他是个颇有见地的参谋人才。但是马谡缺乏领兵作战的实际经验,不是个称职的将才。街亭之役,诸葛亮派他担任先锋主将,"统大众在前",是个很不合适的安排,难怪军中将领都不服气,结果导致惨败,马谡也由于失职而丢了性命。刘季高对此评论说:"幼常(马谡表字)昧于自知,处非其任,不能如严曼才之'能以实让'。"就是批评马谡缺乏自知之明,非要接受承担不起的责任,比起实事求是的严畯来就差得太远了。而严畯所说的"非才而据,咎悔必至",也完全应验在马谡身上了。

潘濬见微知著

　　潘濬是武陵郡汉寿县(治今湖南常德市东北)人,在汉末曾出任过湘乡(治今湖南湘乡市)县令,因为治理得很好而非常有名。刘备占领荆州后,提拔他到州里担任治中从事。刘备领兵入川后,留下关羽镇守荆州,潘濬负责处理州里的日常行政事务。

　　建安二十四年(219)孙权偷袭荆州成功,糜芳打开江陵城门投降,蜀汉在城内的将领和官吏都归顺了吴国,只有潘濬称病闭门不出。孙权得知后命令把他用床抬来见面,潘濬伏在床上痛哭流涕。孙权上前慰问,呼其表字(以示尊敬)说:"承明,春秋时的观丁父是鄀国俘虏,楚武王任命他做了军帅;彭仲爽是申国俘虏,楚文王让他做了宰相令尹。这两位都是楚国的先贤,最初曾被囚禁,后来都被提拔使用。现在众人都归降了,唯独有你不肯,难道认为我没有古人的度量吗?"然后让手下的人为潘濬擦掉脸上的涕泪。潘濬听了这番话很受感动,于是下床拜谢,被孙权任命为治中,荆州的军事情况全都向他咨询。

　　这时武陵郡部从事樊伷招诱境内的少数民族,企图使该郡归属刘备,有关官员建议派遣将军率领万人前往讨伐。孙权没有理会,特地召问潘濬。潘濬说:"以五千兵前往,就足够打败樊伷。"孙权问他是怎么知道的。潘濬回答说:"樊伷是旧时南阳的大姓,并非武陵地方豪强。

他虽然嘴上很能说,实际上却没有辩论的才能。臣之所以了解,是因为过去樊伷曾设酒宴招待州里的客人,直到中午,也未能吃上饭菜。而他起身催促了十余次,可见这个人很不能干。这就好像观察某个人肢体的一部分就能够判断他是不是侏儒一样。"孙权听了大笑,便采纳了他的建议,派潘濬带领五千兵去,果然迅速平定了武陵郡的叛变。后来孙权称帝,封潘濬为太常,让他协助荆州牧陆逊处理日常事务。潘濬还在黄龙三年(231)率领五万兵马再次平定了武陵郡的大规模叛乱。

勇将留赞

在吴国历史上，有一位勇将奋斗终生，战功卓著，却没有被陈寿列入《三国志》的人物列传里，他就是会稽长山（今浙江金华市）人留赞。

留赞年轻时做过郡吏，曾参加过镇压黄巾起义军的作战，亲手斩杀了敌帅吴桓，但是他的一条腿也受了伤，从此蜷曲而不得伸展。留赞性情刚烈，喜欢读兵书和《史记》《汉书》《东观汉记》，每当看到古代良将攻战的情节，就会对书独自叹息。他把近亲们叫来说："现在天下大乱，英豪并起，纵览前代历史，富贵是变化无常的，而我足残屈居在闾巷之内，活着和死了没有什么区别。我想用刀割开我的腿，万一没有死掉而腿得以伸展，那么还能被举用干一番事业，要是死掉也就算了。"亲戚们都反对他这样做。过了几天，留赞用刀割开自己的腿筋，血流滂沱，昏迷良久，把家里的人都吓坏了，不过他的腿自此就可以伸展开来。等到腿伤痊愈，能够蹒跚走步。吴国的将军凌统听说后请他见面，觉得非常了不起，于是上表举荐，使留赞参军试用。由于累立战功，升迁为屯骑校尉。留赞对朝廷的时事得失经常进谏，直言不阿，孙权对他很是敬惮。

建兴元年（252）冬，曹魏军队入侵东关（今安徽巢湖市东关镇），占据拦河大堤。执政的诸葛恪命令留赞、丁奉等为前锋救援，到达东关时天寒降雪,留赞、丁奉率领步兵卸下铠甲,不持矛戟等长兵器,只戴头盔,手执刀盾,裸身攀援上堤。魏国兵将看了大笑,因此没有严密戒备。吴军上堤后挥刀乱砍,使魏军惊慌逃走,落水及战死者有数万人,留赞因功提升为左将军。五凤二年(255)。吴国大将军孙峻出征淮南,授予留赞节杖,拜左护军。在赴寿春的途中留赞发病,孙峻让他和辎重车队先回国,被曹魏将军蒋班领四千骑兵追上。留赞病重,不能起来排兵布阵,知道肯定要战败,就把曲盖和印绶都交给了兄弟的儿子,让他先走,说:"我自从做了将军,杀敌夺旗,还没有失败过。现在病得很重,士兵也羸弱无力,又是寡不敌众。你快些走吧,一起战死对国家没有好处,只能使敌人高兴。"他的侄子不肯接受,留赞拔刀要砍他,这才逃走。过去,留赞担任将军,每次作战前都要披头散发,仰天大叫,引吭高歌,左右应合其声,然后发起进攻,战无不克。这次兵败时,他叹息道:"吾战有常术,今病困若此,固命也!"留赞被害时七十三岁,据魏国方面记载,他的节杖与印绶也被缴获,可能其侄未能脱险。留赞的两个儿子留略、留平后来都做了吴国的大将。

用兵之道

邺城攻守战中出入重围的李孚

汉献帝建安九年（204）二月，曹操领兵进攻邺城（今河北临漳县）。邺城是河北袁绍经营多年的巢穴，守备非常坚固。曹操曾在建安八年（203）四月攻打邺城，被袁谭、袁尚兄弟所阻，未能成功而退兵。这次进攻则遇到袁氏兄弟分裂，袁尚带领军队到青州进攻袁谭，只留下审配等人守城，抵御的兵力因此明显减少。当年四月，曹军逼近邺城垣下，开始堆筑土山，挖掘地道，企图一鼓作气攻下这座坚城。但是审配调度有方，接连挫败曹操的进攻，曹操只得毁掉土山、地道，沿着城市四周掘下长壕，并引来漳水灌注，采取了长期围困的策略，致使城中百姓饿死者过半。

到了七月，袁尚撤兵回救邺城，在半路上担心邺城守备兵力太少，恐怕支撑不住，同时想让审配知道外边救援的情况，于是和主簿李孚商议，准备派遣勇士突围入城联络。李孚回答说："如果派遣普通士卒前往，恐怕不能了解到内外情况，又无法进城。请您派我去吧。"袁尚问他如何突围？李孚回答："听说邺城被包围得非常严密，如果带领的人太多必然会被发觉，我只带三个人去好了。"袁尚答应了他的要求。

李孚亲自挑选了性情温厚诚信的三个人，没有说明是什么任务，只是让他们带上肉脯和干粮，不得携带矛、戟等长兵器，各骑快马往南而去。快到邺城的时候，李孚让随从砍伐了三十根刑杖系在马上，自己戴起"平上帻"（执法官吏的帽子），率领三骑在黄昏时赶到邺城。当时曹操颁布军令，禁止在城围附近割草放牧，但是私下违反这项命令的人很多。李孚乘着夜色朦胧，分辨不清，冒充曹操军营里执法的"都督"（不同于以后的军镇都督），从城北到城东，再往南沿着围城的工事检查防卫情况，对违反禁令者根据罪行轻重实行杖罚。他们从曹操大营前面经过，到了邺城的章门外边，便伪装发怒，责骂守围的兵士，将其捆绑起来，然后打开围门，飞马跑到城下大声呼叫，城上守兵用绳子把他们拉了上去。审配等人见了李孚悲喜交加，鼓噪欢呼万岁。围城的守兵把情况报告给曹操，曹操听了哈哈大笑，很佩服李孚的机智，又对部下说："这些人并不是只要进城，随后还会出城。"提醒守城兵将注意。

李孚联络城内的任务完成后，要出城向袁尚汇报情况，考虑城外围守的密不透风，再用原来的办法肯定是不行了。他暗地里想出计策，对审配说："现在城内粮食缺少，留着老弱百姓没有用处，不如驱赶他们出降以便节省粮饷。"审配同意了他的办法，然后在夜里挑选了几千名老弱，让他们打着白幡，从三座城门同时出去，每人手举火把。李孚和他的随从也换作降人的服装，跟随队伍乘夜出城。当时曹营守围的将士听说城内出降，火光照耀，都出来共同观看，不再注意城围的情况。李孚等人出了北门，从西北角突围出去。等到了天亮，曹操得知李孚等已经出城，鼓掌笑道："果然和我此前说的一样啊！"

李孚北上见到袁尚，汇报了围城的情况，袁尚非常高兴，但是他救援邺城的战斗遭到失败，后撤到中山（治今河北定州市）又被袁谭击破。李孚与袁尚失散后无处投奔，只好归顺了袁谭，担任了他的主簿。

回到平原(治今山东平原县西南),曹操率众来攻,袁谭出战失败而死,李孚逃回平原,见城内军民都愿意降曹,但是秩序不稳,恐怕曹军进城后更加混乱,而且曹操曾有"围而后降者不赦"的命令,担心投降后仍然被杀。李孚于是出城去见曹操,声称冀州主簿有密事相奏。曹操让他进了大营,李孚叩头谢罪,并对曹操说:"现在城里强弱相凌,民心不定,希望您派遣新近投降而又为城内军民相识的人去传达旨意,投降免死,不得欺凌,以此安定民心。"曹操说:"那就让你进城传达吧。"李孚又问:"请告诉我您的旨意。"曹操回答:"就按照你刚才说的意思,告诉城内人众。"李孚回到平原,宣传曹操命令:"各自安心从事原来的职业,不得互相侵害。"使城内安定下来,然后他返回曹营报告完成使命。曹操认为李孚是可用之才,于是派他担任解县(今山西临猗县)的长官,因为执法严厉、精明强干而闻名于世,后来升迁到司隶校尉。虽然李孚已经七十多岁,但仍是精力旺盛,权术机略不减当年,最后在阳平(治今河南确山县西南)太守任上去世。

程昱守鄄城，不肯要援兵

　　程昱是东郡东阿县人，以有智谋、能决断大事闻名。汉末战乱时，兖州刺史刘岱请他出来做官，被程昱拒绝。后来刘岱为黄巾军所杀，曹操掌管了兖州，又请程昱出山相助，这次他毫不犹豫地答应了。同乡们感到奇怪，问他为什么上次不肯而这回却同意，程昱笑而不答。其实他明白曹操的才能远在刘岱之上，是可以辅佐而且能干出一番大事业来的。曹操和程昱交谈后觉得很满意，任命他为寿张县令。不久，程昱就为曹操保全兖州根据地立下了大功。

　　兴平元年（194），曹操带领大部分人马进攻徐州的陶谦，派头号谋士荀彧留守兖州，程昱做他的副手。张邈和陈宫看见兖州兵力空虚，便勾结吕布发动了叛乱，当地郡县纷纷响应，只有鄄城、范、东阿三县不为所动。当时陈宫准备渡过黄河来攻打东阿，又派氾嶷来取范县，吕布还绑架了范县县令勒允的母亲、兄弟与妻子，逼迫他投降。由于形势危急，造成了吏民的恐慌。荀彧自己镇守鄄城，让程昱去说服范县、东阿为曹操坚守。

　　程昱接受任务，孤身来到范县，劝说县令勒允道："听说吕布劫持了你的母亲，孝子不可以不动心。现在天下大乱，英雄并起，只有名望才能为世人所看重的豪杰能够平息动乱，聪明人应该谨慎选择。'得主者昌,失主者亡。'吕布是个粗鲁刚直、少亲无礼的人,只能算是匹夫中的好汉。陈宫等人顺势相助,临时凑合在一起,也不是能够辅佐君主建功立业的人。兵马虽多,最终也干不出什么名堂。曹操智略过人,当世没有第二个,这是上天所赐予的。您应当固守范县,我去守住东阿,就可以复立当初田单保全齐国的功劳。要投降吕布则是违忠从恶,以后母子都没有好下场。怎么做更合适,请您仔细考虑!"这番话打动了靳允,他流着泪回答:"不敢有二心。"

这时汜嶷已经到了范县城外,靳允和程昱定计,伪装投降带着兵丁出城去见汜嶷,随即出其不意将他杀死,再领兵回来守城。程昱又派骑兵急驰到仓亭渡口,阻止陈宫的兵马过河,然后赶到东阿,与县令枣祗率领吏民坚守。曹操从徐州撤兵回来,幸亏有这三城为立足之地,避免了失败灭亡。他紧握着程昱的手说:"要不是靠你出力,我就无家可归了。"程昱本来名叫程立,年轻时曾梦见自己爬上泰山,双手捧着日头,他把此事告诉过荀彧。这回荀彧转告给曹操,曹操感叹说:"你是注定要成为我的心腹啊!"于是在"立"字上边加了一个"日"字,替他改名为程昱。

曹操与吕布在濮阳激战,几次遭到失利,又遇到蝗灾而缺兵少食。袁绍得知后想趁机兼并曹操,就以"连合"为名答应派遣兵粮支援,但要曹操把家属迁到邺城去作人质,接受袁绍的控制。曹操当时进退两难,就准备答应袁绍的要求。程昱听说后马上赶来,劝说曹操道:"将军这样做是临事恐惧慌乱,不然的话怎么能考虑得这样肤浅啊!袁绍占据了燕、赵之地,有吞并天下之心,但他的智略却不够。将军自己衡量能做他的下属吗?现在兖州虽然残破,但还有三城可以依靠,能战的士兵不下万人。以将军的神武,和荀彧与我等人集中这些力量来使用,能够成就霸王之业。请将军再慎重考虑一下。"曹操听后猛然醒悟,于是拒绝向袁绍提供人质,并坚持作战,最终打败了吕布。

袁绍和曹操在官渡决战时,程昱仅率领七百人驻守鄄城,独当一面。曹操得知后认为兵力太少,就派人通知程昱,准备再给他两千援军。谁知程昱却不肯接受,他说:"袁绍拥兵十万,自以为所向无前,现在看见我的兵很少,就会不予重视,必定不会轻易来攻打。如果给我增加了兵力,袁绍路过时不可不攻,攻之必克,会白白地损失掉我的七百人和援军。希望主公不要再考虑。"曹操听从了程昱的建议,没有给他派去援军。而袁绍得到程昱兵少的情报,果然没有把鄄城放在眼里,认为不值得动用大军去攻打。事后曹操对程昱的胆魄和见识非常佩服,和贾诩说:"程昱的胆量,超过了古代的勇士孟贲、夏育!"袁绍战败病死后,程昱在兖州召集山泽中的亡命之徒,得到了精兵数千人,率领这支队伍来到黎阳与曹操汇合,打败了袁谭、袁尚。

程昱在战乱之际清醒地认定曹操是值得辅佐的英明君主,为其尽心尽力,守住了兖州三城。又在曹操兵败沮丧时冷静地替他分析形势,保持了政治、军事上的独立,没有落入袁绍索取人质的圈套,可以说是立下了显著的功绩。曹操荡平中原、统一北方后,曾经拍着程昱的脊背说:"兖州兵败的时候,如果不听从你的话,我怎么会有今天的功业。"曹操后来称魏王时,封程昱为九卿中的卫尉,负责保卫皇宫的安全。曹丕称帝后,程昱再次担任了卫尉,活到八十岁才去世。

司马懿的战前谋算

汉高祖刘邦曾称赞谋士张良："夫运筹策帷帐之中,决胜于千里之外,吾不如子房。"这里所说的"筹策",也叫"算筹"或"策",是以竹、木材料制成同样长短、粗细的小棍,用它们摆出来代表数字或列出算式。古代国君和将帅大臣在准备作战时,经常用"筹策"来计算敌我双方的兵力、路途与战场的远近距离,还有行军作战需要的时间,以及粮饷给养的数目,最后统计出完成这一战役所需要的人力和物资,这是进行作战的前提。在《孙子兵法》十三篇中,第一篇就是《计篇》,其内容为战前对敌我各种情况的预判和计算策划,也称为"庙算",即在庙堂(朝廷)上进行谋算。谋算的方面越多,获胜的把握就越大。"夫未战而庙算胜者,得算多也;未战而庙算不胜者,得算少也;多算胜,少算不胜,而况于无算乎? 吾以此观之,胜负见矣。"曹操对《计篇》注释道:"计者,选将,量敌,度地,料卒,远近,险易,计于庙堂也。"就是要选派合适的将领、衡量敌人的情况,推测战场的地理环境和需要士兵的数额、行军路程的远近和道路的险阻平易程度,这些都是要在庙堂上事先计量的。

古代在大战前夕,国君要召集相关大臣举行"廷议",即在朝廷上讨论决定如何用兵。但是史书嫌其内容繁琐,往往疏漏这方面的记载。

汉代记载比较具体、详细的事例,可见《汉书》卷 79《冯奉世传》。西汉元帝永光二年(前 42),陇西羌族发生叛乱,皇帝召集丞相韦玄成、御史大夫郑弘、大司马车骑将军王接、左将军许嘉和右将军冯奉世入宫商议。当时国内接连遇到灾荒,粮价攀升,百姓饥馑,加上羌族叛乱,形势相当困难,丞相等大臣都默然无语,只有右将军冯奉世表示应该出兵讨伐,自己愿意前往。皇帝问他需要多少兵马?冯奉世说:"现在叛匪大约三万人,按照兵法应当出动一倍的兵力,用六万人镇压。但是羌族只用弓矛等轻兵器,又不够锋利,所以我们只用四万人,一个月时间平叛足够了。"丞相等大臣、将军听了都表示反对,认为正是收获季节,不可以过多征发壮丁,有一万人到那里就够了。冯奉世力争却未能说服众人,皇帝命令再增加两千人,给冯奉世一万二千兵马出征。结果可想而知,敌众我寡,接连失利,最后汉元帝还是按照兵法所说的,把兵力增加到六万人,这才获得了胜利。

三国时期曹操的谋士郭嘉,号称"深通有算略",善于在战前谋划计算。曹操与袁绍决战前忧虑对手地广兵强,担心仗打不赢,郭嘉为他预料,"绍有十败,公有十胜,虽兵强,无能为也。"但说的都是政策、用人、恩德、法治和对兵法的了解运用等内容,史书忽略了他对兵员、日期、粮草等具体数字的核算情况。在这方面"庙算"的典型范例,则是司马懿在出征辽东前夕精心准确的策划。

魏明帝景初元年(237),辽东军阀公孙渊发动叛乱,他自称燕王,改年号为"绍汉",并设置了公卿百官。魏明帝把司马懿从长安召回到京师洛阳,让他带兵平叛。这时司马懿已经年近花甲,明帝对他说:"这事本来不值得劳动您,但是必须要平定这场叛乱,因此还是烦劳您辛苦一趟吧。"魏明帝这样客气,是由于此前幽州刺史毌丘俭已经带兵赴辽东镇压叛乱,可是作战失利。这次出征则要毕其功于一役,不能再有反复,所以朝廷要指望司马懿这位能征惯战的老将了。明帝接着问司马懿:"您盘算一下,公孙渊会采取何种对策?"司马懿回答说:"弃城事先逃走,是上计。依靠辽水来抗拒大军,是次计。坐守襄平城(今辽宁辽阳市)是下计,这样就会被我军擒获。"明帝又问公孙渊会采用其中哪种计策?司马懿回答说:"唯独有见识、有智慧的人才能深刻了解、衡量敌我的力量对比,预先有所舍弃,这不是公孙渊所擅长的。现在我方孤军远征辽东,他会认为我军不能持久作战,必定先占据辽水来抵抗,而随后守城,这是采用中计和下计。"明帝又问他往返需要多少时间,回答说:"往百日,还百日,攻百日,以六十日为休息,一年足矣。"关于动用的兵马数量,司马懿经过核算,提出要用四万人,明帝也表示同意。这样用兵的规模、时间长短和所需粮饷的数额就都预算出来了。

随后,魏明帝把这项作战方案交给公卿大臣们讨论,他们都觉得四万人太多,历时一年,后勤补给难以供应。魏明帝说:"这次行军要跋涉四千里,虽说用兵要出奇制胜,但是也应当凭借实力,你们不要在劳役和费用方面斤斤计较。"随即按照司马懿的计划,在景初二年(238)正月出征。

魏军到达辽水后,公孙渊果然派遣步兵、骑兵数万人在对岸设防阻截。司马懿伪装出动主力,大张旗鼓地到了南边,吸引了敌人的精锐向南移动部署,然后出其不意,大军暗地从北边渡过了辽水。敌军退守营寨,司马懿不去进攻,反而离开敌人直奔公孙渊的巢穴襄平。部下诸将对此很不理解,司马懿解释说:"敌人坚营高垒,是企图把我们拖在这里。如果去进攻它,正好中了敌人的计策。这是当年王邑统率大军耻于过昆阳而不攻、结果被刘秀打败的教训。古人说，敌人虽然有深沟高垒的防守，但是不得不出来和我军交战，这是因为进攻了它的必救之处。现在敌军的主力在这里，它的巢穴襄平必然空虚，我军如今开赴襄平，会引起敌人的恐惧，惧而前来求战，我军就一定会打败它。"于是整顿队伍开过敌营，敌军见司马懿直奔自己的后方，果然出营前来阻击。司马懿对诸将说："我所以没有进攻敌营，正是想让他们出来迎战，这个机会不可失掉。"随后纵兵进击，大破敌军，三战三胜，剩下的敌人退守襄平，司马懿领兵包围了这座城市。

合围之后，魏军起土山，挖地道，昼夜不停地攻城。公孙渊支撑不住，先是派遣使者请求解围、投降，后来又说想送人质过来希望魏军停止进攻，这两招缓兵之计都被司马懿识破，给予严词拒绝。最后公孙渊从城南突围，被司马懿派兵追杀，随即进入襄平城，"收户四万，口三十余万。"按照预先的计划胜利凯旋。

司马昭论伐蜀

曹魏末年,久经战乱的北方经济得到了恢复发展,建立起一支空前强大的军队。执政的权臣司马昭曾自豪地说:"现在国家有五十万大军,用它去攻打敌人,没有什么不能战胜的。"到景元四年(263)夏天,司马昭准备征伐蜀国,逐步实行统一天下的计划,他向群臣非常详细地论述自己的作战方案。

首先,为什么要攻打蜀国而不是吴国? 司马昭说:他盘算了一下,攻打吴国有长江的阻碍,需要制造许多战船,疏通南下入江的水道。这些工程相当浩大,要花费千万以上的人功(劳动日),即用十万劳动力工作一百数十天才能完成。而且南方天气酷热潮湿,北方将士到了那里水土不服,往往容易感染疾病。对比之下,征伐蜀国没有那么多困难,相对容易,所以应该先消灭它。灭蜀之后,大军经过三年的休整准备,再从那里经过三峡出川,战船能够顺流直下,军队水陆并进,这是灭虞定虢、吞韩并魏的乘胜之势。

司马昭又谈到蜀国的兵力只有九万(实际为十万二千),驻守成都和其他各郡的军队不下四万,能够投入到北方边境应战的不过五万人,他准备出动十八万大军,形成压倒性的优势去消灭他们。另外,蜀国的边防部署具有明显的缺陷,战略要地汉中的许多部队撤回后方,只有少量人马驻守。蜀军的主将姜维害怕受奸臣黄皓陷害,被迫远赴沓中(今甘肃舟曲、迭部县一带)屯田。现在出兵沓中以拖住姜维,使他不能顾及东边的战事。大军通过骆谷,进攻兵力空虚的汉中。敌人如果盘踞城池防守险要,军队必然分散,首尾隔绝。我军集中兵力攻城,另派士卒去劫掠野外的谷物来充当粮饷,使剑阁无暇守险,关头(白水关,今四川青川县东北)不能自存。以刘禅的昏庸愚昧,听到边城陷落的消息,看到内地的男女民众震动骚乱,必然会胆怯投降,这是可以预料出来的。

　　司马昭身边的群臣都说伐蜀艰难,事不可行,只有钟会赞同司马昭的主张,并且积极和他筹度地形、讨论兵势。司马昭便任命钟会为镇西将军,统领十余万大军从关中经过斜谷、骆谷去攻打汉中。驻守陇西的老将邓艾认为伐蜀的时机尚未成熟,接连上奏表示反对。司马昭为此派遣了他的主簿师纂到邓艾的部队去做司马,详细说明伐蜀的理由并进行监督,邓艾只得接受了作战任务,率领三万军队进攻沓中,缠住姜维;雍州刺史诸葛绪带三万人从祁山南下,占领武都和阴平桥头(今四川文县东),断绝姜维的归路。

　　大军出征之前,司马昭的属吏邵悌请求单独接见,说钟会率领大军伐蜀,却是单身,无法提供重要的亲属做人质,万一叛变了怎么办?不如另外任命一位主将。司马昭笑着回答:我难道不知道这些吗? 蜀国频繁派兵出征,使百姓不得安宁,我现在发兵去攻打它,取胜很有把握,看起来了如指掌,而众人都说蜀国不可以征伐。人心如果未战先怯就会智勇枯竭,若是派这样的人担任主将,只会被敌人打败。现在只有钟会和我意见一致,派他领兵伐蜀必然会成功。灭蜀之后,即使出现你所忧虑的叛乱情况,又怎么能够完成呢? "夫败军之将不可以语勇,亡国之大夫不可与图存,心胆以破故也。"如果蜀国灭亡,遗民震惊恐惧,不足以图谋举事。中原的将士思念亲属,都想返回家乡,不会参与叛乱。如果钟会真想要作乱,只会带来灭族的后果。你不用担心这件事,只要谨慎保密,不要泄露出去被外人知道就行了。

曹魏大军离开京城洛阳的那一天,司马昭举行了盛大的阅兵和宣誓仪式,并且对出征的将士们大加赏赐。将军邓敦不识时务,仍站出来说蜀国不可征伐,司马昭命令将他当即斩首,以激励军队的士气。后来伐蜀之战相当顺利,刘禅被迫投降,钟会发动的叛乱也遭到魏国将士们的强烈反对,以致于被杀身亡。这场规模宏大的战役,前后事态的变化都在司马昭的预料和掌握之中,可见他心怀韬略,胸有成竹,称得起是三国后期出色的政治家和军事家。

司马昭求诸葛阵法

　　古代战争中的阵法,即将士兵编组为各种战斗队形,纪律严明、排列齐整的阵形,能够将千百人、上万人凝聚成一个协同作战的整体,又将使用的长短兵器、远射及防护武器进行合理的配置,在统一的号令下往往能够击败兵员众多而队形散乱的敌人。由于"阵"在战斗中的作用十分重要,《孙膑兵法》将其列为军事指挥艺术的首位:"凡兵之道四,曰阵,曰势,曰变,曰权。"诸葛亮对军事学所作的重要贡献,就是创作了《八阵图》,八阵的具体情况久已失传,现代史家曾对它进行揣测、钩沉,但仍是不甚明了。就历史记载来看,有以下几个问题值得注意。

　　第一,"八阵"产生于三国时期以前。《孙膑兵法》中就有《八阵》一篇,论述使用"八阵"作战,要根据敌情和地形来确定战法,配置兵力。东汉永元元年(89)窦宪征匈奴获胜,命令班固作记功铭文曰:"勒以八阵,莅以威神。"三国曹操、孙坚的队伍里也曾使用过"八阵",例如建安二十一年(216)三月壬寅,曹操亲耕籍田,"会五营士为八陈(阵)进退。"韦昭曾为吴国造鼓吹曲十二篇,其中的《汉之季》歌颂了孙坚的武功,词云:"汉之季,董卓乱。桓桓武烈,应时运。义兵兴,云旗建。厉六师,罗八陈。飞鸣镝,接白刃……"可见在春秋至东汉已有"八阵"之法,诸葛亮推陈出新,在其基础上做了重要的改进。《蜀记》

载西晋太傅掾李兴说："推子八陈（阵），不在孙、吴"，也表明诸葛亮创立的阵法具备孙武、吴起著作中所没有的革新内容。

第二，诸葛亮的《八阵图》是在其初出祁山之役失利后创造的。蜀汉建兴六年（228）春，蜀军在街亭和箕谷被人数处于劣势的魏军击败，给予诸葛亮很大的震动。后来有人劝他再多发兵众，诸葛亮回答说："大军在祁山、箕谷的时候，数量都多于敌寇，却不能破敌而被敌寇所破，所以失败的原因不在于兵少，而是在于主将一人的指挥调度。现在我想减兵省将，显明责罚，反思过失，将来再另想变通的办法。若是不能这样的话，即使兵再多又有什么用？"此后诸葛亮加强了部队的军事训练，其中包括武器装备和作战阵形的改进。陈寿说："诸葛亮的性情擅长于巧妙的思考，改进连弩，创造木牛流马，都是出自他的发明；推演兵法，作八阵图，全能得到其中的要领。"《水经注》记载诸葛亮研制成功《八阵图》后说："八阵既成，自今行师，庶不覆败。"可见这种阵法是在街亭、箕谷之役受挫后研发出来的。

第三，《八阵图》创立后，诸葛亮的蜀军在大规模野战中再没有失利过。如建兴七年（229）他派陈式攻占武都、阴平二郡，建兴八年（230）魏延在南安郡阳溪之役中大败魏将费瑶、郭淮。建兴九年（231）诸葛亮再出祁山，在卤城（今甘肃礼县东盐官镇）战斗中战胜司马懿，"大破之，获甲首三千级，玄铠五千领，角弩三千一百张。"此后司马懿再也不敢与他作正面交锋了。三年后诸葛亮兵出五丈原，司马懿和他相持百余日，坚壁不战，即使受到馈赠巾帼妇人之服的羞辱也强忍下来。魏明帝也深知诸葛亮野战的厉害，下诏不准司马懿出战，让他坚壁清野，拒守营寨以挫折其锋芒，使蜀军进攻不得如愿，撤退又找不到战机，久驻则粮食耗尽，抢掠则一无所获，就必然会逃跑了。

　　第四,司马懿对诸葛亮的军事才能非常佩服,尤其是对他的结营布阵。"及军退,宣王案行其营垒处所,曰:'天下奇才也!'"对于诸葛亮的《八阵图》及其他兵法著作,司马懿应当是想弄到手的,但是一直没有机会。他的儿子司马昭也知道这件事,所以在景元四年(263)魏军出动伐蜀时,他嘱托要找到有关记载,后来终于缴获了相关资料并带回朝内,司马昭让熟识兵法的亲信陈勰秘密学习掌握。《晋书·职官志》记载:以前,陈勰被司马昭所看重,他特别有才学,熟悉了解军队的指令。司马昭封为晋王后,委任陈勰掌管军务。等到蜀国灭亡后,命令陈勰传受"诸葛亮围阵用兵倚伏之法",还有甲乙分部号标旗帜的制度,陈勰都在暗地里练习,于是陈勰被任命为殿中典兵中郎将,迁将军。不久后,晋武帝每次整队出入宫殿,陈勰都手持白兽幡在皇帝的车驾附近,按照诸葛亮的兵法来指挥调度,卫兵和仪仗排列得整齐肃穆。

　　这里还要说明的是,据《水经注》的记载,诸葛亮在永安江畔和定军山兵营旧址东侧都布置了石块堆砌的《八阵图》,但后人均无法解识。笔者认为这些石阵应当是后世的附会,并非真是诸葛亮的阵法。理由有两条:

　　首先,《八阵图》属于蜀汉和西晋的军事机密,除了由相关人士掌握并不外传,哪能随便摆出来让众人观看呢?

　　其次,上述石阵的内容没有人能看懂,即便是内行也不行。如永安的石阵遗迹,"自后深识者所不能了。"东晋桓温看了也只是说:"'此常山蛇势也。'文武皆莫能识之。"而定军山诸葛亮"茔东,即八阵图也,遗基略在,崩褫难识"。但是《八阵图》则是兵家能够了解并掌握的阵法。例如西晋马隆在平定羌乱的途中屡屡受到敌人阻击,"(马)隆依八阵图作偏箱车,地广则鹿角车营,路狭则为木屋施于车上,且战且前，弓矢所及，应弦而倒。"又北魏高闾建议在京师苑内训练六万人，两万人专门练习弓弩射击，两万人专心操戈持盾，两万人专心骑马使矟。修立战场，十日演习一次。"采诸葛亮八阵之法，为平地御寇之方。"说明在两晋南北朝时期，有关人士还能识读和教练《八阵图》，并在实战中加以运用，与石阵无人能识的情况并不相同。

邓艾论战

　　曹魏正元二年(255),蜀国大将姜维领兵北伐,在洮水西岸大败魏雍州刺史王经,歼敌数万人。王经率领残兵退入狄道(今甘肃临洮县)城内,被蜀军围攻。魏国调来了老将邓艾,他和征西将军陈泰带兵解救狄道,姜维见敌军势力强大难以取胜,便撤退回国。

　　这次战役之后,邓艾晋升为安西将军,领兵留在陇右(今甘肃陇山、六盘山脉以西,黄河以东地区)防备蜀军入侵。他和部下讨论防御计划,多数部将认为蜀国经过这次大战后士卒疲劳,财力枯竭,需要较长时间的休整,不会再向陇右发动进攻。经验丰富的邓艾听后却不以为然,他详细论证了敌军必然前来进犯的各种因素。说道:洮西的败仗并非小的失利,我军被敌人击溃,率兵的将领大多阵亡,当地的粮仓空虚,百姓流离失所,几乎陷于危亡。现在如果分析形势,敌人有乘胜进攻的势头,我方实际上防务虚弱,这是其一。敌人的兵将相互熟悉,各种武器都很犀利;我方刚刚更换了主将和驻防部队,装备尚未补充齐备,这是其二。敌人从后方开赴前线可以利用河流来航运,我方调动只能陆路步行,劳逸不同,这是其三。陇右地域广阔,狄道、陇西(郡治在今甘肃陇西县东南)、南安、祁山都要派兵驻守,敌人可以集中兵力进攻一点,我方的兵力则要分为四股来防备,这是其四。敌军如果进攻陇西和南安,必须向附近的羌族部落征收军粮;若是进攻祁山,那里有熟麦千顷,正是吸引敌人前来的诱饵,这是其五。姜维很狡黠,这些有利的因素他都会考虑到,所以必定前来进攻。

邓艾判断敌人进攻祁山的可能性最大,于是在那里部署兵力,准备迎战。甘露元年(256),姜维果然前来袭击,到了前线听说邓艾早有防备,就改变计划从董亭去进攻南安。这一行动邓艾也在事先做了预判,占据了武城山以逸待劳。姜维领兵与魏军争夺险要,未能成功,又在当天夜里渡过渭水东行,沿着山路去攻击上邽(今甘肃天水市秦州区),但再次受到邓艾的堵截,在段谷被魏兵打得大败,合计损失军队上万人,狼狈撤退回国。邓艾则因为这场胜利晋升为镇西将军、陇右都督,统率当地的全部兵马。

甘露二年(257),曹魏扬州都督诸葛诞据寿春发动叛乱,朝廷抽调关中部队前往镇压。姜维听说关中兵力虚弱,便带领蜀军数万人前去进攻。邓艾从陇右率兵到关中增援,他见姜维势力强盛,便和关中守将司马望坚守不战,与蜀军相持了好几个月。到第二年,姜维获悉诸葛诞兵败被杀,只好撤军回到四川。

景元三年(262),姜维再度带兵北伐。邓艾又一次预判出敌人的进攻方向,事先在洮阳(今甘肃临潭县西南)筑城戍守。姜维进军受阻,又在侯和(洮阳城东)被邓艾的援兵打败,只得悻悻撤退回国。

景元四年(263),曹魏发动了灭蜀之役,钟会率领十余万大军西征,占领汉中和关城(今陕西宁强县阳平关镇)后长驱直入,被姜维领兵在剑阁阻击。钟会久攻不下,因军粮耗尽而准备撤退,邓艾此时出奇兵偷渡阴平,直捣蜀军后方,在绵竹(治今四川德阳市北)打败诸葛瞻的部队,兵临成都而迫使刘禅出降。姜维后来接到刘禅的命令,在涪县

（治今四川绵阳市东）向钟会投降。

邓艾到陇右之后，在与姜维的交锋中多次取胜，保持不败，直到蜀国灭亡。姜维遇到邓艾之后再也没有打过胜仗，可以说是遭遇了克星。邓艾对此洋洋得意，他居功自傲，占领成都后对蜀地的士大夫们说："诸位幸亏遇上了我，所以才会有今天；要是遇上吴汉（东汉初年攻占成都的名将）那样的人，你们早就被杀掉了。"又说："姜维不过是称雄一时的好汉，正好碰到了我，也就走上穷途末路了。"有见识的人听了，都嘲笑邓艾的自大。

杜预化装擒敌帅

　　杜预表字文凯,祖父杜畿、父亲杜恕是曹魏的大臣。杜恕曾出任幽州刺史,和司马懿关系不好,由于过失被免职,死在了流放地点,杜预也因此很久没有任职。后来司马懿去世,杜预娶了司马懿的女儿,即司马昭的妹妹,这才获得提拔。杜预博学广识,提出很多出色的建议,被朝臣们誉为"杜武库",是说他的计谋就像京师的兵器库一样,种类繁多,应有尽有。按照他自己的说法,是"家世吏职,武非其功"。就是世代都做文官,练兵打仗不是特长。《晋书·杜预传》说他没有什么武艺,"身不跨马,射不穿札",但是朝廷每次大举用兵,他都在将帅的行列。

　　西晋发动灭吴战役之前,委任杜预为荆州都督。他上任后调集精锐,突袭孙吴西陵(今湖北宜昌市)督将张政的防地,打了个胜仗。张政是吴国的名将,镇守边境要害,因为疏忽大意吃了败仗,觉得很丢脸,就没有把情况上报给朝廷。杜预使了个离间计,把抓获的俘虏列表送还给吴国皇帝孙皓。孙皓果然中计,认为张政隐瞒军情,把他调了回去,任命武昌监刘宪接替他的职务。这样在大战之前,孙吴走马换将,新帅不熟悉情况,带来了不利的局面。

　　太康元年(280)正月,西晋发动灭吴之役。杜预摆出要攻击江陵

（今湖北荆州市）的阵势，吸引了敌人的注意力，暗中却派兵将沿江西上，攻占了很多城邑。他又派遣牙门将周旨、伍巢等率领八百名奇兵，乘夜渡江，袭击南岸的孙吴重镇乐乡城（今湖北松滋市东北），并且多挂旗帜，在山间纵火，造成了敌人的恐慌。吴国都督孙歆非常震惊，说："北来诸军，乃飞渡江也。"孙吴民众前来投降的有万余人。西晋王濬的水军开到乐乡时，孙歆率领兵将出城迎战。周旨、伍巢等人的小部队按照杜预的指示化装成吴军，埋伏在乐乡城外，等到孙歆的军队战败回城的时候，跟随他们一起进入。孙歆没有发觉，化装的晋军跟随他到了兵营的大帐，然后突然袭击俘获了他，并且成功地把孙歆带出乐乡城，返回了北岸。杜预的军队为此编写了歌谣："以计代战一当万。"乐乡的吴军由于不见了主帅而乱作一团，很快被王濬的军队打垮，但是王濬不知道孙歆的下落，以为他死在乱军之中，就砍了个人头冒充是他，送到都城洛阳向晋武帝报捷。没想到杜预随后把活着的孙歆也送到了洛阳，揭穿了王濬的虚报战功，惹得朝野人士纷纷哄笑。

　　杜预随后进攻江陵，这座坚固的城垒只防守了九天就被攻克了。这次战役，杜预所部斩杀或生擒吴国都督、监军十四名，牙门将、郡太守一百二十余人，不仅占领了江北的南郡，江南的沅水、湘水流域和岭南的交州、广州也望风臣服，纷纷投降并送来印绶。杜预功劳卓著，受到了朝廷的封赏。

晋武帝

王濬

右主刘禅　孙皓

杜预

曹魏"借东风"打败吴兵的洞浦之役

"东风不与周郎便，铜雀春深锁二乔。"这两句诗说的是赤壁之战孙吴水军凭借东南风之利，以火攻战胜曹操大军的战例。但是，三国历史上还有一场战役，是曹魏借助东南风打败了吴国的水军，这就是洞浦（或称洞口）之役。

黄初三年（222）九月，魏吴两国关系破裂，文帝曹丕下令三路伐吴，"命征东大将军曹休、前将军张辽、镇东将军臧霸出洞口，大将军曹仁出濡须，上军大将军曹真、征南大将军夏侯尚、左将军张郃、右将军徐晃围南郡。"其中曹休等率领的东路水军，是从淮河入中渎水（今京杭大运河江北段）至江都（今江苏扬州市江都区），进入长江后逆流而上，驻扎在洞浦（今安徽和县西南），准备策应中路进攻濡须口（今安徽无为县东南）的曹仁部队，并伺机渡江。大江从九江到南京的河段，是流往东北方向，所以南、北两岸又称作江东、江西。吴国方面兵力较弱，是由建威将军吕范率领全琮、徐盛等五支军队的水师，驻扎在洞浦对岸，以抵御曹休的船队。

曹休是魏国将领中的少壮派，由于兵力占据优势而骄气十足，企图不顾后勤支援的困难而渡江作战。曹休给魏文帝上奏说："愿意率领精锐部队强渡长江，靠夺取敌人的粮饷来解决供应，这仗一定能够大胜。如果我战死了,也请皇帝不用挂念。"曹丕看了非常焦虑,不愿意冒险渡江,赶快派人通知他停止强渡的准备。这时候谋臣董昭正在旁边,问道:"看见陛下面色忧虑,是不是因为曹休要渡江作战的缘故?强渡长江是很危险的战斗,军队的将士会觉得为难,即使曹休想这样做,也无法独自领兵前往,必须获得诸将的同意。像臧霸那样的老将,家财富足而又官爵高贵,再没有什么进取的愿望,只是想安度晚年,保住官爵和俸禄而已,怎么肯自投死地,以求侥幸获胜? 要是臧霸等人不愿意渡江,曹休也就没什么劲头儿了。就算是陛下颁布诏书命令他们渡江,都会沉吟犹豫,未必会服从命令啊!"

事态的发展果然不出董昭所料,曹休没有冒险渡江,只是与吕范的水军隔岸对峙,偶尔派遣小股船队侦察骚扰,并未爆发大战。到十一月有天夜里,突然东南风大起,吴军战船被猛烈的飓风刮断了固定在岸边的缆绳,纷纷漂往江中。许多船只在江心倾覆,造成兵将溺水死亡。还有不少战船被吹到对岸的魏军兵营,曹休的部队以众击寡,斩杀俘虏了众多敌人,并缴获了许多船只。吴国水军中的一些大船还可以抵御风暴、操纵控制,落水的吴兵大声呼救,企图攀援上船,而船上的兵将恐怕超载会导致倾没,纷纷以戈矛撞击,不让他们上来。只有吾粲和黄渊命令手下搭救落水遭难的吴兵。左右劝阻说船太重了就会翻掉,吾粲回答:"船要是翻了,那就一起死掉算了。战友遇到危急,怎么能够抛弃他们呢?"吾粲和黄渊的船只搭救了上百人。

这次战斗吴军死伤惨重,"所亡中分",船只和兵员各损失了一半,据吴国方面记载有数千人。曹魏的战报说:"今征东(大将军曹休)诸军与(孙)权党吕范等水战,则斩首四万,获船万艘。"公布的数额相差甚多,这是因为魏国的战报历来有夸张的传统。"破贼文书,旧以一为十。"斩首的数量夸大了十倍,实际上杀获应是四千多人,再加上沉船溺水淹死的吴兵,差不多有五六千人。曹丕听说了获胜的消息,马上下诏催促曹休的部队乘胜渡江,但是耽误了时间。曹休未敢大举进攻,只是命令臧霸以轻船五百艘、敢死队万人渡江袭击徐陵(今安徽当涂县西南),"烧攻城车,杀略数千人。将军全琮、徐盛追斩魏将尹卢,杀获数百。"双方互有斩获,各自退还。

这时吴军明显处于劣势,将士们惊恐失色,恰好驻守皖口(今安徽怀宁县东北山口镇)的吴将贺齐率领水师前来救援,才勉强稳住了阵势。贺齐的部队装备精锐,战斗力很强。兵甲器械极为精练,弓弩矢箭都用的是上好的材料,所乘的船只雕刻花纹,涂上丹漆,体积庞大,"蒙冲斗舰之属,望之若山。"曹休的水师相形见绌,看了有些胆怯,于是不敢再来求战。魏吴双方在洞浦相持了数月,可是中路曹仁攻打濡须为吴将朱桓所败,西路曹真、夏侯尚等围攻江陵也没有成功,部队伤亡严重,又遇到了瘟疫,这个仗就打不下去了。曹丕被迫在黄初四年(223)三月下诏,让三路人马撤退,这场战役就此告终。

吴国方面在战后进行了嘉奖,吕范升迁为前将军,封南昌侯,拜扬州牧。徐盛迁安东将军,封芜湖侯;全琮迁绥南将军,进封钱唐侯。卢弼在《三国志集解》中评论道:洞浦之役,吕范等人遭受了惨重失败,并未打什么胜仗。《孙权传》及吕范本传都说"船人覆溺,死者数千",没有讳言失败,是吕范的军队未立战功的证明,但是孙权对他封侯拜牧,弄得好像打了胜仗领取奖励一样,又是什么原因呢?这是因为曹休率领二十六支军队攻打扬州,威胁吴国的后方根据地,而吴军的主力都在西线,吕范等率领的只是偏师,以少敌众,能够守住国境,没有让强敌渡江成功,就已经是完成预期的作战任务了,所以要给予嘉奖,这是孙权用人得当的表现。"保境之功,诚不可没。徐盛、全琮同进爵赏,仲谋之善于御将,此亦其一端也。"

被迫攻打自筑城垒的关羽和陆抗

在火器发达以前的古代,坚固的城堡是难以攻陷的,弱旅困守孤城,可以在很大程度上弥补自己兵力对比上的不足。如《尉缭子·守权》说:"出者不守,守者不出。一而当十,十而当百,百而当千,千而当万。"三国时期这种情况很常见,如《魏略》载郝昭以千余人守陈仓,抵抗数万蜀军,"昼夜相攻拒二十余日,(诸葛)亮无计,救至,引退。"又载张特以三千余人据守合肥新城,"吏兵疾病及战死者过半",仍能迫使诸葛恪的大军撤退,都是著名的守城战例。

由于攻城耗时费力,伤亡惨重,将帅们尽量避免进行这种战斗,认为它是迫不得已的下策。《孙子兵法》曾说:"上等的用兵之道是凭借谋略获胜,其次是用外交战胜敌人,再次是用武力击败敌人,最下等的办法就是攻打敌人的城池。使用攻城的办法是因为迫不得已。"不过,单薄低矮的城垒则抵抗不住大军的强攻,如《吴书》记载建安十九年(214)五月,孙权率众进攻皖城(今安徽潜山县),吕蒙看出该城的破绽,献计说:"现在看这座城堡,并不是很坚固,以三军的锐气四面进攻,用不了多少时间就可以攻克。"孙权听从了他的建议,凌晨进攻,吕蒙亲手敲响战鼓,士卒都奋勇攀登,还不到中午就结束了战斗。

正因如此,有经验的将领都会重视城垒的设计和施工,往往亲自督造,使其垒高池深,坚不可摧。但要是本人精心修筑的城堡,反过来再去攻打它,会是什么样的结果呢? 若是遇到这种情况相当尴尬,就像《韩非子》"自相矛盾"寓言所说的那样,"以子之矛,陷子之盾,何如?"三国历史上就出现过两次这样的战例,主角分别是蜀汉的关羽和孙吴的陆抗,作战的结果截然相反,关羽面对自己督造的江陵城知难而退,队伍随即分崩离析,陷入穷途末路;而陆抗则运筹帷幄,以寡敌众,胜利攻克了他所修缮的西陵城。下面详述这两段故事:

刘备和诸葛亮相继入蜀之后,留下关羽镇守荆州,关羽把州治府城从江南的公安移到北岸的江陵(今湖北荆州市),作为后方基地,又把将士的家属以及钱粮财宝、兵仗器械都安置在城内,并下令扩建江陵城,亲自主持修造工程。据《元和郡县图志》所言:"江陵府城,州城本有中隔,以北旧城也,以南关羽所筑。"就是在旧城南邻建造新城,新旧城区之间增筑了城墙以相互隔离,这样即使敌兵攻破了一处进入城内,守军还可以凭借隔墙继续坚守。建安二十四年(219)关羽率众北征襄樊,水淹曹操精锐的"七军",并将捕获的主将于禁和三万余名战俘押送到江陵囚禁,由此可见城内的面积相当广阔。江陵城虽然坚固,但是守将南郡太守糜芳是个贪生怕死的势利小人。孙权派遣吕蒙偷袭荆州时,糜芳看到据守公安的傅士仁已经投敌,吴军又人多势众,便停止抵抗开城投降,使吕蒙兵不血刃地占领了这两处要地,这完全出乎关羽的预料。

在襄樊战役进行期间,曹操为了动摇关羽的军心,促使他尽快从前线撤兵,曾经按照董昭的建议把孙权企图偷袭荆州的信件用箭射到蜀营,但是关羽将信将疑,又认为自己修建的坚城不会轻易陷落。胡三省曰:"(关)羽虽见(孙)权书,自恃江陵、公安守固,非权旦夕可拔。"因而继续留在襄樊作战,直到获得南郡陷落的确切消息,才仓惶领兵赶回救援。待他的军队赶到江陵附近,见其已被吴军固守,便放弃了攻城的念头。《水经注》载:"(关)羽曰:'此城吾所筑,不可攻也。'乃引而退。"就是知道自己督造的城垒牢固异常,无法攻陷,只好退兵到麦城。由于蜀军将士家属在江陵城内被敌方扣押作人质,导致军心涣散,纷纷叛降,关羽最后仅率领关平、赵累等十余骑逃走,在临沮(今湖北宜昌市远安县)被孙权伏兵劫杀,一代将星就此陨落。

关羽修筑的江陵城究竟有多么坚固?这个问题在数年后即得到了验证。黄初三年(222),魏文帝曹丕下令三路征吴,其主力部队"中军"在曹真、夏侯尚带领下围攻吴将朱然镇守的江陵。魏军先是攻占了江中的沙洲,截断了江陵城与南岸吴军的联系,使其陷入孤立无援的境地。《三国志·朱然传》记载:"(曹)真等起土山,凿地道,立楼橹临城,弓矢雨注。"而城中的吴军多患疾病,能够参战的仅有五千人,却凭借江陵牢固的城垒坚守了六个多月,使魏军死伤惨重,被迫撤兵。以前关羽精心筑造的城堡,现在变成了吴国守备边防的利器。

陆抗是吴国名将陆逊之子,他在永安二年(259)担任西陵都督。西陵就是三峡东口的重镇夷陵(今湖北宜昌市),当地原来筑有城垒,陆抗在任时对其进行了修缮加固,又补充了各种防御的器具。后来他调任乐乡都督,总管荆州西部战区的防务。孙吴凤凰元年(272),西陵督将步阐据城叛变,派遣使者到晋朝联系投降。陆抗闻讯后马上带领部下三万人赶赴西陵平叛,而西晋亦命令荆州都督羊祜发兵救援步阐。羊祜部下共有八万余人,他采取围魏救赵的战法,亲自率领五万人南下进攻江陵,又命令荆州刺史杨肇带三万人赴西陵援助步阐,巴东监军徐胤率领水军顺江而下侵犯吴境。

陆抗的部将见敌军势力强大,都认为应该立即回师救援江陵。陆抗却拒绝说:"江陵城池坚固,兵精粮足,不用担心。即使敌人攻陷了江陵,也会因为离后方太远、粮草接济不上而撤兵。可要是西陵和敌军勾结会师,那么南山的少数民族'群夷'就会扰动不安,丢掉这座峡口重镇会造成难言的巨大忧患。我宁愿放弃江陵而拿下西陵,更何况江陵还有牢固的防守呢!"于是他命令江陵守将张咸严加防范,并破堤放水以阻碍羊祜大军的粮饷运输,使其大费周折,频频停顿。陆抗又命水军督留虑、镇西将军朱琬领兵到边界阻击西晋徐胤的船队,自己的部队与当地民工在西陵城外急忙修筑两道长围,内墙防备步阐率众突围,外墙用来抵御西晋杨肇的援军,昼夜催促施工,弄得部下将士和百姓苦不堪言。

诸将纷纷向陆抗请求停止施工,抓紧时间进攻步阐,在晋朝援军到来之前拿下西陵城,他们觉得没有必要为了修筑长围而搞得筋疲力尽。陆抗向他们耐心解释说:"西陵城垒的地势险固,储存的粮食也很充足,守备工事和防御器具都是我当年规划建造的,现在进攻不可能立即奏效。等到北边的援敌到来,如果没有长围防备,将会处在敌人内外夹攻的不利境地,又怎么能够防御呢!"吴国众将多次请求进攻西陵,都被陆抗拒绝,其中宜都太守雷谭态度激动,言辞恳切,陆抗为了服众,就让他率兵尝试攻城,果然失利败退。长围刚刚修筑完毕,杨肇的援军就赶到了,但却被陆抗的工事阻挡,无法与西陵城内的步阐所部汇合。

西晋援兵赶到之后,吴将朱乔、俞赞叛投晋军,陆抗得知后对部下说:"俞赞在军中多年,了解营内的虚实,我往常顾虑少数民族'夷兵'缺乏训练,战斗力薄弱,他肯定会把这事汇报给敌人,率先攻击'夷兵'把守的地方。"于是陆抗连夜调防,让有经验的部队接替"夷兵"。第二天,杨肇果然集中兵力进攻原先"夷兵"驻守之处,结果遇到猛烈的阻击,飞石羽箭像雨点般地落在他们头上,伤亡惨重。杨肇的晋军攻击长围有一个来月,毫无取胜的办法,眼看粮饷耗尽,只得撤退。陆抗部下兵少,又担心城内守军突围,所以没有全力追击,只是鸣鼓集众,摆出要出击追赶的阵势。这一举动引起了晋军的恐慌,他们纷纷解掉甲胄以求快走,陆抗这时才派出一支轻装部队随后追击,使杨肇所部分散逃跑,溃不成军。步阐城内的士兵约有万人,陆抗所部此时对其形成优势,于是从容发动攻城,最终突破堡垒,迫使守敌投降。陆抗只是杀掉了以步阐家族为首的一些叛乱将领,对数万名城内百姓及降兵则予以赦免,取得了一场完胜。

由于这场战役陆抗是以寡胜众,西晋朝内的大臣们对指挥作战的羊祜等人非常不满。《晋书·羊祜传》记载有关部门对其进行弹劾道:"羊祜所统率的有八万余人,敌人的数量不过三万。但羊祜的军队停顿在江陵,使敌寇得以设置防备。他派遣杨肇率领偏军进入险境,兵员缺少,粮食短缺,致使部队打了败仗。这是违背诏书的命令,缺乏大臣的节度。应该免去羊祜的官职,保留侯爵回家。"朝廷最后将羊祜贬职为平南将军,撤销了杨肇的全部官爵,免为庶民。

姜维重攻轻守

姜维是蜀汉后期的名将,甚至是当时蜀国唯一一具有大将才干的将领,一身系社稷之安危。如曹魏景元四年(263)伐蜀诏书所称:"蜀所恃赖,唯维而已。"他在用兵作战方面表现出鲜明的特点,就是"重攻轻守",即重视进攻而轻视防守,也可以说他不太擅长运用防守的战法。

说他"重攻",是因为姜维在诸葛亮去世后领兵与曹魏作战的二十余年间(240—263),共有十一次战斗,前十次都是他出兵攻魏,最后一次则是抗击钟会、邓艾灭蜀之役。其中可以费祎去世分为前后两个阶段。第一阶段是蒋琬、费祎主政时期,政策以保境安民为主,不想大规模对外用兵。《三国志·姜维传》记载他"每欲兴军大举,费祎常裁制不从,与其兵不过万人"。这个时期,他共向魏国发起过四次进攻,分别为:

1. 延熙三年陇西之役(240),姜维对曹魏陇西郡发动了试探性进攻,遇到魏将郭淮出兵抵御便撤回国内。

2. 延熙十年洮西之役(247),魏国凉州羌族部落发生叛乱,请求蜀汉救援。姜维领兵入境后与郭淮、夏侯霸交战后未分胜负,接回羌族人众。

3. 延熙十二年麴山之役(249),姜维率军进入魏境,解救此前在麴山(今甘肃岷县东约百里)筑城留守的两个据点,后来形势不利被迫撤退,二城投降魏国。

4. 延熙十三年西平之役(250),姜维领兵深入魏境,到达今青海西宁市附近,随后撤兵回国。

第二阶段是从费祎被刺身亡(253)开始,姜维从此掌握了全国的兵权,于是大举伐魏,每次出兵有数万人,到蜀汉灭亡前一年(262)结束,共发动进攻六次。分别为:

1. 延熙十六年南安之役(253),姜维率兵出击,围攻魏国南安郡治獂道(今甘肃陇西县东南),没有成功,随后撤退。

2. 延熙十七年狄道、襄武之役(254),姜维领兵出击到今甘肃临洮、陇西县境,多有战胜,带走魏河关、狄道、临洮三县居民而回国。

3. 延熙十八年洮西、狄道之役(255),姜维远征至洮水西岸,大破魏雍州刺史王经所部,进围狄道城未克而还。

4. 延熙十九年段谷之役(256),姜维领兵进攻魏国祁山、南安不利,在段谷(今甘肃天水市东南)被魏将邓艾击败。

5. 延熙二十年至景耀元年骆谷之役(257—258),姜维乘魏国调动全国主力军队镇压诸葛诞在寿春的叛乱,率军数万进攻关中,在骆谷(今陕西周至县境)被邓艾、司马望等阻挡,相持近一年后撤退。

6. 景耀五年侯和之役(262),姜维领兵渡过洮水进攻洮阳(今甘肃临潭县西南)被阻,转向侯和(洮阳附近)被邓艾击败退兵。

值得注意的是,姜维这十次北伐作战,都是在魏国境内进行。为什么姜维如此重视进攻?简要地说有两个原因。首先是继承诸葛亮的遗志。姜维是诸葛亮的学生,而诸葛亮生前的志向,是希望通过主动进攻来逐渐改变魏强蜀弱的不利形势,魏国拥有广阔的领土和众多人口,由于久经战乱而经济衰弊,一旦国力恢复就会对蜀国构成压倒性的优势,所以不进行北伐就是坐以待毙,死路一条,努力伐魏或许还有可能会转弱为强。具体的计划,就是"平取陇右",占据陇山以西的天水、南安、陇西等郡,截断"陇道(陇山间沟通东西的道路)"以阻止关中的魏军前来救援。姜维觉得自己文武兼备,有能力完成这项战略任务。《三国志·姜维传》说他自以为熟悉西方风俗,而且自负其才华与武略,企图拉拢各部羌、胡来做蜀军的羽翼,认为自陇山以西可以截断而占有。魏国的将领们也说:"姜维若能切断通往凉州的道路,兼并四郡汉人和夷族,占据萧关、陇山的险要,就能消灭王经的军队而屠掠陇右。"不过,司马昭对此有较为清醒的认识,他觉得这个战略目标过于重大,诸葛亮都完成不了,姜维更没有能力办到。"昔诸葛亮常有此志,卒亦不能。事大谋远,非(姜)维所任也。"

其次是姜维立功心切。《三国志·姜维传》称:"维本羁旅托国,累年攻战,功绩不立。"说他是寄居蜀地的外乡人,在政界和军队中根基不深,又受后主刘禅的国事托付,因此报效国家的心情非常迫切,所以不顾身体劳累和军队、国力的耗费,接连出征魏国。特别是在蜀汉后期,从公元253年到258年,每年都要出动大军进攻魏境,可以想象他为国为己立功的心思有多么急迫。蜀汉是个贫弱的小国,姜维却是连年对外用兵,坚持不懈,这一点连他的敌人也感到惊异。如曹魏景元四年伐蜀诏书曰:"蜀,蕞尔小国,土狭民寡,而姜维虐用其众,曾无废志。"这些都是姜维用兵重视进攻的原因。

说姜维"轻守",主要是根据他三次军事行动的表现。第一次是延熙十九年(256)的段谷之役。姜维先向祁山进攻,见敌军有所防备,又转而攻击南安,被邓艾阻击于武城山(今甘肃武山县北山),失利后再掉头东向进攻上邽(今甘肃天水市秦州区),被邓艾大破于段谷。这次战役,魏军估计蜀兵会前来北伐,早已做好了准备,姜维无隙可乘,而且汉中都督胡济的援兵也没有按时到来,陷于孤军作战、往返疲惫的境地,粮饷给养又未能及时送到前线。如司马彪《战略》载魏将王基所称:"姜维深入,不待辎重,士众饥饿,覆军上邽。"这一次他遇到了诸多困难:敌军有备,援军失约和乏粮,形势由主动变为被动,实际上已经不宜于进攻,应该转入防守或者是撤退的态势,但是姜维不顾上述种种危险,一味求战,坚持要进攻上邽,又怎么能够不失败呢?

第二次是在景耀元年(258)骆谷之役结束后,姜维回到成都,提议并实施对汉中地区兵力部署的调整。以前蜀国防守汉中的战略,是在外围的秦岭峡谷中截击来寇,阻止敌人进入盆地平原,而且收效良好。《三国志·姜维传》说:以前,刘备留魏延镇守汉中,都是采取派遣军队进驻秦岭间的要塞来抵御外来敌人,敌人如果前来进攻,使它们不得进入汉中盆地。到了兴势之役,王平抗拒曹爽的大军,也都是沿用这项制度。而姜维却主张放弃汉中外围的大部分据点,将守军撤回国内一部分,剩下的集中驻守汉城(今陕西勉县南)和乐城(今陕西城固县南)。"听敌入平",即诱敌深入,听任敌军进入汉中平原,并注重关头(今陕西宁强县阳平关镇)和白水关(今四川青川县东北)的防守。另外还在汉中设立"游军",即游击部队来骚扰敌寇,待敌军进攻关城不能成功,疲乏缺粮而被迫撤退时,"游军"和守城部队共同出击歼灭来寇。朝廷同意姜维的作战计划后,汉中都督胡济率兵撤往汉寿(今四川广元市昭化镇),护军蒋斌守汉城,监军王含守乐城,各领五千人。这样一来,驻守汉中盆地和秦岭诸围的守军就由原来的两万多人减少到万余人。任乃强指出,姜维的这一部署还是为了集中兵力投入陇西的进攻作战,因为此前曹魏对汉中的多次进攻都被守军击败,所以使姜维产生了轻敌思想。"盖姜维屡出陇西,熟谙西方形势,而不重视汉中,以为汉中诸围兵多而分,久不见敌,欲撤各围兵集力于西,以为可获大利也。汉中与魏,险阻隔绝,曹操、曹真、曹爽四度大举皆未获利。诸葛亮、姜维再出谷道,亦未获利。故蜀人采维之策,但注意汉寿、剑阁诸防也。"

对于姜维撤除汉中诸围的举措,历代史家多持批评态度,认为这是冒险之举,而且为后来蜀汉灭亡埋下祸根。蜀弱魏强,本来就寡不敌众,所以刘备在占据四川之后,拼尽全力打下汉中,就是想要将它作为抵御曹魏入侵的前沿阵地,其重要性自不待言。如杨洪对诸葛亮所言:"汉中则益州咽喉,存亡之机会,若无汉中则无蜀矣,此家门之祸也。方今之事,男子当战,女子当运,发兵何疑?"诸葛亮执政时更是将大军屯驻于汉中,既可以伺机北伐,又能阻击魏兵的侵略。太和四年(230),曹真、司马懿分道进攻汉中,诸葛亮手握数万重兵严阵以待,还担心守备不足,下令李严从后方急调两万兵过来。与诸葛亮的谨慎相比,姜维在汉中撤围的部署显得相当轻率,反映出他只是考虑如何加强进攻陇西的兵力,而忽略了敌人重兵压境后关头等要害有可能失守的危险。实际情况正是如此,后来钟会伐蜀时,镇守关头的将领蒋舒开城投降,使魏军不费吹灰之力就打开了入蜀的大门,蜀汉北部边境的防线立即土崩瓦解,使敌兵顺利到达了剑阁。

第三次,是景元四年(263)钟会、邓艾伐蜀,大军突破关头后被姜维领五万余众阻挡在剑阁。钟会率领魏兵久攻不下,已经有了撤退的打算。但是姜维忽视了剑阁防线侧翼的安全,被邓艾偷渡阴平后攻占江油(今四川江油市),因而进入平原,在绵竹战败诸葛瞻后,直抵成都城下,迫使刘禅投降。当时钟会派田章率领一支军队绕过剑阁西侧,到江油与邓艾汇合。姜维在这次作战中指挥调度又有两次失误,首次是派遣阻击田章的部队人数较少,只有"三校"即三营两千余人,被魏军击败,于是得以和邓艾军队会师,长驱而前,进入四川盆地。再次是绵竹之战,邓艾的军队只有万余人,诸葛瞻与其交锋先胜后败。在蜀魏两军旗鼓相当的形势下,姜维如果能从剑阁分调一支部队协助诸葛瞻,那么邓艾或许就会战败,可惜他未能这样做。如任乃强所言:"姜维与张翼、廖化合重兵以扼剑阁奇险之地,拒(钟)会有余,而不能分兵联(诸葛)瞻夹攻邓艾,实为全局败坏之主要原因。"

陈寿评价姜维"粗通文武",是说他的武略还不够精深,这主要表现在他对防守的忽视上。顾祖禹也认为姜维的防御部署有重大缺陷,应该在阴平等地设防,并遵从诸葛亮注重汉中防御的做法,在险要的秦岭峡谷阻击敌人,自己再率领一支机动部队,伺机袭扰魏军的关中后方。那样就算有上百个钟会、邓艾又能有什么作为呢? 进攻和防御本是作战密不可分的两个方面,它们相辅相成,而防守又是作战的根本。姜维重攻轻守,恰恰是在这方面有所欠缺。所以顾祖禹说:"放弃防守来作战的人不可以称为善战者,以进攻的手段来达到防守的目的,其防守必然稳固。以防守为手段来达到进攻的目的,他的进攻必然很强悍,进攻和防守是不能分开的,就像形体和身影一样。姜维不懂得防守,所以也就不懂得进攻。"

王平善守

　　王平是蜀汉后期的名将,他在与曹魏的作战中有三次立功表现,都是在不利情况下以寡敌众,坚守住自己的阵地或防区,从而获得战绩的,可以说是一位擅长防守的将领。王平是巴西郡宕渠县(治今四川渠县东北)人,曹操占领汉中后,迁徙少数民族杜濩、朴胡到内地居住,王平随着移民到了洛阳。后来他加入魏军,曾经代理校尉。建安二十四年(219),王平随曹操出征汉中,寻找机会投奔了刘备,先后任牙门将、裨将军。

　　建兴六年(228)街亭之役,王平在马谡手下的先锋部队。马谡放弃水源,到山上设防,调动烦扰,王平接连向他提出反对意见,但马谡不肯接受,结果被魏军打得大败,蜀兵分散溃逃,只有王平所领的千余人击鼓结阵,准备迎战。敌将张郃以为有埋伏,就没有追上来攻打。于是王平毫不慌张、缓缓地收容各营溃败的逃兵,率领这批将士安全地撤回了后方。战后诸葛亮奖惩分明,杀掉了指挥作战不力的马谡和将军张休、李盛,剥夺了将军黄袭的兵权,而王平则受到特殊的表彰,接替了马谡的参军职务,统率精锐的羌族五部兵马和自己原来的部队,拜为讨寇将军。

　　建兴九年(231),蜀魏两军在祁山展开大战,司马懿领兵进攻诸葛亮的大营,张郃率众攻击王平驻守的南围。王平坚守不动,保障了主力部队侧翼的安全,使张郃折损兵马,被迫撤退。司马懿则被诸葛亮打得大败,再也不敢出来应战。诸葛亮去世后,王平被任命为汉中太守,后来升任汉中都督、镇北大将军,主管蜀国北境的防务。

延熙七年(244),曹魏大将军曹爽率领步兵、骑兵等十余万人进攻汉中,前锋已经进入骆谷。当时蜀国在汉中的守兵只有两万多人,诸将闻讯大惊失色。有人提议说:现在的兵力不足以抗拒敌军,应该集中在一起固守汉城与乐城,放敌人进入汉中平原,等待驻扎在涪县(今四川绵阳市)的后方主力前来救援,依靠他们来保卫关城(今陕西宁强县西北阳平关镇)。王平则回答说:“不然,汉中距离涪县将近千里,恐怕来不及救援;如果敌人攻占了关城,那就会大祸临头。现在应该先派遣护军刘敏、参军杜祺领兵占领骆谷中的要塞兴势(今陕西洋县西北),我来担任后援。如果敌军分兵向黄金(今陕西洋县东北),我就率领千人下山前去阻击。如此布置,可以坚守到涪县的主力赶来,这是策略中的上计。”护军刘敏的意见与王平一致,于是便迅速施行。蜀军占领兴势后,在山间树立了许多旗帜作为疑兵,并利用山势修筑工事进行阻击。曹魏大军被困在山谷中无法前进,粮饷供给不上。这时蜀汉大将军费祎率领援军赶到汉中,进兵截断魏军的后路。曹爽被迫下令退兵,与蜀军在峡谷中苦战,才勉强得以撤回,征发运输物资的牲畜死亡、走失殆尽,整个关西都被消耗得大伤元气。

王平在这次战役胜利后声威大震,据《三国志·王平传》记载:“是时,邓芝在东,马忠在南,平在北境,咸著名迹。”王平在军旅生涯中成长,他不会书写,认的字也很少,都是口授文书别人替他写出来,文书主题清晰,通晓明白。平时让人为他诵读《史记》《汉书》中的本纪和列传,听了以后都明白其中的道理,论说起来往往不会离开它们的宗旨。王平寻常遵纪守法,从来不和别人开玩笑,无事时能够端坐终日,看起来像个文士而不像武将。他的文化水平不高,这使王平的才能发展有所局限。但是俗话说:"蜀中无大将,廖化作先锋。"像他这样稳健持重的将领在蜀汉就已经是很难得的了。

罗宪坚贞守永安

　　罗宪表字令则,原籍在襄阳,父亲罗蒙在汉末战乱时避难来到益州,任官至广汉太守。罗宪少年时即以才学闻名,十三岁就能写出很好的文章,拜当时著名的文士谯周为师,被老师的门人们比喻为子贡。后主刘禅立嗣太子,任命罗宪为太子舍人,后来升为尚书吏部郎,曾以宣信校尉的身份出使吴国,由于表现优异而受到吴人的称赞。当时奸臣宦官黄皓专擅朝政,百官多数被迫俯首听命,但是罗宪性情刚直严正,不愿意趋炎附势,因此引起黄皓的憎恨,于是将他排挤出朝廷,去担任巴东太守。这时右大将军阎宇任巴东都督,拜罗宪为领军,让他做自己的副手。

　　景元四年(263)魏国伐蜀,后主征调阎宇带兵赶赴成都,只留下两千名士兵,交给罗宪镇守永安。永安即今重庆市奉节县,古时称作鱼腹、白帝城,是三峡西口的重镇,被视为蜀国东边的门户。不久传来了成都陷落的消息,永安城内因此发生动乱,江边各城的长官纷纷弃职逃跑。罗宪斩杀了煽惑动乱的一个人,才稳定了永安城内的秩序。随后得知后主投降魏国,罗宪率领部下一连三日出临永安的都亭,表示沉痛哀悼。

　　吴国听说蜀汉灭亡了,就派遣与永安相邻的建平太守、将军盛宪

（或作盛曼）领兵西上，假托是前来救援，实际上要袭击罗宪，占领永安。盛宪的军队来到城下，派遣使者前来劝降，甚至狂妄地提出要借用永安的城门。罗宪让参军杨宗回答："城中连一撮土都不会给你们，还说什么城门？"罗宪召集部将会议说："本国的政权倾覆了，吴国是我们的同盟，不来援助我们，还想乘乱获利。难道可以君主向北投降，臣下向东祈福吗？现在困守孤城，百姓未能安定，最好通过决战来稳定众心。"于是在夜间出击，将士们的口中都衔着小木棍以避免出声，乘敌不备而大破吴军。

这时成都又发生邓艾被捕、钟会谋反被部下诸将杀死的动乱，吴国听到了消息，认为蜀国灭亡了，益州上百座城市还没有建立起曹魏的统治，想趁机吞并巴蜀，就再次派遣部队西征，由将军步协、唐咨率领。罗宪先是在江边阻击，见敌军势力强大，被迫进入城内固守，并派人向曹魏告急求救。魏国的援兵尚未出发，罗宪又一次开城迎击，大破吴军，迫使步协等人撤退。

吴军的接连失败，使皇帝孙休恼羞成怒，随即增兵三万，派遣吴国最有才干的将领陆抗等人前往，围攻永安。尽管吴军具有压倒性的优势，却仍然无法攻破永安城池。罗宪坚守到第二年，曹魏的救援还是没有来，城中的军民大半得了疾病，战斗力明显减弱。这时有人劝罗宪弃城逃走，"南出牂柯，北奔上庸，可以保全。"罗宪拒绝说："作为城市的主将，为百姓所景仰，如果不能守城，遇到危急就把他们抛弃，这不是君子应当做的行为。我就在这里结束自己的生命吧。"曹魏方面原本并没有出兵援救罗宪的打算，后来被他们的忠勇气概所感动，执政的司马昭听取了陈骞的建议，派荆州刺史胡烈领兵两万进攻西陵，迫使吴军撤退。罗宪统率孤军浴血奋战了半年多，终于保全了城池和将士们的名节,致使强大的吴军损兵折将,无功而返,挫败了他们乘虚占领蜀地的计划。

　　这场战役结束后,司马昭让罗宪仍然镇守永安,拜为陵江将军,封万年亭侯。罗宪后来把妻子儿女送到洛阳去做人质,又袭取了吴国在三峡中段的巫城(今重庆市巫山县),并给朝廷献上进攻吴国的计划。泰始六年(270)罗宪病逝,晋朝让他的儿子罗袭率领旧部,继续驻守永安。

孙权的军事民主会议

　　三国时期，君主若是遇到棘手的战略抉择问题，通常会采取两种办法，或是和少数亲信谋士、将领暗地商议，或是召集文武大臣进行"朝议"，就是在朝廷上讨论决定。对于后者来说，参加"朝议"的都是高级官员和将军，低级将吏是没有资格与会的。但是孙权曾经举行过一次特殊的军事扩大会议，允许秩位较低的将吏参加并提出建议，收到了很好的效果。

　　黄龙元年（229）四月孙权在武昌称帝，九月迁都建业（今江苏南京市），吴军的主力部队也要随之东移，长江中游夏口、武昌一带的兵力会受到削弱。而曹魏黄初三年（222）九月三道伐吴以来，在夏口以北的汉水流域占据了不少领土，构成了较为严重的威胁。如果孙权迁都后敌军沿沔水（即汉水）前来攻击，如何应对成了一道难题。《江表传》曰："初，（孙）权在武昌，欲还都建业，而虑水道溯流二千里，一旦有警，不相赴及，以此怀疑。"他很可能事先与大臣们进行过商议，可是结果并不理想，于是在夏口临江的坞城召开百官大会，并且准许有关的低级将吏到会发表意见。下诏说："各位将领官吏不要受职位拘束，如果谁有计策，就为国家说出来。"会上多数将领的建议都很消极，有的主张在汉水入江处竖立木栅，阻止敌船南下；有的提出在汉水入江的河段两岸架设多道铁索,拦截曹魏的船只。这些办法放弃了对夏口以北敌境的侵袭,都是龟缩在江畔被动挨打,一旦大敌来临也很难阻挡,孙权听了很不满意,因此拒绝采纳。

这时,江夏太守孙奂部下的小将张梁站出来发言,他提出"遣将入沔,与敌争利"的建议,主张"香饵引泉鱼,重币购勇士",即悬立重赏和明罚,鼓励将士们溯沔水而上,占据沿途的要地。如果成功的话,敌人就不敢入侵夏口了。同时在武昌留驻精兵万人,交给有谋略的将领指挥,夏口一旦有警,应声相赴救援。准备"甘水城"(大筏)和轻舟数十艘,以运载部队。如此部署的话,就是敞开门户让敌人进入,他们也不会轻易到来。孙权认为张梁的主意最合适不过,当时就提升了他的职位。后来的事实证明,孙权召开的这次会议以及制定的战略措施非常成功。他迁都建业之后,留守武昌的都督陆逊执行上述计划,数年之内大见成效,不仅控制了襄阳以下的汉水航道,而且把夏口以北的防线向前推进到石城(今湖北仙桃市东南),延伸了数百里。张梁也因为作战有功,升迁为沔中督。

吕蒙不肯分兵权

俗话说："天无二日,国无二主,军无二帅。"是说古代的军队实行一长制,一支军队只容许有一个统帅,如果有人另外发布命令就会扰乱军心,使部下的将士无所适从,这是用兵作战的大忌。《尉缭子·将令》提到先秦时期国家命将出征时,先要授给他代表拥有专断斩杀权力的斧钺,然后宣布命令说:"左、右、中军,皆有分职,若逾分而上请者死。军无二令,二令者诛。"是讲三军各有自己的职责,如果越职向上请示的要处以死刑。军中不允许有两个发布命令的人,擅自另行发令者要杀掉。这项原则由来已久,但是赤壁之战前夕,孙权任命军队主将的决定却令人感觉有些奇怪。

据《三国志·吴主传》记载,孙权将吴国出征的军队分为左右两部,委任周瑜和程普为左右督,各领万人,与刘备共同前进。这里的"督"就是督将,平时率领数千人至万人。如蒋钦称赞徐盛,"忠而勤强,有胆略器用,好万人督也。"按照惯例,两三万人以上应该设立一位"大督",即都督来统一指挥。可是孙权没有这样做,他把这支军队交给周瑜、程普两个人分别统率,另外宣布周瑜对作战事务有决定权,"事决于瑜。"这件事表现出孙权对周瑜仍有一些戒心,害怕他权力太大,万一生变不可收拾。老将程普跟随孙坚、孙策出征多年,深受信任,绝不会叛变,因此交给他一半军队来掌握,这是帝王的分权之术。

上述安排在赤壁之战中没有产生什么矛盾,或是由于大敌当前,两位督将都明白只有同心同德才能应对强寇。但到赤壁战胜、进攻江陵的时候,情况就发生了变化。程普自认为是三朝老臣,又和周瑜级别相同,都是督将,因此看不起那位年轻的"周郎",几次不肯服从他的将令,甚至出言不逊,很不恭敬。《江表传》曰:"(程)普颇以年长,数陵侮(周)瑜。瑜折节容下,终不与校。"虽然周瑜有所忍让,没有发生严重的冲突。但是当着下级的面,两位督将出现争执,几乎影响了作战部署。这些情况都被众将看在眼里,孙权也得知了消息,所以在建安十四年(209)冬,江陵战役胜利结束时,他就任命周瑜为南郡太守,程普则被调任为江夏太守,两个人从此分开,免得军务再生抵触。

这件事情过去了整整十年,至建安二十四年(219)冬,孙权要偷袭荆州、消灭关羽。据《三国志·孙皎传》记载,孙权此番又重施故技,准备任命吕蒙和孙皎分别担任左右部大督。吕蒙知道孙皎为人骄横,自恃是孙权的堂兄弟,曾经欺凌名将甘宁,连孙权也看不下去,给他写过一封信,进行了严厉的批评。吕蒙如果和孙皎是平级,这个关系不好处,他没有周瑜那么好的脾气,也不想受孙皎的窝囊气,于是就拒绝了孙权的提议,说:"您如果觉得孙皎胜任,就任命他做大督;若是觉得我可以,就让我做大督。"并直言不要再搞左右分权。然后提起了往事,"昔周瑜、程普为左右部督,共攻江陵,虽事决于瑜,普自恃久将,且俱是督,遂共不睦,几败国事,此目前之戒也。"孙权听了以后猛然醒悟过来,连忙向吕蒙道歉说:"就任命你做大督,孙皎做你的后援。"结果吕蒙率领前军主力,连下公安、江陵,孙皎在后边率领预备队,负责接应,也出了不少力。荆州战役的吴军将帅和谐,没有产生任何矛盾,从而顺利地完成了作战任务。

太史慈

呂蒙

陸遜

甘寧

闞澤

朱桓孤胆守濡须

濡须口在今安徽无为县东南,是从巢湖南下的濡须水汇入长江的河口。三国时期,曹魏向东吴征伐用兵的主要路线,就是从淮河的肥口进入肥水(今东淝河),溯流到合肥西北的鸡鸣山,转入施水(今南淝河)进入巢湖,再由濡须水入江。曹操当年"四越巢湖",走的就是这条行军路线,至濡须口与孙权相拒交战。濡须口两岸筑有坞城,陆地三面环墙,一面临水建立木栅,可供船只出入,后来吴国又在坞北的濡须山下修筑了濡须城。濡须口外的江心有一座泥沙堆积的岛屿,名为"中洲",吴国濡须守军的妻儿老小万余人就居住在那里。

建安末年,濡须督将周泰病重,由此前名不见经传的朱桓接任。朱桓以前做过余姚县长,后来带兵剿抚山寇颇有功勋,被孙权任命为裨将军。黄初三年(222)九月,魏吴两国关系破裂,魏文帝曹丕下令三路征吴,东路是曹休、张辽等领兵到达广陵(今江苏扬州市),然后动用水师溯江而上,屯驻在濡须东北的洞浦(今安徽和县东南),伺机渡江。西路由曹真、夏侯尚率军进攻江陵(今湖北荆州市),中路则是老将曹仁带领数万兵马攻打濡须。曹仁的作战计划是率先用水军偷袭朱桓的后方,占领中洲,俘虏吴国将士的家属,再隔断濡须与江南的水路联系。他采用声东击西的战术,先派一支小部队伪装去进攻濡须东边的羡溪。朱桓果然中计,派遣兵将前去救援,出发之后才得到消息,曹仁的大军距离濡须城只有七十里路。朱桓赶快派人去通知援救羡溪的部队撤回,已经是来不及了,很快他又得到曹仁主力即将到达城下的情报。这时候城里只有五千人,众将闻讯纷纷感到恐惧,都在提心吊胆。朱桓为了鼓舞士气,就对大家说:

"凡是两军交战,胜负的关键在于将领,而不是人数多少。诸位听说曹仁用兵调度,哪里比得上我朱桓啊!兵法说远道而来的客军的战斗力只相当于原地待敌主军的一半,这指的都是平原作战,不包括守城,另外说的是双方作战勇怯的程度相等。现在的敌将并非智勇双全,曹仁手下的士兵相当胆怯,又是步行千里,人困马乏,我朱桓和手下的军队共据高城,南临大江,北背山陵,以逸待劳,为主制客,这是百战百胜的形势,即便是曹丕亲自来临,都不用害怕,更何况是曹仁这些人呢!"

朱桓作了动员之后,就偃旗息鼓,摆出兵力虚弱的阵势,引诱曹仁到来。曹仁果然派其子曹泰进攻濡须城,另遣将军常雕率领诸葛虔、王双等乘船袭击中洲。朱桓立即部署兵将截击敌人的水军,自己率领剩下的部队到城外扎营,迎击曹泰。经过一番激战后,朱桓烧掉营寨,退入城内,并且斩杀常雕,生擒王双,送到武昌的孙权那里去请功,共杀死敌人一千多名,挫败了曹仁大兵的进攻,得到了孙权的表彰和奖励。

朱桓打仗还很有战略眼光。太和二年(228),魏国扬州牧、大司马曹休率领步兵、骑兵和民夫十万余人自合肥而下,去进攻孙吴的皖城(今安徽潜山县)。孙权任命陆逊为元帅,全琮与朱桓为左右督将,各率三万人迎击曹休。会战之前,朱桓向孙权提出了建议,说:"曹休由于是皇室宗亲才担任了要职,并不是智勇名将,这次交战必定失败,兵败逃走的路线应当经过夹石、挂车这两处险道。如果派遣上万名兵丁砍柴堵塞道路,那么他的败兵就无路可逃,会被我们一网打尽,曹休也可以生擒。为臣请求带领部下去截断道路,若是承蒙天威,捉住了曹休,便可以乘胜长驱直入,进取寿春,再以淮南为基地来图谋攻取许昌、洛阳。这是万世才能遇到一次的机会,不可以失掉。"孙权看了他的上奏没有表态,拿来和元帅陆逊商议,而陆逊认为这个计划太过冒险,并不赞成,因此朱桓的计策未能实行。

事后的战况果然不出朱桓所料,吴军在石亭一举打败了曹休,魏军丢弃装备仓惶逃跑,吴军追击到夹石就停止了,缴获了大批牛马驴骡、车乘万辆和许多辎重兵器,但是只斩获了万余人,给敌兵造成的伤亡并不严重。陆逊觉得只要是打了胜仗就心满意足了,并没有尽量扩大战果。从当时的情况来看,魏军一败涂地,朱桓的计划应该有实现的可能,只是由于陆逊缺乏锐意进取的胆魄,而浪费了这次大好机会。

经过这两次作战,朱桓的声威大震。嘉禾六年(237),魏国庐江郡主簿吕习阴谋叛变,向吴国请求派兵前来迎接。孙权派遣朱桓和全琮领兵前往。到了庐江以后事情败露,吴军被迫撤退,由朱桓负责断后。路上要经过一条宽三十多丈的溪水。在部队渡河的时候,魏国庐江太守李膺整顿骑兵和步兵,准备等待吴军渡过一半的时候发起冲击,但是他们看到朱桓的伞盖在后边,就不敢前来追击,眼看着吴军顺利渡河,可见魏军对他有多么畏惧了。

朱桓为人轻财贵义,又有很强的记忆力,与人见上一面,数十年都不会忘记。属下有将士万人,他连各家的妻子儿女都能认识。史书上说他"爱养吏士，赡护六亲"，自己的俸禄和产业的收入都用来分给大家。后来他得了重病，全营兵将都为他担忧伤心。赤乌元年（238），朱桓六十二岁病逝，部下将士及男女亲属无不号哭哀痛，由此可见感情深厚。朱桓的家里没有多余的财产，孙权知道后特地拨给食盐五千斛来举办丧事。

坚守孤城的吾彦

　　吾彦表字士则,是东吴吴县(今江苏苏州市)人。他出身贫寒,有文武才干,身高八尺,勇悍有力,曾经徒手和猛兽搏斗。吾彦年轻时担任县城的小吏,有一次将军薛珝持节杖南征,军容盛壮,吾彦看了以后感慨自己不得志,不禁长叹了一口气,正好被善于相面的刘札看到,就对他说:"以您的面相,日后也应当获得这样的职位,用不着羡慕。"

　　后来吾彦从军,在大司马陆抗部下担任小将。陆抗对他的勇略感到惊奇,有心提拔使用,又怕众人不服气。于是召集诸将就坐,暗地里让一个人假装发了疯病,拔刀跳跃冲了进来。坐上的众将大惊失色,吓得纷纷起身逃跑,只有吾彦没有畏惧,举起面前的桌几招架砍刀。大家都佩服他的勇气,因此得到了晋升。

　　后吾彦升迁为建平郡太守(治今湖北秭归县),镇守三峡中段的吴国边境。当时西晋准备伐吴,益州刺史王濬在蜀地大造舟船,将巨舰横联起来,方一百二十步,能装载两千余人。船上用木材建造城墙,立起楼橹,开四出门,船上可以驱驰马匹来往。这样规模盛大的船队,自古从来没有过。王濬造船废弃的木片遮蔽江面,顺流而下,吾彦看了非常震惊,急忙把获取的木片呈送给国君孙皓,并且上奏说:"晋朝必定有进攻吴国的计划,现在应该增加建平的守军,只要建平不被敌人攻克,他们就不敢渡江去攻打内地。"但是孙皓置之不理。吾彦帐下兵将寡少,只好用铁链和铁锥封锁江面,企图阻止晋朝的船队航行,自己在建平严阵以待。

太康元年(280)正月,西晋将领王濬开始东征。他用大木筏将吾彦布置的铁锥撞上带走,又用巨大的火炬灌上麻油烧断拦江的铁链,然后率领水军顺流直下。沿江的吴国据点纷纷投降,但是吾彦镇守的建平固若金汤,王濬用重兵也未能攻陷,于是留下一些部队在附近监视,大军继续东行,一举灭亡了吴国。孙皓投降以后,吾彦得到消息,这才归顺了晋朝。

吾彦到了洛阳朝见的时候,晋武帝在朝廷上询问吴国的降臣薛莹:"孙皓为什么会亡国?"薛莹回答说:"由于他亲近小人,滥施刑罚,使部下的大臣大将人人忧惧恐慌,各不自安,因此导致了败亡。"晋武帝又问吾彦,吾彦回答说:"吴国的君主英明俊秀,宰辅大臣都很贤明。"晋武帝听了发笑说:"国君英明,大臣贤良,那怎么会亡国呢?"吾彦说:"上天赐给的福禄永久地终止了,帝王继承的次序另有归属,所以孙皓被陛下擒获了。这是天时所决定的,并非人力可以完成。"在座的晋朝大臣张华很不以为然,就说:"你做吴国的将领已经有很多年了,可是并没有听说过你,今天你讲的这些话,我感觉很是疑惑。"吾彦听了厉声说道:"陛下(晋武帝)知道我,而您却没有听说过吗?"晋武帝觉得他讲得不错,对吾彦颇有嘉奖,并任命他做了金城(治今甘肃兰州市)太守。

三国战争中的精锐部队

在汉末三国的战争里,各方往往设置少数精锐部队,在交兵中冲锋陷阵,斩将搴旗。这种部队通常分为两类,一类是战前临时招募选拔,或用重赏购求,名为"陷陈(阵)"。如曹操与吕布在濮阳大战,情况紧急。据《三国志·典韦传》记载,当时吕布亲自参加战斗,自清晨至下午交锋数十次,两军相持不下,战事胶着。曹操招募"陷陈"勇士,典韦首先报名,率领应募者数十人,都穿上两层铠甲,扔掉盾牌,只是手持长矛,用它来撩开长戟。最后终于打退了敌兵。另一类是有常备的固定编制,大约数百人至千余人,装备有精良的武器。如《英雄记》载吕布麾下的骁将高顺,部下有七百余名士兵,号为千人,铠甲兵具都精练齐整,每次进攻没有不被击破的,部队名为"陷陈营"。后来这支兵马被吕布调走,成为吕布的直属部队。曹操军队中此类精兵的情况,在早期和吕布相似,由作战勇敢的将领率领数百人或千余人,长官的职务名为"陷陈(阵)都尉"。例如乐进以"胆烈"闻名,被曹操派遣回到本郡募兵,得到千余人,回营拜为军假司马、陷陈都尉。随从曹操在濮阳进攻吕布,围攻张超于雍丘,击桥蕤于苦县,都是冲锋在前有功。名将于禁拜陷陈都尉,随从曹操讨伐吕布于濮阳,击破吕布二营于城南,又破高雅于须昌。随从曹操进攻寿张、定陶、离狐,围张超于雍丘,屡次攻克了敌营。后来张绣在宛城叛乱，曹操兵败，当时各营形势混乱，唯独于禁率领部下数百人，且战且退，虽有死伤不相离弃，最终得以保全。

汉代军中亦有以"陷陈(阵)"为名的作战部队，将官也称作"陷陈(阵)都尉"，《史记》《汉书》里没有见到这一官职。首都师范大学历史博物馆藏有一件青铜弩机，上有铭文曰："陷陈都尉马士乍(作)紫赤间，间、郭师任居，建武十年丙午日造。"这里的"紫赤间"是弩机的名称，汉魏弩机还有名为"白间"、"黄间"、"紫间"、"赤黑间"者，可能是指弩机涂的颜色。这件弩机是由陷陈都尉马士监造，制造"间"(弩牙)和"郭"(铜铸机匣)的匠师名叫任居，建武十年是东汉光武帝的年号。据传世汉印反映，还有"陷陈司马"和"陷陈破虏司马"，这两个职务应该是"陷陈都尉"的副手。按曹操起兵后仍为汉臣，其部队组织、官职应为汉制，他军中的"陷陈都尉"自然是沿袭东汉的军事制度，属于战时临时设置的军职，和平时期不再保留。

值得注意的是，曹操把军中选拔出来的精锐数百人编为自己的亲兵，由猛将典韦率领，平时在身边宿卫，战时冲锋在前。其本传说："曹操拜典韦为都尉，把他安置在自己身边，率领亲兵数百人，平时围绕大帐巡逻。典韦雄壮威武，他所率领的都是挑选出来的勇士，每次战斗，经常抢先登城，冲锋陷阵。"典韦在宛城战死后，曹操又任命另一位猛将许褚接替其职务，许褚带领自己属下的勇士负责日常侍卫，称为"虎士"，作战时奋勇当先。其本传载："曹操见到许褚很雄壮，说：'这个人就是我的樊哙啊。'当天拜为都尉，带到里边担任宿卫。那些跟随许褚的侠客，都担任'虎士'。随从曹操出征张绣，冲锋在前，斩首万计。"

后来曹操兵马众多，领土广阔，开始设立若干战区分派兵将镇守，自己则在身边保留一支叫作"中军"的主力，跟随他四处征伐。精锐部队仍分为上述两类。

第一，各州战区主将也在大战之前招募敢死队。例如建安二十年（215）孙权率领大军进攻张辽、李典镇守的合肥，两方兵力对比悬殊。当天夜里张辽招募勇敢从命的士兵，得到八百人，为了次日大战，杀牛犒劳将士。清晨，张辽身被铠甲，手持长戟，带领这些勇士冲锋陷阵，杀死数十人，斩杀二位将官，大声呼喊自己的姓名，冲开营垒进到里边，到达孙权麾下。孙权大惊失色，部下众人不知道怎么办，急忙登上高大的陵丘，用长戟来守卫，这才保住性命。

第二，直属曹操之"中军"的精锐部队改称"虎骑"，是从前述许褚手下的"虎士"衍生而来，是骑兵，或称"虎豹骑"。平时仍承担宿卫任务，多由曹氏宗亲将领统率，战时突击敌阵，勇不可当。例如曹纯曾经督率虎豹骑随从曹操围攻南皮。袁谭领兵出战，曹军士卒多有战死者。曹操想要休息一下，曹纯说："现在远赴千里来攻打敌人，进兵不能战胜，撤退必然丧失声威；而且孤军深入，难以持久，敌人获胜而骄傲，我军失败而警惧，以警惧去对抗敌人的骄傲，必定可以战胜他们。"曹操认为他讲得很好，于是急忙发动进攻，袁谭果然兵败，曹纯麾下骑士斩下袁谭的首级。还有曹休，曹操待他像亲生儿子一样，经常带着他征伐，派遣他率领虎豹骑宿卫。又有曹真，有一次狩猎被老虎追赶，他回身射虎，虎应声而倒。曹操喜欢曹真的雄壮鸷勇，派他率领虎豹骑。以偏将军领兵进攻刘备别将于下辩，打败了敌人，拜中坚将军。《三国志·武帝纪》载建安十六年（211）曹操西征关中，与马超、韩遂所部交战，先派遣轻装部队出面对阵，待敌方厮杀很久、筋疲力尽，"乃纵虎骑夹击，大破之"，从而一举获胜，马超、韩遂败归凉州，关中因此得到了平定。

"虎豹骑"大约有五千骑兵,前引《曹纯传》又说:"随从曹操出征荆州,追击刘备于长坂坡,俘虏了他的两个女儿,还有辎重。"《三国志·先主传》载曹操轻装前进到达襄阳,听说刘备已然经过,"曹公将精骑五千急追之,一日一夜行三百余里,及于当阳之长坂。"这应该就是曹纯率领的"虎豹骑",这支部队在曹丕称帝后仍然存在。黄初五年(224),魏文帝率大军到广陵(今江苏扬州市),望见大江波涛汹涌,叹道:"魏虽有武骑千群,无所用也。"这里所说的"武骑",就是原来的"虎骑",可能是后来史书流传到唐代,因为要避皇帝李渊之祖父李虎的名讳,所以改写为"武骑"。

蜀、吴两国这方面的记载不多,可以见到的是,它们也有名为"虎骑"的骑兵部队,担任宿卫皇帝的任务。如蜀汉糜竺的儿子糜威,官至虎贲中郎将。糜威之子糜照,曾担任虎骑监。从糜竺至糜照,都熟悉弓马,善于骑射。《江表传》载吴国皇帝孙亮曾想发动政变,除掉专擅朝政的孙綝,他对黄门侍郎全纪说:"你的父亲作中军都督,让他暗地严整兵马,我当自出临桥,率领宿卫虎骑、左右无难两支军队把孙綝包围起来。作版诏命令他的部下都解散,不得动手抵抗。"此外,蜀、吴两国的精锐部队各有自己的特点。分述如下:

蜀国的精锐部队还有步兵,称作"中虎步兵"。《三国志·姜维传》载诸葛亮给张裔、蒋琬的书信,嘱咐姜维到了成都以后,"须先教中虎步兵五六千人。"其长官名为"虎步监",《水经注》载诸葛亮上《表》云:"臣遣虎步监孟琰据武功水东,司马懿因水长攻琰营,臣作竹桥,越水射之,桥成驰去。"卢弼《三国志集解》称虎步监,"盖羽林监之比,有左中右三营。"蜀汉还有号称"白眊"的精兵,见诸葛亮《与(诸葛)瑾书》:"兄嫌白帝兵非精练,(陈)到所督则先主帐下白眊,西方上兵也。""白耗"即用白髦牛尾毛编织的带子,末端为缨,佩戴于将士身首以及器物上作为标识。《后汉书·西南夷传》"旄牛耗"注引顾野王曰:"耗,结毛为饰也,即今马及弓槊上缨耗也。""白耗"非常珍贵稀有,可以装饰在马首及弓、槊与头盔上,因此诸葛亮曾将其作为贵重礼物送给孙权,书曰:"所送白耗薄少,重见辞谢,益以增惭。"田余庆认为:"《三国志·王嗣传》,羌胡以马牛羊毡耗等资姜维。所谓'白耗,西方上兵',又当指蜀国的羌胡兵以白耗为饰者。"

诸葛亮《后出师表》还提到了军中的几支精兵,"自臣到汉中,中间期年耳,然丧赵云、阳群、马玉、阎芝、丁立、白寿、刘郃、邓铜等及曲长屯将七十余人,突将无前、賨叟、青羌散骑、武骑一千余人,此皆数十年之内所纠合四方之精锐,非一州之所有。"其中"突将无前"可能是汉族的骑兵。"賨叟"之"賨",见《说文解字》:"賨,南蛮赋也。"是向南方少数民族征收的赋税。"叟"字有两种解释,均见于《华阳国志》,其卷2《汉中志》载武都郡有"氐傁",即氐族。刘琳注释说:"[氐傁]即氐人。'傁'亦作'叟',本为藏缅语族中一些部族的自称,意为'人'。氐族也属藏缅语族,或亦自称'叟'。"其卷4《南中志》则曰:"夷人大种曰'昆',小种曰'叟'。"是说人数较少的部族叫作"叟",不限于氐族。结合"賨"字来看,"賨叟"指的是巴郡风俗尚武的板楯蛮夷。胡三省曰:"賨叟,巴賨之兵也。"说它是巴郡的少数民族部队。《后汉书·南蛮传》记述巴郡板楯蛮,在刘邦为汉王的时候,曾经征发他们进攻三秦。秦地占领以后,就让他们返回巴中,免除他们的渠帅罗、朴、督、鄂、度、夕、龚七姓的赋税徭役,其余民户每年要交纳賨钱,每人四十。世代称号为板楯蛮夷。阆中有渝水,板楯蛮夷多数居住在渝水左右。他们天性刚劲勇猛,担任汉军前锋的时候,屡次冲锋陷阵。这是说板楯蛮夷标榜自己有显著战功，大多数人只上交"賨钱"而不纳赋役，其部族人数也不多，故称为"叟"，这便是"賨叟"名称的由来。蜀汉沿袭了汉朝的做法，在战时征发这些勇士去冲锋陷阵。"青羌"是来自云贵高原"南中"地区的少数民族武装，作战勇猛。《华阳国志》载诸葛亮七擒孟获之后，"移南中劲卒青羌万余家于蜀，为五部，所当无前，号为飞军。"刘琳注释说：《蜀志·王平传》谓王平为参军，'统五部'，即此。""散骑、武骑"，胡三省注："散骑、武骑，当时骑兵分部之名。"如前所述，"武骑"也有可能原来是"虎骑"，后来唐代避李虎之名讳而对史书进行了改写。

吴国地处江南，多有丘陵水网地带，不便驱驰，所以精锐部队亦有步兵，例如著名的丹阳"青巾兵"。干宝《晋纪》载西晋灭吴之役，吴国丞相军师张悌率领中军三万渡江迎战，与西晋扬州的淮南军队列阵相对。吴军当中有沈莹率领的丹杨锐卒刀盾五千，号曰"青巾兵"，屡次攻陷坚固的军阵，于是用他们冲击淮南的晋军，三次冲击，敌阵岿然不动。"青巾兵"撤退时引发了混乱，晋军薛胜、蒋班乘他们阵形变乱而发动进攻，吴军随后土崩瓦解，将帅不能禁止。由于精锐部队"陷阵"失败，而导致了整支军队的最终溃逃。《三国志·诸葛恪传》记载丹阳郡普遍有山险，居民大多果敢劲猛。又说："俗好武习战，高尚气力，其升山赴险，抵突丛棘，若鱼之走渊，猿狖之腾木也。"汉末何进、陶谦与曹操都曾在丹阳招兵。《江表传》载孙策向袁术索要其父旧部人马时，袁术也让他到丹阳募兵，说："孤始用贵舅为丹杨太守，贤从伯阳为都尉，彼精兵之地，可还依召募。"胡三省对这段话注释道："丹阳号为天下精兵处。"说明丹阳民风彪悍，盛产精兵，已闻名于世。

三国用兵与术士占卜

　　商周时代宗教迷信流行,作战、狩猎等干戈之事都要预先占卜,方法主要有两类:其一是用龟甲、兽骨钻孔烧灼,观其裂纹以判断吉凶;其二是用蓍草揲数,摆出不同的卦象,根据最终的数目来得知泰否。战国秦汉以来,人们的思想文明有了很大进步,但在三国的战争当中,仍然能够看到术士占卜的出现,但是他们已经不再使用钻龟揲蓍的落后方法,而是观星望气,或是用干支、算数来进行推演。其中望气之术较为普遍,就是观测天上的云气、日晕、彩虹等物候现象来断定吉凶。如战国时成书的《墨子·迎敌祠》云:"凡望气,有大将气,有小将气,有往气,有来气,有败气,能得明此者可知成败吉凶。"《史记·天官书》则讲得比较具体:"两军相当,日晕;晕等,力钧;厚长大,有胜;薄短小,无胜。"又说:"凡望云气,仰而望之,三四百里;平望,在桑榆上,千余二千里;登高而望之,下属地者三千里。云气有兽居上者胜。"

　　蜀汉以望气闻名的术士有周群和张裕。周群家里很富裕,有很多奴仆,他在庭院里盖了一座小楼,平时派遣奴仆在楼上值班观测天灾,每次看见云气,立即前来报告,周群自己再上楼观看,不管是清晨还是夜晚。因此凡是气候变化,没有不知道的,所以他的预测多数都很准确。刘备占领四川后,任命他为儒林校尉。另一位张裕任后部司马,也通晓占候望气,他的天分超过了周群。建安二十二年(217),刘备企图攻占汉中,询问周、张二人。周群说:"应当能获得那里的土地,但是得不到当地的民众。如若出动偏师,必定不利,要注意警惕,谨慎对待!"张裕则说:"不可以去争夺汉中,出兵必然不利。"刘备没有听从张裕的劝阻,发兵进攻汉中,经过一年多的苦战,终于迫使曹操撤兵,但是汉中的百姓却被迁徙到关中去了,吴兰、雷铜率领偏师攻打武都郡也都兵败身亡,周群因为言中获得了褒奖,而张裕此次占卜失败。张裕以前曾当众嘲笑刘备面上无须,是"潞涿(露啄)君",即嘴上没毛的先生,后来又私下对人说:"庚子年间汉朝刘姓的统治就要结束,主公虽然夺得益州,但是九年后会失去。"被人告发后刘备大怒,将张裕关进了监狱,要杀掉他。诸葛亮想手下留情,就询问给张裕定什么罪名,刘备回答:"芳兰生门,不得不锄。"于是判处了张裕死刑。据说张裕还会相面,每次照镜子都会看到自己要被刑杀的面相,气得把镜子抛到地上。

　　根据葛洪《神仙传》记载,刘备为关羽报仇伐吴之前,也曾邀请号称"仙人"的李意其来预测成败。刘备对他以礼敬待,询问出兵的吉凶。李意其并不回答,而是索求纸笔,画了兵马器仗数十张纸,结束后便一一用手撕裂破坏;又画了一位大人,然后挖掘土地把画埋了起来,便起身径直离去。刘备看了很不高兴,认为大不吉利,仍然坚持出兵伐吴,后来惨败而还,发病死在了永安。众人这才知道李意其的用意,那张埋起来的大人画作,就是预言刘备将要死去。蜀汉后期费祎执政,出任大将军。后主延熙十四年(251),成都望气的术士说当地没有宰相的位置,费祎听信了这番话,于是在当年冬天北行,把大将军的治所驻扎在汉寿(今四川广元市东北),结果在延熙十六年(253)正月的酒会上被魏国降人郭修刺杀,成了迷信望气的悲剧。

孙权手下的著名术士有吴范、赵达两人。吴范是会稽郡人,"以治历数,知风气,闻于郡中。"因为京师洛阳动乱而没有接受朝廷的征辟,跟随了孙权,为他占卜多见成效。建安十二年(207),孙权准备征讨江夏的黄祖,吴范对他说:"今年出兵获利很少,不如明年。明年是戊子岁,刘表也会身死国亡。"孙权没有听他的话,出兵江夏,虽然获胜,但未能消灭黄祖。第二年孙权再征江夏,特意带上了吴范。大军到了寻阳(治今湖北黄梅县西南),吴范观望风气有大吉之象,马上到孙权的船上贺喜,并催促急行,果然刚到江夏就打了胜仗,可是黄祖乘夜逃走。孙权担心追赶不及,吴范则说他跑不远,一定能够生擒黄祖。果然到五更时分传来黄祖被骑士冯则追杀的消息(不是生擒),刘表也在当年逝世。

建安二十四年(219),孙权与吕蒙策划偷袭关羽的荆州,和其他大臣商议,大多表示反对,吴范却说能够成功。后来关羽败走麦城,派遣使者前来请求投降。孙权询问吴范,他说:"从望气来看他是要逃走的,说投降只是欺骗罢了。"孙权于是派遣潘璋在各条要道布下埋伏。后来侦察的士兵前来报告,说关羽已经逃走了。吴范说:"虽然逃走,却是跑不掉的。"孙权询问他擒获关羽会在什么时间,回答是明天中午。孙权布置了日表和沙漏来计算时间,到中午还没有消息,便问吴范,他回答说还不到正午。过了一会儿,有风吹动帷帐,吴范拍手道:"关羽的消息要来了。"须臾之间,帐外欢呼万岁,传来了关羽被杀的报告。

后来孙权与曹丕交好,吴范对他说:"从风气来看,魏国派遣使者通好只是摆个样子,其实另有打算,应该预做准备。"刘备出兵夷陵,吴范说:"以后蜀汉会与吴国修好。"最终事情的发展都不出他所料。孙权任命吴范作骑都尉,领太史令,几次找他打听占卜的方法,吴范到死都没有告诉孙权,因此遭到了孙权的嫉恨。《吴录》记载吴范预知自己死亡的时间,对孙权说:"陛下某日会有军师丧命。"孙权诧异地说:"我没有军师,怎么会有军师死掉呢?"吴范回答说:"陛下出军临敌,必须等待为臣发言预测而后才起行,为臣就是陛下的军师啊。"后来他果然在那一天去世。

　　孙权的另一位术士赵达是河南郡人,渡江来投奔他,"治九宫一算之术。"赵达很看不起那些观星望气的人,说自己不出门户,在帷幕之中就能推算出天道,哪里用得着昼夜暴露在外,望天观测,那岂不是太辛苦了。孙权每次出兵征伐,都命令赵达进行推算,其结果都和他的预言相同。不过他和吴范一样,始终不肯把演算的方法告诉孙权,因此未能得到高官厚禄。赵达死后,孙权听说他有算数之书,向其亲属求之不得,于是把他的女儿逮捕审讯,甚至挖开了赵达的棺材,仍然没有发现任何踪迹。以后吴国再没有灵验的术士,孙权为此下令在扬州、荆州、广州招募人才,有能推举通晓术数和吴范、赵达一样的人,会被封为千户侯,但一无所获。

　　孙权晚年派遣诸葛恪在皖口(今安徽怀宁县山口镇)和皖城(今安徽潜山县)一带驻军屯田,骚扰曹魏庐江郡的边境。正始四年(243)九月,司马懿领兵南征,企图摧毁吴国在皖城的军事基地。孙权本来要诸葛恪坚守当地,另外发兵支援。但是,"望气者以为不利,于是徙(诸葛)恪屯于柴桑。"柴桑即今江西九江市,孙权让诸葛恪不要迎战,从江北撤退到江南。结果司马懿的军队刚到舒县(治今安徽庐江县西南),诸葛恪在皖城就"焚烧积聚,弃城而遁"。司马懿侦察到这个情况,认为已经达到了战役目的,就在舒县停留休整后撤军而还。孙权听信望气者之言,让诸葛恪不战而退,很可能只是个借口,实际原因则是他对司马懿用兵的忌惮。景初二年(238)司马懿征辽东,孙权曾给公孙渊写信说:"司马公善用兵,变化若神,所向无前,深为弟忧之。"反映出他对司马懿的敬畏。这次迎战强敌,孙权很了解诸葛恪,认为他不是司马懿的对手。为了避免惨败,他宁肯放弃皖城和囤积的粮草,也不愿遭受兵力的损失,所以让诸葛恪撤回后方。所谓"望气者以为不利",只是他怯战的借口而已。

曹魏方面则没有这方面的记载,曹操向来对鬼神祭祀之事不感兴趣。《魏书》记载曹操曾担任济南相,到任后下令毁坏祠屋,禁止官吏、百姓到那里进行祭祀。到他执掌朝政以后,就下令除去对奸邪鬼神的崇拜,世间的这类祭祀由此断绝。另外,他拥有以荀彧、荀攸、郭嘉为首的庞大智囊团,可以为他出谋划策,参赞定夺,不像孙权连个军师都没有。由于"人事"方面的强盛,曹操不需要"天道"的协助。后来他挟天子以令诸侯,统一了中原和北方,出兵征伐是以强凌弱,更不用依靠占卜来增强信心。

和曹魏相比,吴、蜀属于小国,处于弱势的一方,承担不起大败的损失,所以要依赖占卜来壮胆。尽管如此,对于开战与否起决定作用的仍然是君主的个人意志。像前述刘备攻打汉中与伐吴之役,都有占卜为凶兆的结果,但他还是置之不理,坚持出兵,孙权在建安十二年出征江夏的情况也与之类似。实际上,即便在宗教迷信盛行的商周时代,明智的君主将帅也是会根据政治、军事形势是否有利来决定作战与否,而并非仅仅依靠占卜的吉凶来做定夺。例如《史记》叙述武王伐纣前,用龟壳卜兆不吉,突然天降暴风骤雨,群臣都很害怕,只有太公坚持劝武王出征,武王于是发兵,最终获得了完胜。《论衡·卜筮篇》也记载周武王出兵之前,占卜的结果是大凶,姜太公为了稳定军心,就把蓍草推到地下,用脚踩踏龟壳说:"枯骨死草,知道什么吉凶!"都说明了这一点。

外交谍影

桥瑁诈作三公移书

初平元年（190）正月，关东诸侯同时起兵讨伐董卓，从此点燃了三国首场战争的熊熊烈火。就当时的情况来看，袁绍、袁术、刘岱等州郡长官敢于联络各方力量向董卓宣战，需要很大的胆魄和勇气。因为董卓虽然是残暴无道的国贼，但毕竟代表着朝廷，挟天子以自重。关东诸侯的反卓行动史无前例，很容易被人指责为"犯上作乱"。如胡母班与王匡书中所言："自古以来，未有下土诸侯举兵向京师者。《刘向传》曰'掷鼠忌器'，器犹忌之，况（董）卓今处宫阙之内，以天子为藩屏，幼主在宫，如何可讨？"他又说："关东诸郡，虽实嫉卓，犹以衔奉王命，不敢玷辱。"表明函谷关以东各地的行政长官都很痛恨董卓，可是由于董卓口称奉了皇帝的命令，占据了道义上的制高点，使众多地方官员敢怒而不敢言，更不要说采取什么反对他的行动了。

这时董卓的罪恶已是千夫所指，讨伐他具有广泛的舆论基础，只不过难以找到举事的借口，来为关东诸侯摆脱"反叛"的罪名。为此东郡太守桥瑁想出了一条妙计，解决了这个棘手的问题。桥瑁是故太尉桥玄的族子，先前担任过兖州刺史，具有威严与广施恩惠的名声。他假冒当时在京师洛阳的太尉黄琬、司徒杨彪和司空荀爽，给各州郡长官发出了伪造的"京师三公移书（官员署名的通告）"，文中详细列举了董卓犯下的种种罪行，并说自己在京师受到董卓的胁迫，没有办法自救，只好盼望各地兴起义兵讨伐董卓，解除国家面临的祸患。许多州牧和郡太守看了"移书"信以为真，于是响应号召，开始和邻近的势力商量共同起兵反对董卓的事务。

　　像冀州牧韩馥，他的辖境内有董卓的死对头勃海太守袁绍，因为担心他会起兵造反，韩馥到任后从州里派遣了几位官员去监督袁绍的言行。当韩馥看了桥瑁伪造的"移书"以后，态度马上发生变化，把几位下属叫来商议。问他们："现在是应当帮助袁氏呢？还是帮助董卓呢？"治中从事刘子惠听了很不以为然，当即回答说："现在兴兵是为了救国，怎么能说是帮助袁氏和董卓！"韩馥自知说错了话而面露惭愧。刘子惠接着说："兴兵作战是不吉利的事，不可以充当首领。现在最好看看其他州郡的情况，若有人发动讨伐董卓，跟随他就是了。冀州兵员和粮饷都很充裕，比起别的州并不算弱，他人建功立业也不会超过冀州。"韩馥认为他说的不错，于是就写信给袁绍，述说董卓的罪恶，表示愿意协助他举兵反卓。联络成功后，韩馥与袁绍、河内太守王匡组成一支联军，袁绍、王匡率领本郡兵马屯驻在河内郡治怀县（今河南武陟县西南），韩馥提供了万余军队，还负责供应粮饷。袁术和孙坚则占据了富庶的南阳郡。桥瑁领兵到达陈留郡的酸枣（今河南延津县西南），与陈留太守张邈、广陵太守张超、兖州刺史刘岱、山阳太守袁遗、济北相鲍信和曹操的军队汇合，共有十余万人，他们举行盟会，推举袁绍为反卓联盟的盟主。但是酸枣诸侯联军的将领们畏惧董卓凉州军队的强劲战斗力，因此不思进取，日日举办酒会。只有曹操带领部下数千人进攻荥阳，因为兵少而吃了败仗。诸侯联军在酸枣驻扎了两个月，粮饷耗尽，只得散伙，各自领兵回到原来的州郡。桥瑁与兖州刺史刘岱不和，因而惨遭毒手，刘岱杀死他后让亲信王肱接任了东郡太守。

蜀国使吴频受刁难

　　三国之间,蜀国与曹魏的关系始终非常紧张,所谓"汉贼不两立",因此基本上没有什么外交往来。建安二十四年(219)孙权偷袭荆州,擒杀关羽,蜀吴两国处于敌对状态。刘备准备伐吴,为了避免两面作战,他曾试图与曹魏结好。《魏略》记载次年曹操病逝,刘备派遣使者韩冉前去吊丧,并带去厚礼。不料曹丕已经受禅称帝,对刘备的致意不屑一顾,反而认为刘备是"因丧求好",很是厌烦,于是命令荆州刺史把使者韩冉杀掉,断绝与蜀汉的交往。魏蜀之间经历了这样一场闹剧,以后就再也没有遣使聘问了。

　　由于蜀汉实力弱小,必须依赖与吴国联合来对抗曹魏,因此对吴的外交活动是其国政中的重要环节。自建安十三年(208)赤壁之战前夕诸葛亮使吴,说服孙权结盟抗曹,至永安六年(263)钟会、邓艾征蜀,当年十月,蜀国派遣使者赴吴请求援救。在这55年间,刘氏政权曾多次派遣使者访问吴国。吴国势力要比蜀国强大,相比之下,蜀汉对吴国的倚重要更多一些。例如诸葛亮曾对群臣说,即使吴国不出兵伐魏,只要它与蜀国结好,能够牵制洛阳、许昌一带的魏军主力,对于蜀国来说就是占了很大的便宜。孙权君臣当然也明白这一点,所以对蜀汉往往带有轻视的态度,加上孙权喜欢恶作剧,所以蜀国使臣到了吴国,经常会受到嘲讽和捉弄。例如刘备在世时，曾派遣伊籍出使吴国。孙权听说伊籍有辩论的才能，就想给他来个下马威。伊籍刚拜见完毕，孙权就对他说："给无道之君办事很辛苦吧？"不料伊籍马上回答："一拜一起，算不上辛苦。"弄得孙权无话可答，非常尴尬。

　　诸葛亮执政后企图与吴国恢复盟好，于是派邓芝到吴国聘问。孙权对待与蜀国联合之事有些犹豫，所以没有按时接见邓芝，邓芝给他上表请求接见说："为臣现在来访也是为了吴国，不仅仅是为了蜀国。"孙权看了以后才予以引见。后来蜀汉又派费祎出使吴国，孙权性情滑稽，嘲讽调笑没有规矩，手下的诸葛恪、羊衜等博学善辩，对费祎频频提出刁难的问题。费祎言辞通顺，坚持礼义，根据道理来回答，始终没有表现出屈服。《诸葛恪别传》记载，孙权邀请费祎赴宴，事先告诉群臣，蜀国使者到来时，你们继续吃喝，不要起身迎接。结果费祎觐见时，只有孙权停止进餐起身迎客，群臣都低下头吃喝，谁也不理睬他。费祎当即嘲讽道："凤凰来翔，骐驎吐哺，驴骡无知，伏食如故。"诸葛恪答曰："爰植梧桐，以待凤凰。有何燕雀，自称来翔？何不弹射，使还故乡！"费祎见席上有面饼，于是索要笔墨作了一首《麦赋》。诸葛恪也请求笔墨，随即作了一首《磨赋》，众人看了都说他们两个写得好。《江表传》也记述费祎到吴国聘问，在殿上朝见孙权，公卿大臣们都在座。饮酒尽兴的时候，费祎与诸葛恪相对嘲笑问难，提到吴、蜀，费祎问道："蜀字怎么解释？"诸葛恪回答："有水者浊，无水者蜀。横目苟身，虫入其腹。"费祎又问："吴字怎么解释？"诸葛恪说："无口者天，有口者吴。下临沧海，天子帝都。"另外，孙权还特意准备下好酒来对付费祎，看到他喝醉了，然后便询问他国事，和他讨论当世的要务，刁难的问题接连而来。费祎便推辞醉酒而不便回答，随即退出酒席，把孙权的提问按照次序撰写下来，"事事条答，无所遗失。"做到了不辱使命。

后来，蜀国使臣张奉到了吴国，在宴会上薛综起身行酒，对张奉说："蜀者何也？有犬为独，无犬为蜀，横目苟身，虫入其腹。"张奉问道："不应当说说你们的吴（国）吗？"薛综应声回答说："无口为天，有口为吴。君临万邦，天子之都。"于是座上众人喜笑，而张奉无以答对。

值得注意的是，魏国使臣到吴国来，孙权始终很客气，从没有出现过为难对方的事件，有时卑躬屈膝的连吴国大臣都看不下去。例如曹丕派遣使者邢贞到武昌，孙权出宫到都亭迎候，邢贞呈现出傲慢的脸色，张昭看见了发怒，而徐盛气愤地扭头对同列说："我等不能奋不顾身，为国家占领许昌、洛阳，吞并巴、蜀，而让我们的国君与邢贞立盟，这还不算是耻辱吗！"说完话涕泪横流。这是因为魏国强大，孙权不愿得罪它而引起战祸。另外，孙权毕竟是开国英主，如果蜀汉使臣才能出众，应对有方，也会得到他的敬重。例如费祎就很受孙权的器重，称赞他："您的品德淑美天下少有，必定会成为蜀国的股肱，恐怕不会再来吴国了。"还曾把身上经常佩带的宝刀赠送给费祎。另一位蜀臣宗预两次出使吴国，孙权对他也很有好感。送行时拉住宗预的手说："您每次到来都肩负着蜀吴两国结好的使命。现在您年长了，我也已经衰老，恐怕不会再次相见！"随即赠给宗预一（酒）斛硕大的珍珠，洒泪而别。

诸葛亮用计除孟达

　　孟达原来驻守蜀汉的东三郡（房陵、上庸、西城），是刘封的副将，后来因为受到刘封的欺凌，率领四千余家部曲投降了曹魏。魏文帝让他引导夏侯尚、徐晃的兵马赶走刘封，占领了东三郡，将其合并为新城一郡，任命孟达做太守。新城是魏、蜀、吴三国交界的地方，孟达由于得不到曹魏的信任，开始暗地里勾结吴、蜀两国，施展狡兔三窟的伎俩。《三国演义》上说孟达准备叛投蜀汉，被他的心腹李辅和外甥邓贤告发，结果遭到司马懿的突然袭击，措手不及而被杀死，实际情况则要复杂得多。与其说孟达是死于司马懿之手，倒不如说他是中了诸葛亮的诡计而送了命。

　　《三国志·费诗传》中提到，建兴三年（225）诸葛亮在汉阳县（今四川高县庆符镇）接见了魏国的降人李鸿，这个人可能就是孟达派去联络的，当时还有蒋琬、费诗二人在座。李鸿说："这次路过孟达那里，正好遇见从四川来的王冲，他说当初孟达投降魏国的时候，您（诸葛亮）恨得咬牙切齿，想要杀掉孟达的老婆孩子，幸亏刘备没有听从。孟达说：'诸葛亮知道事情的本末，了解我为什么要降魏，不会那样做。'他根本不相信王冲的话，对您非常仰慕，不会再与蜀国为敌了。"诸葛亮听了以后对蒋琬和费祎说："回到成都之后，应该给孟达写封信问候一下。"费诗听了很不以为然,进前说:"孟达这小子,过去侍奉刘璋不忠,后来又背叛先主刘备,是个反复无常的小人,哪里值得给他写信。"诸葛亮却默然不作回答,后来果然给孟达去信,表示他完全理解孟达降魏的苦衷,希望孟达"寻表明之言,追平生之好。"自己在成都"依依东望,故遣有书。"孟达收到信后,就频频与诸葛亮书信来往,暗送秋波,说他有心叛魏归蜀,并捎给诸葛亮一些名贵的礼物,有玉玦(半环状的玉)、织成(名贵的丝织品)与苏合香。

　　哪里知道,诸葛亮内心和费诗一样,非常厌恶孟达这个屡屡变节之徒,但是考虑到孟达熟悉边境情况,对蜀国是个不小的危害,必须设法把他除掉,于是便假意与孟达通信联系,然后再通过间谍把这件事泄露给魏国,引起他们的内讧,用借刀杀人之计来消灭孟达这股势力。卢弼《三国志集解》评论诸葛亮给孟达的信说:"书词动人,诸葛公亦谲矣。其默然不答,非费诗所能知也。"是说孔明的信写得很感动人,诸葛亮也够狡猾的了。他听了抨击孟达的话默不作声,其内心的这些想法不是费诗他们所能揣测到的。《晋书·宣帝纪》记载:"孟达于是联络吴蜀,暗地里反叛曹魏。蜀国丞相诸葛亮憎恶他反复无常,又顾虑他会祸害边境。孟达与魏国魏兴太守申仪有矛盾,诸葛亮想促成孟达反叛,就派遣郭模诈降,经过申仪那里,故意泄漏孟达的阴谋。"蜀国间谍郭模到达魏兴郡(治今陕西安康市西北),对太守申仪揭发孟达送给诸葛亮的礼物别有用意,说:"玉玦者,[言事]已决;织成者,言谋已成;苏合香者,言事已合。"是说"玉玦"代表孟达叛魏的事已经作了决断,"织成"是说他叛魏的计划制订已经完成,"苏合香"表示双方反魏的图谋已经吻合,即达成一致。这个解释相当牵强,但是申仪和孟达有矛盾,马上就把这个消息报告了荆州都督司马懿和朝廷。司马懿恐怕孟达迅速起兵,自己来不及发兵平叛,就给孟达写了一封信,表示相信他对魏国的一片赤心,说蜀国上下都憎恨你,不会接受你的归降。郭模所说的并非小事,诸葛亮不会轻易地泄露出去,这肯定是假的,想挑拨朝廷与你的关系,这件事很容易理解。孟达看了信很高兴,对叛变的事开始犹豫不决。司马懿却暗地里调动军队,突然来到上庸(治今湖北竹山县东南)城下,兵分八道,全力攻城。孟达派人向吴、蜀求救,《三国志·费诗传》说;"(诸葛)亮亦以(孟)达无款诚之心,故不救助也。"就是眼看着孟达被司马懿消灭掉。另外有记载说,吴、蜀两国都派了部队去救援孟达,但遇到魏军的阻击,未能赶到上庸。也可能是诸葛亮派遣了小股部队来敷衍一下,并没有全力救援。司马懿的攻城进行了十六天,守将李辅和孟达的外甥邓贤打开城门,投降迎敌,孟达因此被杀,而诸葛亮借助敌国之手除掉孟达的计策也得以成功实现。

吴国使魏屡遭扣留

据《江表传》记载,孙策占领江东后,准备派遣博学善辩的虞翻赴许都出使,不料遭到了他的拒绝。后来提到这件事的时候,虞翻说他是孙策家藏的珍宝,如果拿出来给别人看,被人扣留下来,则孙策会失去府内贤良的辅佐,所以此前不愿意出行。孙策笑着承认他说得不错,这是由于曾经因此损失过一位能干的大臣。

《江表传》还说建安三年(198)孙策因为对汉廷授给他的假号将军心怀不满,特意派遣使者(张纮)到许都聘问,谋求获得正式的将军称号,携带的贡品比上次增加了一倍。张纮是孙策手下数一数二的文臣,孙策在江东作战时,张纮与张昭都是他的参谋,经常命令一人守在后方,另一人跟随他征讨。张纮到了许都后,积极开展外交活动,拜望朝内的公卿大臣和故友,称赞孙策才能过人,又忠于汉室,为孙策争得了满意的官爵。曹操上表朝廷,拜孙策为讨逆将军,封为吴侯。但是张纮在许都的表现太过优异,引起了曹操的觊觎,于是便把他扣留下来,封为侍御史。结果使孙策少了一位智囊。直到建安五年(200)孙策被人暗杀,其弟孙权继位后,曹操才让张纮返回江东。

孙吴与曹魏的通使往来集中在两个时段,第一个是孙氏集团在江东的奠基时期,即建安初年,第二个是孙权准备以及与刘备决裂的建安末年到黄初年间。建安二十二年（217）春曹操四越巢湖时，"（孙）权令都尉徐详诣曹公请降。公报使修好，誓重结婚。"两年后他又派使者带给曹操密信，请求以征讨关羽来报效朝廷。此后曹丕称帝，孙权表示臣服，双方频繁地通使往来。直到黄初三年（222）夷陵之战结束后，曹丕向孙权索取太子孙登到洛阳作人质遭到拒绝，两家这才刀兵相见，结束了遣使聘问。在这一阶段，孙权派遣赵咨多次出使魏国，受到了魏文帝的器重，《吴书》记载曹丕曾经嘲讽孙权，向赵咨问道："吴王很懂得学问吗？"赵咨回答："吴王统率着长江上万艘战船，以及百万身穿铠甲的士兵，任贤使能，志存经略，虽然也有空闲博览群书，从中采集奇异的记述，用来治理国家，但是并不效仿书生，只会寻章摘句而已。"胡三省认为这话也是在讽刺曹丕，"魏文帝好作文章，因此赵咨说这番话来讥讽他。"曹丕又问："吴国可以征伐吗？"赵咨回答："大国有征伐的军队，小国有牢固的防备。"又问："吴国害怕魏国吗？"回答："吴国有雄兵百万，长江、汉水为保护，有什么可怕的？"又问："吴国像你这样的有多少人？"赵咨回答："聪明特达者八九十人，像为臣这样的，车载斗量，不可胜数。"

赵咨在这一段时间频繁出使，受到魏国特殊的礼敬。孙权听说后对他表示嘉奖，拜为骑都尉。但是他后来不再出使魏国，从历史记载来看，孙权改派沈珩、冯熙等到魏国聘问，赵咨也没有出现在吴国的军政活动中。直到魏明帝太和六年（232），魏扬州都督满宠上表朝廷，请求在合肥城西三十里有奇险处筑造新城，把当地驻军移防到那里。尚书赵咨认为满宠的计策很有道理，明帝立即下诏回报采纳其建议。胡三省对此事注曰："赵咨盖必黄初初自吴使于魏者也。文帝重其辩给，遂臣于魏。"可见这时赵咨成为魏国的大臣，为其出谋划策，已经不考虑吴国的利益了。

《吴书》还记载刘备去世以后，孙权派遣冯熙去蜀国吊丧，他回国后升为中大夫，又到魏国出使。魏文帝问他："吴王若想与魏国恢复旧好，就应该出兵到江关（今重庆市奉节县），进攻巴蜀。但是听说两国又遣使修好，想必是吴国的对外政策发生了变故吧。"冯熙回答："我听说那只是对蜀国使臣来访的回报，顺便观察一下对方的情况，并不是政策有什么变化。"文帝又问："听说吴国连年旱灾，死了一些重要的大臣，以你的见识，这对国势有什么影响？"冯熙回答："吴王的头脑很聪明，善于驾驭臣下，无论是政事或军务，都要征求大臣们的意见，对投奔他的人施以教养，亲贤爱士，和他有仇怨的人立功也会得到奖赏，而责罚必定是加在有罪之人的身上，因此臣下都感恩怀德，以忠义之心侍奉。现在国家有军队百万，囤积的谷帛如山，四处都是稻田沃野，老百姓也没有遇到什么灾荒，称得起是金城、汤池，属于富强之国。在为臣看来，国力没有什么轻重变化。"曹丕听了很不高兴，就让和冯熙同郡的陈群以重利诱使他留下，冯熙没有答应。回国的时候车到摩陂（今河南郏县东南），又把他召了回来。还没有到洛阳，冯熙为了不辱使命，便拔刀自杀，但被赶车的人拦住。孙权闻讯后流泪说："这和苏武有什么区别。"冯熙最终被扣留下来，死在了魏国。

吴国对魏国此举很晚才做出报复，孙皓即位的元兴元年（264）冬，当时蜀国已经灭亡，司马昭担任曹魏的相国，派遣过去在寿春降魏的吴国将领徐绍、孙彧出使江东，给孙皓带去国书。派吴国投降的将领充当使者是对孙皓的侮辱，加上徐绍还不断称赞魏国的强盛，使孙皓非常生气。次年三月魏国使团回国，徐绍等人乘船行至濡须，被孙皓下令召回，将他杀死，并且流放了他的家属，也算是报了当年的仇怨。

吴国使臣刺探敌情

　　三国时期,孙权在位的时候曾经多次派遣使者到曹操、曹丕那里聘问、纳贡,并表示交好,这些使者还肩负着打探敌国情报的任务,尤其是侦测对方近期是否准备向东吴用兵,以便及时准备应对的策略与具体措施。

　　建安五年(200)四月,孙策遭到暗杀身亡,其弟十九岁的孙权继位,江东政局动荡不稳。地处偏远的山险区域还不肯服从,而流入江东的北方人士顾虑孙氏政权的安危,尚未决定留下还是离开,没有和孙权建立君臣关系。例如庐江太守李术原为孙策举用,现在不肯服事孙权,而且收纳了许多从江东逃亡反叛过来的人。孙权来信索要,竟被李术一口回绝,声称:"有德见归,无德见叛,不应复还。"他的从兄孙暠企图攻占会稽郡城(今浙江绍兴市),被郡里的官员知道后发动民众守城,等待孙权的命令,并派人告知孙暠,才迫使他作罢。孙权的另一位族兄领交州刺史孙辅也不相信他能够统治长久,因而和曹操私下联络,企图叛变作为内应。只是由于阴谋泄露而被拘捕。就连和孙权最为亲近的母亲吴夫人,对他能否守住这份基业也忧心忡忡,召见张昭及董袭等人,询问他们江东能否确保平安。

　　建安五年十月,曹操在官渡之战歼灭袁绍军队主力,威名远震。

孙曹双方势力的此消彼长,使曹操对江东六郡产生了觊觎之心,想乘孙权立足未稳出兵去攻打他。孙权闻讯后相当恐慌,于是专门派遣大臣顾雍之弟顾徽为使者到许昌,企图重修盟好,获得朝廷的任命,并探听曹操是否打算南征。史书记载顾徽谒见曹操时,"应对婉顺",非常恭敬,但是虚张声势,过分宣扬江东局势的稳固,因此遭到曹操的讥讽。顾徽说江东大获丰收,山泽里积年作乱的贼寇,都化恶为善,自愿出来充当士兵。曹操听了嘲笑说:"我和孙将军缔结婚姻,共同辅佐汉室,从道理上说如同一家,您为什么和我讲这些话?"顾徽回答:"正因为明公和主将的情义像磐石一样稳固,休戚与共,必定想知道江南的消息,所以向您提起来。"曹操最终考虑河北袁氏集团近在卧榻之侧,仍为心腹大患,肯定要率先除掉,而孙权远在吴越,力量尚弱,未能对中原形成严重威胁,自己又缺乏强大的水军,难以渡江作战,所以打消了出征江南的想法,与孙权重申旧盟,并企图利用他来打击和削弱荆州的刘表,以减轻其对自己的军事压力。曹操对吴使顾徽"厚待遣还",并奏请朝廷任命孙权军政官职,上表拜他为讨虏将军,领会稽太守。为了对孙权表示信任和诚意,曹操还作出了以下几项举措:

首先,是将羁留在许昌两年的使者张纮遣送回吴,任命他为会稽东部都尉,企图让张纮辅助孙权附属曹操。其次,把与孙氏结怨颇深的陈登调离广陵,改任东城太守。前任吴郡太守陈瑀是陈登父亲的从弟,被孙策擒获妻子部曲,孤身逃至北方,陈登总想着为他报仇,还有"吞灭江南之志",力主对孙吴用兵。陈登调至后方,有助于孙曹两家关系的缓和与边境局势稳定。再者,孙权进攻皖城,消灭反叛的李术时,曹操答应孙权的请求,没有给予李术援助。李术粮食耗尽,妇女或吞食泥丸来充饥。孙权终于攻陷皖城,将李术枭首示众,迁徙他的部下三万余人到江东。

虽然曹操做出了许多表示友善的举措,孙权还是怕他搞什么欲擒故纵之计,因此向返回江东的吴使顾徽询问,关于曹操军事动向的情报究竟了解得怎么样?顾徽回答说:"尽管敌国的隐情很难刺探,然而我通过暗地采访探听,得知袁绍虽然病逝,但曹操仍把河北的袁谭、袁尚兄弟当作首要敌人,暂时无暇旁顾。"孙权这才放下心来,随即封赏了顾徽官职,准备提拔使用,但是顾徽不久病逝,孙权的这个愿望未能实现。不过,这次通使实现了交好的目的,从此到赤壁之战爆发的八年时间内,孙曹双方基本上是和平相处。

黄初元年(220)十月,曹丕废汉兴魏,登上了皇帝的宝座。孙权此前偷袭荆州,与蜀汉交恶,这次又怕得罪曹魏,引起战端,于是派遣使者前往祝贺,自称藩国。次年七月,刘备率领军队攻出三峡,在夷陵(今湖北宜昌市)与吴将陆逊相持。孙权为了避免受到魏、蜀两国夹攻,特地在八月派遣中大夫赵咨为使者赶赴魏国,并送还了扣留近两年的魏将于禁,请求与魏国和好。曹魏大臣刘晔看出了孙权的阴谋,向曹丕指出,孙权无故求降,是因为"外有强寇,众心不安",怕曹魏前去攻打,所以派使者来投降。这样一来可以退却曹魏的大兵,二来能够假借曹魏援助的名义来疑惑敌人,增加自己臣民的信心,实际上根本没有诚意。因此,刘晔建议曹丕趁火打劫,出兵伐吴,"蜀攻其外,我袭其内",这样吴国就会很快垮台。但是曹丕被孙权的卑辞美言所迷惑,没有采纳刘晔的主张,随即下令册封孙权为吴王,从而确定了吴国对曹魏的臣属关系,以表示友好。赵咨出使结束返回江东,立即向孙权汇报了他所探听到的情报,认为曹魏大臣多数对东吴怀有敌意,双方的和好无法长久地维持下去,劝孙权提前做好与魏国决裂、自己建国称帝的打算。孙权接受了他的建议,认为赵咨出使魏国圆满地完成了任务,因此拜他为骑都尉。

当年十一月,魏国使臣太常邢贞到达东吴,举行了封拜孙权为吴王的仪式。《吴书》记载孙权在事后又派遣西曹掾沈珩到魏国答谢,并且带去了进贡的礼物。沈珩这个人很有智谋,善于应对。魏文帝问他:"吴国厌恶魏国东征吗?"回答说:"不厌恶。"又问:"为什么?"沈珩说:"信任和依靠过去的盟约,双方已经言归于好,由于这个原因所以不厌恶。若是魏国背弃了盟约,吴国自有预备。"魏文帝再问:"听说吴王的太子孙登要到洛阳来做人质,是这样吗?"沈珩回答:"为臣在吴国的时候,大臣们的朝会上没有我的席位,吴王举办的酒宴我也没有资格参加,所以像这样的议论,我从来没有听说过。"魏文帝认为他回答得很得体,然后让沈珩坐到身边来,和他谈话直到这一天结束,沈珩随口应答,没有被难倒的时候。沈珩回国以后,向孙权汇报敌情,有一项重要的收获就是打探到刘晔几次为曹丕设计进攻东吴的情况,认为魏国对东吴的态度最终不会诚恳与谨慎。不能寄希望于敌人不会入侵,而是要依靠我们的力量来阻止敌人,并且必须做好备战的各项准备。现在为朝廷考虑,应当减省其他徭役,注重发展农业、纺织业以扩大军事物资的来源;修缮船只和车辆,增加作战器具,使它们供应充足;给养士兵和民众,让他们各得其所;广泛招揽英才,奖励将士,就可以图谋进取天下了。孙权觉得沈珩的出使很有成绩,值得赞赏,就封他为永安乡侯,升官做了九卿中的少府。同时抓紧备战,从而在第二年闰六月的夷陵之战和九月曹魏三路伐吴的战役中相继打败了蜀、魏两国的军队。

吴、魏伪造书信

　　《三国演义》中的"蒋干盗书"是一段精彩的故事,讲的是周瑜捏造蔡瑁、张允的降书,故意让蒋干偷去献给曹操,曹操中计杀了蔡、张二人。这虽然是虚构的情节,但在三国的历史上确实发生过多次利用假信来分化打击敌人,并且取得成功的事情。

　　(一)胡综造吴质降书

　　吴国黄龙元年(229),孙权从魏国降人那里得知,曹魏的河北都督、振威将军吴质受到朝廷的猜疑。吴质原来是曹丕的亲信,与司马懿、陈群、朱铄号称太子的"四友"。他曾为曹丕立嗣之事出谋划策,很受宠信,因此魏国建立之后被派到河北去担任要职。可是吴质倚仗与文帝的亲密关系,任意妄为,蔑视和欺凌朝内的大臣,甚至连名将曹真也不放在眼里,当面骂他:"曹子丹,你不过是屠夫案上的肉,吴质吞了你喉咙都不用动,嚼碎你不用咬牙,怎么敢依仗权势骄横?"

　　曹丕因病夭亡后明帝即位,吴质因为口碑很差而开始失宠。孙权为了挑动魏国发生内乱,就让胡综伪造了三份吴质给孙权请求投降的信件。信中说自己"拘逼见疑,恐受大害",又喊冤叫屈说:"若是为臣吴质真的有罪,定会奔赴鼎镬接受烹刑,把自己捆起来等待治罪,这是为人臣子应当做的。但是现在确实无罪，横遭诬陷诋毁，将会有商鞅、白起那样的灾祸。寻思目前的形势，离开魏国是有道理的。就是死了也落下个不忠不义，为什么还不离开呢！"同时还向孙权献北伐之计，表示愿意出兵南下策应。"现在如果聚集兵力在淮河、泗水流域，占据下邳，荆、扬二州就会闻风响应，臣从黄河以北席卷南下，形势连成一体，根基必定会永远坚固。"还说他那里马匹很多，而且每年三四月份羌胡都会驱赶马群进关贸易，可以借此机会北伐。"粗略估算当时的情况，可以得马三千余匹。陛下出兵，应当利用这一时间，多率骑兵来带走马匹。"胡综这三篇降书写得活灵活现，加上文笔优美，投入魏国境内很快就流传开来。魏明帝看了后将信将疑，为了保险起见，就撤掉了吴质的都督官职，把他调到洛阳宫里做侍中，孙权的阴谋于是得逞。

（二）陆逊造答复逯式降书

就在同一年，吴国名将陆逊从西陵调到武昌，主持长江中游的防务。当时曹魏江夏太守逯式屡次带兵入侵，给陆逊造成很大的麻烦。陆逊听说逯式和前任江夏太守文聘之子文休关系紧张，便伪造了一份给逯式降书的回信。信中说："得到了恳切凄恻的来信，知道您与文休很久以前就结下了怨恨，势不两立，愿意前来归附。接连收到密书，特复回信以示知晓，并准备集结兵力前去迎接。希望您最好尽快起兵，再告诉我们确定的日期。"然后把假信放到边界上，魏国巡逻的士兵得到后转交给了逯式，他看了吓得心惊肉跳，赶快亲自把老婆孩子送回了洛阳。这件事传开以后，逯式手下的将士就不再对他亲近和信任了，彼此的关系越来越僵，朝廷后来就罢免了逯式的职务，陆逊的愿望因此得以实现。

（三）钟会造假信给全怿

造假信以提供错误的情报来迷惑对方,这种事情魏国也曾经干过,比较成功的例子是甘露二年(257)的寿春围城战。当时诸葛诞在淮南反魏,吴国派遣将军全怿、全端、全静等率三万人前来救援,进入寿春城,被司马昭的大军包围。这时留在建业的全怿侄子全辉、全仪因为家庭纠纷,携带老母和数十家部曲渡江来投奔司马昭。钟会见状提出建议,暗地里伪造了一份全辉、全仪的书信,谎称吴国由于全怿等未能救出寿春的守军而很生气,想要把他们的家属全部杀掉,所以全辉等人逃到北方来投降。然后派遣全辉、全仪的亲信进城把这封假信交给了全怿。全氏的这几位将军看了以后果然非常害怕,于是带领部下兵马打开东城门出来投降,都得到了封爵和重赏。城里留下的吴军和诸葛诞的叛军彼此猜疑,双方的矛盾隔阂不断加深,最后诸葛诞又杀了吴将文钦,文钦的儿子文鸯、文虎跳城出来归降,这封假信严重削弱了守城的兵力。钟会在这场战役中策划了许多计谋,结果相当成功,被当时的人比喻为汉高祖的谋士张良。

超级间谍隐蕃

三国时期,各方都派出间谍刺探军情,但是能够打入敌国内部,担任朝臣职务的却非常罕见,只有隐蕃一人。

隐蕃是魏国青州人,能言善辩,魏明帝暗地里派他诈降吴国去施行离间计,希望他能担任廷尉官职,以便在审讯中从重判处吴国大臣,使其君臣离心离德。黄龙二年(230),隐蕃逃到吴国,没有引起当局的重视,于是他给孙权上书说:"为臣听说纣王无道,微子便率先离开了他;汉高祖刘邦宽厚圣明,陈平就带头前来投奔。为臣今年二十二岁,抛弃了故土,来归顺有道明君。承蒙上天庇佑,得以平安到达。为臣在吴国已经有些日子了,但是主管官员却把我当作普通降人对待,没有实行甄别,致使为臣隐秘绝妙的主意不得上达陛下。怎样才能献上自己的建议,我为此再三叹息。谨到阙下叩首呈上表章,请求陛下接见。"

孙权看了奏章之后立即传令引见,隐蕃致谢并回答了孙权的提问,说得口若悬河,天花乱坠。当时大臣胡综也在座,孙权问他隐蕃这个人怎么样?胡综说:"隐蕃上书,讲的大话好似西汉的东方朔;巧言诡辩,又像当代的祢衡;但他的实际才能都不及那两个人。"孙权又问可以给他什么官职?胡综回答:"不可以担任治理百姓的郡县官员,让他在都城建业做个小官试试看吧。"孙权看隐蕃谈论刑狱很有一套,就任命他当上了廷尉的副手廷尉监，这也正是魏国所期望的。

　　当时左将军朱据、廷尉郝普称赞隐蕃有王佐之才，尤其是郝普与他关系亲密，甚至为他得不到重用而叫屈。众人因为朱据、郝普与隐蕃亲善，纷纷到隐蕃府上拜访，经常是车马云集，宾客满堂。后来隐蕃拉拢吴国大臣叛变，事情败露后逃走被捕，拷问他有哪些党羽，隐蕃不愿招供。孙权命令把他带进宫里，对他说："为什么要让自己的身体替别人遭受毒刑呢？"隐蕃回答："孙君，丈夫图谋举事，哪能没有同伴？烈士视死如归，不会再牵连别人啊。"隐蕃坚持不肯交代，闭口而死。孙权责问郝普说："你以前盛赞隐蕃，还为他抱怨朝廷。隐蕃的反叛，都是你造成的！"郝普羞愧自杀。朱据则被禁闭在家里，过了一段时间才得以解除。

三国的刺客

　　刺客即乘人不备而进行暗害的杀手，夏商西周三代未闻有暗杀之举，自春秋至战国时刺客大兴，以致司马迁为之作《刺客列传》专录其事，或是为国尽忠，如曹沫；或是为主报恩复仇，如专诸、豫让、聂政、荆轲等。但是到了汉末三国，刺客之事迹却寥寥无几，而其中最著名的要数许贡门客刺杀孙策的行动。

　　许贡原任吴郡太守，被孙策所杀，他的儿子率领奴仆门客潜伏在江边民间，等待时机暗害孙策，为许贡报仇。建安五年（200）孙策乘曹操与袁绍相持，准备出兵渡江攻打陈登驻守的广陵郡（治射阳，即今江苏宝应县东北射阳镇）。大军到了丹徒（治今江苏镇江市东北），需要等待运粮。孙策平时喜欢狩猎，就带了几个随从外出，看见有鹿便纵马追赶。孙策乘的是骏马，随从的坐骑追赶不上，他仓猝之间遇到了化装成韩当部下军士的许贡门客三人，在盘问时心生疑虑，射杀了其中一人，自己也被射中面颊，负了重伤；余下两位门客随即被追来的随从杀死。孙策由于受伤很重，当天夜里就去世了，享年只有二十六岁。许贡门客的行为很像著名的刺客豫让，因而受到史家的称赞。裴松之说："许贡客，无闻之小人。而能感识恩遇，临义忘生，卒然奋发，有侔古烈矣。"

　　三国其他刺客的事迹却没有这般光彩，例如汉末的陈国（治今河南淮阳市）没有受到战乱冲击,诸侯王刘宠自称辅汉大将军,百姓前来投奔的有十几万人。陈国的相（行政长官）骆俊也很有威望,能够开仓周济邻近郡县的难民,因而广受赞颂。袁术占据淮南后,曾经向陈国索取粮饷,遭到骆俊的拒绝后气愤不已,于是派遣帐下的部曲将张闿阳"私行到陈",即伪装成私人访问,并非公务差遣。张闿阳拜见骆俊,在一起饮酒,伺机刺杀了骆俊,"一郡吏人哀号如丧父母。"刘宠也遭受了袁术刺客的暗杀,陈国于是破败了。

　　曹操也使用过刺客暗杀政敌,《零陵先贤传》载曹操见周不疑少年英俊,聪明机敏,便提出要招他作女婿,不料被周不疑拒绝,因此心生怨恨,准备杀掉他。曹丕得知后前来劝阻,曹操回答说:此人不是你所能驾驭的。"乃遣刺客杀之。"周不疑死的时候只有十七岁。

　　《郭冲五事》还提到曹操曾派遣刺客去暗杀刘备,刺客与刘备见面后谈论出兵伐魏的形势,聊得很投机,准备进一步深谈,刺客还没有得到动手的机会,这时诸葛亮进来了,刺客突然见到他有些惊慌失色,诸葛亮觉得他不像是普通的客人。过了片刻,刺客借口上厕所起身走了。刘备对诸葛亮说:刚才遇到了一位奇士,足以对你有所补益。诸葛亮问是哪一位？刘备说就是刚才起身的那个人。诸葛亮缓缓地叹了口气说:那位客人神色有些恐慌,不敢抬头看我,有几次视线相交,他都把目光移开了。此人"奸形外漏,邪心内藏,必曹氏刺客也"。刘备急忙派人去追赶查看,但刺客已经跳墙逃跑了。

　　魏国还有一位暗杀成功的刺客名叫郭修,他原来担任曹魏的中郎,后来罢官回到故乡西平（治今青海西宁市）,被蜀将姜维擒获带回国内,刘禅封他为左将军。郭修几次想暗杀刘禅,总是无法近身,他每回借着庆贺下拜的机会往前凑,都遭到刘禅的左右侍卫阻挡。后来郭修跟随大将军费祎到了汉寿(今四川广元市昭化镇),在延熙十六年(253)元旦大会上乘费祎饮酒沉醉,拔出刀来将其刺死,自己也当场被杀。费祎平时爱护部下,尤其是对敌国投降归顺的人宠信太过。张嶷曾经写信提醒他说:"过去东汉的名将岑彭、来歙都是被刺客暗杀的,现在大将军位尊权重,应该借鉴往事,以为警醒。"但是费祎仍然没有注意,结果发生了这样的悲剧。事后魏国皇帝曹芳下诏对郭修进行了隆重表彰,称其"勇过聂政,功逾(傅)介子,可谓杀身成仁,释生取义者矣"。追封他为长乐乡侯,食邑千户,由他的儿子继承爵位,并加拜奉车都尉,赐银千饼,绢千匹。

三国时期使用刺客的事例不多,像蜀、吴两国从来没有过,魏国自曹丕称帝以来也没有主动派遣过刺客,郭修的刺杀只是个人行为,并未受到朝廷的指使。追究其原因,与人们对暗杀的看法发生了变化有些关系,觉得这类事情不是那么光明磊落。像魏国对郭修的表彰,就引起了史家的批评。裴松之说曹魏诏书将郭修比作聂政和傅介子太过分了。"事非斯类,则陷乎妄作矣。"曹魏与蜀汉虽然是敌国,但是并没有赵襄子族灭智氏的仇恨,也没有燕太子丹面临亡国的急迫;刘禅是凡下之主,费祎是中才之相,这两个人的存亡也无关于蜀汉的兴衰。郭修在被擒时不能守节自尽,他没有在魏国担任官职,也未曾接受国君的派遣,无缘无故地杀死费祎,"义无所加,功无所立。"只是一种疯狂的举动罢了。

后来姜维多次侵扰魏国的边境,使执政的司马昭很是头疼,他的部下路遗请求担任刺客到蜀国暗杀姜维。从事中郎荀勖得知后,劝阻司马昭不要这样做,说:"明公以至高无上的公德主宰天下,应该主持正义去讨伐反逆,而利用刺客去除掉敌患,这不能说是正大光明,以德服人啊。"司马昭夸奖他说得不错,于是撤销了派遣刺客的想法。这时曹魏经过几十年休养生息,国力已经空前强大,司马昭曾说:"今诸军可五十万,以众击寡,蔑不克矣。"蜀汉根本不是他的对手,用不着再使刺客暗杀这种丢人的手段了。

乱世庸才

张温缺乏胆魄

张温是东汉末年的名士，号称有杰出的才能，但是没有胆量，以致一些可以震惊世人的壮举从他手里白白溜走，失掉了本能名垂青史的机会，还搭进去自己的性命。汉灵帝时宦官专权，压榨天下百姓，惹得民怨沸腾，朝廷居然卖官鬻爵，张温家里非常富足，出了五百万钱当上三公中的司空。黄巾起义爆发后四处起兵，中平二年（185），朝廷任命张温为车骑将军，统领十余万兵马到凉州讨伐边章、韩遂等。临行前，隐士张玄求见，对张温说："天下贼寇风起云涌，难道不是因为宦官'十常侍'胡作非为的缘故吗？听说他们和公卿要在平乐观为大军送行，明公汇总了天下的权威，掌握着京师军队的精锐，如果在饮酒尽兴时敲响战鼓，整齐战阵，叫部队里执法的军正拿下这些有罪的宦官，解除天下百姓倒悬的苦难，为海内有积怨的人们报仇，再提拔那些忠心耿耿的正直人士，那么边章之类的作乱者就任凭你在股掌上摆弄了。"

张温听罢受到强烈的震撼，一时无语可答，过了半天才说："处虚（张玄表字），并非不愿意听你的话，实在是我做不到，该怎么办呢？"张玄叹息说："事情办成了就是福分，办不成我就成了贼人。现在和您永别了。"说完话就拿出毒药准备喝下去，张温上前拉住他的手说："你忠于我，可是我不能采用你的主意，这是我的责任，你何必要这样做？而且两个人出口入耳说的话,别人怎么会知道呢。"张玄于是告别,隐居到鲁阳(今河南鲁山县)山里。这一次铲除宦官的大好机会,就因为张温缺乏胆量而错过了。

张温统率大军来到长安,以诏书召见董卓,但是董卓没有把他放在眼里,过了很久才来拜见。张温责备他来迟了,董卓还不服气,回答的口气相当恶劣。这时候担任参军的孙坚凑过来耳语说:"董卓有罪而不害怕,还态度嚣张地大声呼叫,应该按照应召不及时到阵前的军法将他斩首。"张温听后吓了一跳,回答说:"董卓以往在甘肃、四川交界地带很有威望,今天杀了他,西征就没有依靠了。"孙坚说:"明公亲率大军,威震天下,有什么要依赖董卓的?看董卓的讲话,对明公很不尊敬,这属于轻上无礼,是第一条罪名;边章、韩遂在凉州作乱有一年多了,早就应该进兵讨伐,而董卓说不行,这属于沮丧军心,疑惑大众,是第二条罪名;董卓接受了朝廷的使命,却没有完成任务,召他过来又故意逗留,而且态度傲慢,这是第三条罪名。古代的名将,手执帝王授予的斧钺来到军队里,没有不杀几个违抗军令者来示威的,像司马穰苴斩庄贾,魏绛戮杨干(之仆),今天如果放过了董卓,不立即把他杀掉,将会使您的威信和尊严受到损害。"张温还是不敢那样做,对孙坚说:"你回去吧,我们这样耳语,时间长了董卓会起疑心的。"气得孙坚站起身来走出去了。

张温虽然没有杀掉董卓,可是董卓却因为受到斥责而心怀怨恨。中平六年(189)汉灵帝去世,洛阳发生动乱,外戚大将军何进与宦官张让、段珪等都被杀死,董卓乘乱领兵进京,执掌了朝政,后来又挟持汉献帝与百官迁都到长安。张温当时担任卫尉,也跟随西行。到了长安以后,天象有所变化,朝廷的太史看了说是应当有大臣犯罪被杀。董卓素来忌恨张温,就借这个机会指使人诬告张温私通袁术,图谋作乱,命令把他押到市场上"笞杀",就是乱棍打死。这比斩首还要痛苦,因为斩首的时间短促,很快就结束了,而笞杀则需要较长的时间,受刑者得忍受更多的折磨。俗话说:"当断不断,反受其乱。"张温当时没有勇气杀掉董卓,结果后来让这个家伙扰乱朝纲,激起关东诸侯的讨伐和天下大乱,不仅使百万民众生灵涂炭,张温自己也丢掉了性命。如果当时他有胆量杀了董卓,汉末的历史将会改写,他也不会遭受董卓的毒手。一个人即使有杰出的才能,若是缺乏胆魄,也无法承担命运赋予的重任啊!

俯首就戮的宋翼和王宏

　　初平三年（192）四月，司徒王允策划刺杀了权臣董卓，执掌了朝政。这时董卓的党羽李傕、郭汜等率凉州军队驻扎在陕县，请求赦免自己的罪过，但是王允未予准许。有人建议派老将皇甫嵩到陕县接管凉州兵，王允也没有同意。此时流言四起，说朝廷要尽杀凉州人。李傕、郭汜乘机召集部队为董卓报仇，去攻打长安，沿途不断有凉州兵加入，待到长安城下，竟然有了十余万人。李傕、郭汜率军攻陷了长安城，挟持了汉献帝，但是并没逮捕和杀害王允，其原因是王允任命了他的两个太原郡同乡宋翼和王宏，分别出任左冯翊（治高陵，今陕西高陵县）与右扶风（治槐里，今陕西兴平市东南）的太守，管辖关中的东部和西部。当时关中地区人口繁盛，兵员、粮饷都很充足，李傕、郭汜害怕贸然杀死了王允，会激起宋翼和王宏带领这两个郡的兵马来反抗他们，于是就逼迫朝廷下令，征调宋翼、王宏二人返回京师长安。

　　王宏表字长夏，年轻时就以勇武有力闻名，行事不拘小节。他在东汉末年曾担任过弘农太守，杀死了郡内行贿宦官得以任职的官员数十人。接到征调的命令，他心中起疑，立即派遣使者去和宋翼商量，说："李傕、郭汜因为我们拥兵在外，所以不敢杀死王公（王允）。我们要是接受征调回京，明天就会都被灭族，应当采取什么对策呢？"宋翼是个书呆子,回答说:"虽然祸福难测,但朝廷下的征调命令是不能违背的。"使者又转达王宏的话说:"现在天下举义的形势热烈沸腾,目标在于诛杀董卓,更何况他的党羽! 我们如果兴兵讨伐挟持献帝的李傕、郭汜这两个恶人,山东诸侯必然会响应,这是转祸为福的计策啊!"宋翼固执己见不肯听从。王宏觉得自己势单力孤,不能独自起兵反抗李傕、郭汜,迫不得已,只好和宋翼一同接受调令返回长安。结果不出所料,他们两人马上就被押送到廷尉那里囚禁起来。李傕、郭汜随即逮捕了王允全家和宋翼、王宏的亲属,并很快把他们全部处死。

临刑之前,王宏气愤难平,痛恨宋翼拒绝自己举兵反抗的主张,对他大骂道:"你虽然是个儒生,却和奴仆小人一样没有见识,不足以议论大事!"

马日磾失节

　　"失节"一词，在古代汉语里具有许多种含义。例如《吕氏春秋·知分》载晏子脱难后对赶车人说："安之！毋失节。"这是让车夫安下心来，不要失去对马车的操纵和控制。秦公子将闾说："廊庙之位，吾未尝敢失节也。"是说他在宗庙的廊下站位从没有违背礼节。《汉书·刘向传》曰："霜降失节，不以其时。"说的是气候不合节令。王肃说："舞虽奋疾而不失节"，是讲舞蹈虽然跳得很快，但不失掉节拍。汉成帝建始三年十二月戊申日食，当夜地震，谷永对奏曰："是月后妾当有失节之邮（尤）"，说的是后宫的妇女丧失贞操。孟达辞先主表曰："荆州覆败，大臣失节，百无一还。"是说关羽的部下纷纷投降孙权，失掉了做臣子的节操。但汉末三国还发生了一次"失节"事件，和以上所说的情况都不相同，是朝廷派遣的使者马日磾失去了节杖，最终忧愤而亡。

　　汉朝的使者是皇帝的代表，有出使外国者，还有出使国内者，后者相当于后世的钦差大臣。由于是临时差遣的任务，使者除了奉有皇帝的诏书，还执有表明特殊身份的"节"，即节杖；使者节不离身，所以又称作"使节"，任务完成后再将节杖交还朝廷。

　　汉朝节杖的形制，是一根八尺长的竹竿，装饰有三层牦牛尾毛编织而成的"旄（耗）"，即飘带，末端为缨。汉朝节杖上的"旄"为红色，汉武帝时太子刘据造反，为了和他的节杖相区别，朝廷颁发的节杖上又加了一重黄色的"旄"。见《汉书·刘屈氂传》："初，汉节纯赤，以太子持赤节，故更为黄旄加上以相别。"动乱平息后，节杖的形制也恢复了原状。王莽篡汉后，更改节杖上的赤旄为黄旄，光武帝建立东汉王朝后又改了回来。《汉魏故事》说："与外国节皆二，赤旄一，黑旄十，异于常节。"是说出使外国的节有两根，每根上面有一层赤旄、十层黑旄，和国内使用的节杖不一样。节杖代表皇帝的权威，臣下见节如见皇帝，得遵从持节使者的命令。使者可以用节来指挥、逮捕官员，调动兵马。因为节杖是重要的信物，随身持有与保护它是使者必须奉行的职责，决不能丢失。例如张骞出使西域，被匈奴扣押十余年，和他在当地的妻子生了孩子，但是张骞仍然手持汉节，没有失落。苏武被匈奴拘留十九年，流放到北海，他拄着汉节牧羊，无论睡觉还是起身都拿着它，上边的缨毛都脱落了，仍然持节不失，被后世传为美谈，但是马日磾却没能做到。

初平三年（192）八月，朝廷派遣太傅马日磾持节巡视关东，太仆赵岐为助手。次年正月，袁术被曹操在兖州打败，带领余众逃往淮南，占据寿春（今安徽寿县）。汉献帝此时被董卓余党李傕、郭汜等挟持，丧失了实际统治权力，李傕等想拉拢袁术，就让朝廷拜他为左将军，封阳翟侯。马日磾等到寿春后对袁术宣布了任命，但是袁术没有把傀儡皇帝派来的使者当回事，对他们很不客气。赵岐对袁术态度严正，使他有些忌惮，而马日磾却心生畏惧，袁术很是看不起他。

有一天，袁术派人来找马日磾，说是想借他的节杖仔细观看。马日磾为了讨好袁术，居然同意把节杖拿走。结果袁术如获至宝，把节杖扣了下来，不肯归还。马日磾因为此事十分被动，几次恳求拿回节杖，袁术却趁机提出种种条件，逼迫马日磾同意。袁术先是写了千余人的名单，要求保举升官，到朝廷那里批准任职。马日磾起初不同意，对袁术说："你家祖先也担任过三公，他们保举士人是这样的吗？这么急着催促，难道公府掾吏的职位是可以强迫得来的？"但是袁术坚持这样做，马日磾为了求他归还节杖，最后不得已答应了保举这批官员。

袁术得寸进尺，又把给朝廷提出种种要求的奏章和保举文书交给马日磾，让他首先签署自己的姓名，好像这些事是马日磾的索求一样。这批官员滥报上去之后，引起了其他军阀的不满。袁绍最为气愤，他后来上表奏报朝廷，说马日磾破坏了皇帝的命令，宠信和保举的那些人名声太坏，难担重任，都是被众人所厌弃的。还说马日磾包庇袁术，为其出谋划策，破坏了袁绍和袁术的良好关系。"令臣骨肉兄弟，还为仇敌，交锋接刃，拘难滋甚。"弄得马日磾里外不是人。

马日磾多次讨还节杖没有结果，想离开寿春返回长安，袁术也不放他走，还强迫他担任自己的军师，马日磾拒绝后在寿春滞留了一年，怨气满腹，呕血不止，"既以失节屈辱，忧恚而死。"他的灵柩后来被袁术送回许都，朝廷想要以隆重的礼节予以安葬，但遭到孔融等大臣的反对，认为马日磾失掉节杖后"曲媚奸臣，为所牵率"，被袁术拽着走，没有尽到使者的职责，不追究他的罪过已经是给予照顾了，不宜再举办隆重的葬礼。朝廷最终接受了孔融的意见。

引狼入室的韩馥和刘璋

在三国的历史上,有两个割据一州富饶之地的军阀,因为生性怯懦,不相信自己和部下的能力,也不肯听从劝谏,执意礼请其他豪杰入境,以致被他们取代,最终自杀身亡或流徙失所,这两个军阀就是韩馥与刘璋。

韩馥是冀州刺史,汉末冀州当地人口众多,物产丰饶,初平元年(190)关东十八路诸侯结盟讨伐董卓,韩馥是其中实力较强的一镇。当时盟主是勃海太守袁绍,他带领本郡兵马与河南太守王匡共同驻守河阳(今河南孟州市西),在北边威胁被董卓占据的首都洛阳。袁绍军队的粮饷都是由韩馥供应,韩馥还派遣部下赵浮、程奂率领万余精兵在河阳支援他。

董卓西迁关中后,袁绍的幕僚逢纪建议他夺取冀州,作为自己的根据地,说:"将军举大事而仰人资给,不据一州,无以自全。"袁绍认为冀州兵马强盛,自己的士卒因为乏粮而疲惫不堪,没有办法打垮韩馥来夺取这块立身之地。逢纪劝袁绍写信给幽州的公孙瓒,请他发兵向南袭击冀州。韩馥是个胆小鬼,肯定非常害怕,这时候再派使者前去游说,叫他把冀州让给你,就可以攫取刺史的宝座了。

袁绍听从了逢纪的主张,派人联系公孙瓒,公孙瓒果然以讨伐董卓的名义南下进入冀州，打败了边境的守军。韩馥看见强敌来临心慌意乱，无计可施。这时袁绍派遣高干、荀谌为说客前来，劝说韩馥让出冀州，说公孙瓒领兵南来，袁绍又率军东向，如果两位英雄并力攻打，兵临城下，冀州马上就会被攻占。又说袁绍是将军的旧交，还是讨伐董卓的盟主，如果把冀州让给他，公孙瓒是没有能力与之争夺的。这样袁绍会非常感激韩馥，将军对外有让贤之名，身家又安如泰山，希望韩馥不要迟疑。韩馥素来胆怯，又没有主见，于是便同意让出冀州。

　　这时冀州长史耿武、别驾闵纯和治中李历都表示反对，他们对韩馥说："冀州虽然偏僻，至少还有百万带甲的士兵，粮食够吃十年。袁绍不过是孤客穷军，仰我鼻息，就像婴儿在我们的股掌之上，断绝给他的哺乳，立即就会饿死。为什么还要把冀州让给他？"但是韩馥固执己见，说自己是袁氏故吏，才能又不如袁绍，忖度德行而让出职位，这是古人所贵重的品质，诸君为什么要进行责难呢！在河阳的赵浮、程奂听说后，率领船只数百艘、精兵万余人连夜赶回冀州，然后劝阻韩馥说："袁绍军无粮饷，已经开始离散，虽然有归顺的张杨等人，也不会听他指挥，不是我们的对手。小可等请求只用部下的万余人抵挡，不出十天，袁绍军队就会土崩瓦解。将军可以打开阁门，高枕无忧，有什么发愁可怕的。"韩馥还是不肯听从，他派遣儿子拿上印绶到黎阳（治今河南浚县东）交给了袁绍。不料袁绍占领冀州后，先杀了反对他入主的耿武、闵纯等人，又故意任命对韩馥不满的朱汉作执法的都官从事。朱汉明白袁绍的用意，为了逢迎他，就带兵闯进韩馥的府邸，韩馥吓得上楼躲了起来，朱汉就把他的大儿子抓起来打折了两腿。袁绍得知后故作愤怒，命令杀死了朱汉，而韩馥经过这场风波已经被吓破了胆，也认识到袁绍的阴险与狠毒，不敢再留下来，因此请求离开去投奔了陈留太守张邈。后来袁绍派遣使者去见张邈,两个人耳语商议,被座上的韩馥看见,他这时已经成了惊弓之鸟,以为是要谋害自己,吓得起身到厕所自杀了,堂堂一路诸侯就落得如此可悲的下场。

割据四川的益州刺史刘璋,也是个胆小固执而且毫无见识的人。他和汉中的军阀张鲁发生冲突,杀了张鲁的母亲与兄弟,双方结仇后多次交兵,刘璋屡屡战败。建安十六年(211),刘璋听说曹操准备进兵汉中,不禁心生畏惧。部下张松建议说:刘备和您同是宗室又与曹操有深仇,他善于用兵,刚刚在赤壁战胜了曹操。如果请他来四川帮助讨伐张鲁,张鲁必破,益州则会因此而强盛。就是曹操亲自来征伐,也无能为力了。刘璋听了深以为然,派遣法正带领四千人马和贵重礼物去荆州求见刘备,请他入川相助。刘备当年在隆中接受了诸葛亮的建议,先取荆州立足、再夺取四川为根据地,早就有进兵巴蜀的预想,自然一拍即合。这时张松和法正都投靠了刘备,向他陈述了占领益州的具体计划,只是把刘璋一个人蒙在了鼓里。

刘璋的一些部下看出了请刘备入川的危险,纷纷劝阻他。如主簿黄权谏曰:"左将军刘备素来有骁勇的名声,现在请他过来,如果以部下看待,他心里会不满意,若是以宾客礼待,则一国不容二君。如果刘备稳若泰山,那么您就会危如累卵。应该关闭边境,等待战乱过去,天下太平。"刘璋听了置若罔闻,反而把黄权贬为广汉县长,让他离开成都。从事王累把自己倒悬在成都城门上来谏阻刘备入境,刘璋也不予理会,命令沿途郡县热情招待荆州的客军,结果刘备的数万兵马顺利进入益州,好像是回到自己家里一样。刘璋亲率步兵、骑兵三万人,浩浩荡荡地到涪县(今四川绵阳市)与刘备相会。刘备的军师庞统献计,想在宴会上突然袭击,杀死刘璋,夺取益州,但刘备认为这样做自己的名声会遭到严重损害,因此没有同意。双方饮酒作乐,欢聚了百余日。刘璋为刘备补充兵员、粮饷和武器装备,送他北赴葭萌(今四川广元市昭化镇)。但是刘备到达驻地后,停留了一年多的时间,并没有进攻汉中、讨伐张鲁,而是在当地广树恩德,收买人心。驻守白水关(今四川青川县东北)的将领杨怀、高沛见了非常不满,屡次写信给刘璋,希望把刘备礼送出境,但刘璋下不了这个决心。

建安十七年(212)末,刘备写信给刘璋,声称荆州受到曹操攻击,他要回去救援,请求刘璋补充一万人马和器械粮饷。刘璋这才觉得自己上了当,花费了这么大的代价请刘备过来攻打张鲁,结果白白奉养了他一年,一仗没打就要回去,还索要兵员物资,刘璋就是再傻也知道吃了大亏。但又不敢得罪刘备,所以只答应给刘备四千人,其他物资减半。这时张松背主求荣、私通刘备的事情被其兄长张肃告发,刘璋此时如梦方醒,连忙杀了张松,命令各座关卡禁止刘备的队伍通行。刘备闻讯大怒,诱杀了杨怀、高沛二将,稳住了自己的后路,然后发兵径向成都。刘备经过近一年的战斗才打下了雒城(今四川广汉市北),又调诸葛亮、张飞、赵云领兵入川助战,包围成都数十日,派使者简雍入城劝降。

当时城中尚有精兵三万人,粮食够吃一年,官员和百姓都愿意死战。但是刘璋说:"父子在益州二十多年,没有对百姓施以恩德,和刘备打了(首尾)三年的仗,害得百姓死了那么多人,都是因为我的缘故,怎么能够心安啊!"于是打开城门,与简雍同坐一辆马车出降。刘备让刘璋搬到荆州的公安去住,把家里的财物都还给了他,仍让刘璋佩戴振威将军的印绶,还算比较客气。后来孙权袭取荆州,拜刘璋为挂名的益州牧,移居秭归。刘璋的次子刘阐在吴国出任御史中丞,大儿子刘循留在四川,为蜀汉的奉车中郎将。因为刘备比袁绍要更讲仁义,所以刘璋家庭的结局比起韩馥来强了许多,就算是很不错了。

公孙瓚

陶谦

孔融

刘表

刘璋

想做富家翁而不可得的曹爽

　　曹爽表字昭伯,父亲曹真是魏国的皇室宗亲,东征西讨立下汗马功劳,拜为大司马。曹爽年轻时谨慎持重,在东宫侍奉过太子曹睿,两人关系亲密。曹睿做了皇帝以后,非常宠信优待曹爽,提拔他做了带领禁兵的武卫将军。景初三年(239),魏明帝曹睿病逝,临终前任命曹爽为大将军、都督中外诸军事,执掌全国的兵权,和太尉司马懿共同接受遗诏,辅佐小皇帝曹芳。

　　曹爽虽然身居高位,却没有执政和作战的经验,所以对年长又威望甚高的司马懿很尊敬,常以父辈对待,凡事都要和他商议,不敢擅自做主。后来他听了丁谧等人的劝告,认为朝政大权不能旁落到别人手里,因此请求皇帝下诏,改任司马懿为太傅(皇帝的老师),剥夺了他的实权。又命令尚书台奏报政事,要先呈送给自己审阅,由自己来权衡轻重以后,再找司马懿商议。后来渐渐地也不咨询司马懿了,全部政务都由自己来定夺。他还任命兄弟曹羲为中领军,曹训为武卫将军,控制了京师洛阳的军队;其他几个弟弟曹则、曹彦、曹皑都以列侯的身份侍从皇帝,得以出入后宫,全家贵宠盛极一时,这是以前从来没有过的。

　　曹爽的亲信何晏、邓飏、丁谧、李胜、毕轨都闻名于世,当年魏明帝觉得这五人浮华不实,没有进行提拔。曹爽执政以后,将这五人晋升官职,何晏、邓飏、丁谧安排在尚书台掌管机要,并负责官员的选拔。毕轨担任司隶校尉,李胜做河南尹,是京师周围各郡与首都地区的行政长官,号称"智囊"的桓范出任大司农,主管全国的屯田兵民。司马懿见他们办什么事都不和自己商量,又掌握了朝廷内外的军政大权,就称病在家,不再上朝,但是安排弟弟司马孚为尚书令,儿子司马师为中护军,司马昭为散骑常侍,以便对曹爽等人实行监控。

丁谧等亲信为了树立曹爽的声望,劝他领兵征伐蜀国。曹爽听从了他们的建议,在正始五年(244)来到长安,征集了六七万士兵,加上民夫有十余万人。由于不懂军事,曹爽选择在盛夏出征,部队行军和给养的运输恰逢酷暑,再加上秦岭的山路险峻、蜀军的顽强阻击,自己军队的人苦不堪言,停留在骆谷中间无法前进。司马懿通过夏侯玄转告曹爽,劝他尽快撤兵,以免全军覆没。曹爽见形势危急,这才领兵撤回,路上受到蜀军的截击,结果损失惨重,弄得民怨沸腾。

曹爽和他的兄弟专擅朝政,排斥异己,还把郭太后迁移到永宁宫去居住,免得她来干扰。他们与何晏等人把洛阳附近的官田数百顷以及皇室的封邑土地霸占为自己的产业,还窃取官府的财物,向州郡地方官员勒索钱财,谁也不敢反对他们的旨意。曹爽的饮食、乘车和服饰的豪华,甚至赶上了皇帝。皇室的各种珍宝玩物摆满了他们的府第,妻妾遍布后庭,还私自调取了先帝的"才人",即宫女侍妾以及乐师、歌女舞女供自己享乐。曹爽在家里布置了华丽的窟室,整日与兄弟和亲信在里边花天酒地,宴饮作乐,这些都导致了朝野上下的不满和怨恨。

曹羲见兄弟们如此腐败堕落,深感忧虑。他数次进谏不要这样做,曹爽却无动于衷。曹羲就写了三篇文章,陈述骄奢淫逸必定会导致灾祸的道理,言辞旨义非常恳切。他不敢直接批评曹爽,就说是要训诫其他兄弟而拿给曹爽来看，曹爽知道这是为自己写的，很不高兴。曹羲有时因为谏言不被采纳而痛哭起身离去。司马懿看见曹爽等人的倒行逆施引起了公愤，就开始暗地联络太尉蒋济、司徒高柔等官员，准备发动政变。曹爽等人对此也有些担心，就派遣李胜以出任荆州刺史为名，到司马懿家里去探视。但是司马懿伪装病重，很是逼真，最终骗过了李胜和曹爽等人，以为他行将就木，就没有放在心上。

嘉平元年（249）正月，皇帝曹芳要去高平陵祭祀祖先，曹爽兄弟都随驾前往。以前他们外出游玩的时候，桓范曾经提出过警告，对他们说："总理万机，统领禁兵，不宜同时离开京城。如果有人发动政变，关闭了城门，谁还能进得去呢？"曹爽回答说："谁敢做这种事！"但还是接受了桓范的意见，外出时总是留下一两个兄弟看家。后来看到没有什么意外发生，思想也就渐渐麻痹了，这次他们兄弟六人同时离开了洛阳。

司马懿抓住了这个难得的机遇，迅速发动了政变。他先和对曹爽兄弟久已不满的郭太后联络，得到赞同后便以太后的名义颁布命令，关闭了洛阳的城门，派兵占领储备兵器的武库，让司马师带兵堵住了皇宫的大门，司马懿和太尉蒋济屯兵在洛水浮桥，召来司徒高柔代理大将军职务，占据了曹爽的兵营；太仆王观代理中领军职务，占据了曹羲的兵营，然后向皇帝曹芳上奏曹爽兄弟犯下的种种罪行。

曹爽等人接到司马懿的上奏，看了以后大惊失色，感到非常窘迫，没有敢呈交给皇帝，也不知道怎么办才好。于是他们将皇帝的车驾停留在伊水南岸，调发了附近的数千名屯田兵来做护卫，砍下树木在营地周围布置鹿角。司马懿随后又发动了政治攻势，企图不战而胜，派侍中许允和尚书陈泰来说服曹爽，劝他早日归顺。又让曹爽的亲信尹大目前来告知,说司马懿的本意只是要免除曹爽等人的官职,并不想要他们的性命,还以洛水为证发下誓言。

这时"智囊"桓范骗开城门逃到了车驾所在的军营,他劝曹爽兄弟立刻带上皇帝到许昌去,征发四方州郡的部队来和司马懿对抗。曹爽听了犹豫未决,桓范说:"这事是明摆着的,你们平时读的书都有什么用?想想今天你们兄弟的地位,一旦受制于司马懿,就是想做个贫贱百姓还能行吗? 况且匹夫绑架了一个人质,还想以此来要挟对方以求活命。你们和天子相随,能够号令天下,谁敢不听从呢?"曹爽兄弟都不作声。桓范又对曹羲说:"您的别营在京城南郊,洛阳典农中郎将的治所也在城外,可以任意召唤。现在到许昌去,不过两天的时间,许昌别有武库,足以供应兵器,所担心的就是粮饷,而大司农的印章在我身上,调集各地粮草也不成问题。"曹爽兄弟听了还是默不回应。从入夜到第二天的五更,桓范等人"援引古今,陈说万端",劝了整整一夜,仍然无法说服曹爽等人。最后曹爽把刀扔到地上,说:"司马公就是想夺取我们的权力罢了,我们可以列侯的身份回到家里,顶不济也能做个富家翁。"桓范又急又气,捶打着胸脯痛哭说:"曹子丹是条好汉,生了你们这帮兄弟,简直就是猪仔牛犊! 没有想到今天会受你们连累,全家就要遭受灭族之祸了。"

曹爽兄弟最终决定不作抵抗,向皇帝呈交了司马懿的上奏,并请求颁下诏书免除了自己的官职。当曹爽解掉印绶准备外出的时候,他的主簿杨综制止说:"你挟持天子掌握大权,难道要放弃这些权位到东市去被砍头吗?"曹爽还是没有听杨综的话,他和兄弟们护送皇帝返回洛阳宫殿,然后回到自己家里。司马懿马上派遣洛阳尉率领八百名士兵包围了曹府,并在四角建立了高楼,让人值班看守监视里边的行动。

曹爽愁闷无聊,拿上弹弓到后园去,楼上的人便喊道:"故大将军东南行。"曹爽听了就回到厅堂,召集兄弟们来商议,决定写信给司马懿来试探一下他的态度。于是通报说家里已经断粮了,司马懿看了之后马上回信慰问,还派人立即送去一百斛米和肉脯、盐豉、大豆等食物。曹爽兄弟不明白这是缓兵之计,还很高兴,认为他们性命无忧。

司马懿安排好对曹爽等人的监控之后,就逮捕了和他们关系亲密的宦官张当,通过严刑拷打,逼迫他诬告曹爽与何晏等人图谋造反,进行武装演习,并准备在三月起兵叛乱,犯有大逆不道的重罪。于是奏请皇帝下令逮捕曹爽兄弟与何晏、邓飏、丁谧、李胜、毕轨和桓范,统统处以死刑,并且诛灭三族,即包括他们的父母、兄弟姊妹和妻子儿女。司马懿下手如此毒辣,是朝里许多人没有想到的,太尉蒋济向他求情,说曹爽的父亲曹真为国家立有大功,不可以没有后代继承香火。但是司马懿坚决不肯听从,将曹爽等人杀了个干净。蒋济因为此前受司马懿指使给曹爽写过信,劝他不要抵抗,并保证他全家的安全,现在言而无信,心中非常懊恼,由此引发疾病而死。嘉平年间,朝廷考虑到曹真的功勋,决定封他的族孙曹熙为新昌亭侯,作为他的后代传嗣。

曹爽遗传了父亲的肥胖体态,却没有继承曹真的勇敢坚毅,所以被桓范骂作"肥奴"。蔡东藩评论说:曹爽就是一个平庸的奴才,自己不度德量力,竟然由于一时的侥幸而当上了首辅大臣。即使他小心谨慎,都难免会遇到无端的灾祸,何况是淫奢无度,纵情酒色呢!何晏、邓飏等人毫无雄伟的韬略,却被任用为心腹谋士。曹爽的兄弟中只是曹羲还有一点明智,而曹爽还不肯听从他的话,那还能够保家卫国吗?当时即使没有司马懿,我都知道曹爽会遭到灭亡啊。

杨康背主卖友的下场

司马懿诛杀曹爽等人，夺取朝政之后，兖州刺史令狐愚和他的舅父征东将军、扬州都督王凌进行了密谋，准备拥立楚王曹彪为皇帝，在许昌登基，推翻司马氏集团。令狐愚手下有两个亲信，名叫杨康和单固，他们都知道这个秘密计划。后来令狐愚突然患病去世，单固因病辞职回家，杨康则被征召到首都洛阳去做官，他刚到京师就揭发了这个阴谋，司马懿得知后立即带兵东征，逮捕了王凌，然后到寿春(今安徽寿县)召见了单固。司马懿问单固："你知道王凌谋反的事吗？"回答说不知道。司马懿又说："这件事先放下，再问你，令狐愚参与了这次密谋吗？"单固回答说也不知道。但是杨康出来证明，策划谋反的事情前前后后都和单固有联系。司马懿就把单固和他的家属逮捕，押送到洛阳交给廷尉审问，拷打了数十次，单固仍然坚持说不知道。司马懿就把杨康叫来和他对质，这下单固没有话可辩解了。他气愤地咒骂杨康："老家伙辜负了使君(令狐愚)，又要使我灭族，看看你还能活得了吗！"

案件审理结束，廷尉按照规矩，让定死罪的犯人和母亲、妻子儿女见上一面。可是单固跪在地上，见了母亲却不肯抬头仰视。母亲知道他这是因为连累了亲属而感到惭愧，就称呼他的表字说："恭夏，你本来不愿意做官，是我逼着你到州里任职的。作为人家的属吏，就应该服从命令，你没有做错。从此单家的门户衰落了，我也没有什么怨恨你的。按你的本意还是想和我讲话吧。"单固最终没有抬头看母亲一眼，也没有和她讲话，直到他被处死。当初杨康出来举报这个阴谋，是想获得朝廷的重赏，能够封爵拜官。但是后来他的口供屡次出现错误，前后的供词核对不上，惹得司马懿对此产生了怀疑，心想这也不是个好东西，一起杀了算了，就下令将杨康也处以死刑。临刑的时候，单固看到杨康和他一同出狱绑赴刑场，恨恨地骂道："老奴才，你的死是活该呀！若是死者灵魂有知的话，看你还有什么脸面在地下见人！"

打老婆送了命的刘琰

刘琰是鲁国（治今山东曲阜市）人，早年刘备在豫州时曾聘请他做过从事。刘琰风流倜傥，善于谈论，又是刘氏宗亲，所以获得了亲近优厚的待遇，跟随刘备南征北战，经常是座上的嘉宾。刘备占领四川后，任命他做固陵太守，但是没有什么业绩。刘禅继位后将刘琰调回成都在朝内任职，担任过卫尉、后将军和车骑将军，排位在诸葛亮和李严之后，算得上是很高的职位了。不过这个人只能清谈，干不了实事，因此从来不让他参与国家政务，只是领兵千余人，随着诸葛亮讽谈议论。他的车骑服饰和饮食非常豪华奢侈，有侍女数十人，都能唱歌奏乐，还学会诵读《鲁灵光殿赋》。

建兴十年（232），刘琰在北伐前线与前军师魏延争吵，说的许多话荒诞不实，因而受到了诸葛亮的严厉批评。刘琰写了一封谢罪的信件，说自己"禀性空虚，本薄操行，加有酒荒之病"。因为是在醉酒晕眩的情况下说的错话，所以请诸葛亮饶了他。自己愿意"改过投死，以誓神灵"。诸葛亮觉得他在前线百无一用，只会添乱，就让他返回成都，保留原来的官职，并没有惩治他。

经历了这次挫折，刘琰心里感到郁郁不得志，因而有些举止失常，精神恍惚。建兴十二年（234）正月元旦，蜀汉大臣和眷属纷纷入宫，分别向皇帝和吴太后恭贺新禧。吴太后两位丈夫先后去世,皇帝刘禅又不是她亲生的,因此一个人在宫里孤独苦闷,见到年轻美貌的刘琰妻子胡氏很是高兴,于是在接受拜见后特意留她在宫里陪伴自己,住了一个月才回家。

刘琰因为这件事起了疑心,怀疑妻子与后主刘禅私通。这件事应该是冤枉刘禅了,阿斗虽然昏庸,但并非荒淫暴虐,做不出这种有悖人伦的行为,何况当时诸葛亮派遣董允等大臣监督刘禅,他想多招几个宫女都得不到满足。诸葛亮临行前还给董允留下狠话,让刘禅事事都要告知董允等人,董允等若是不能尽职就杀了他们。"愚以为宫中之事,事无大小,悉以咨之,必能裨补阙漏,有所广益。若无兴德之言,则戮允等以彰其慢。"由于受到严密监控,刘禅就算是有贼心也不敢有贼胆。胡氏坚持说没有此事,刘琰却不肯相信,居然叫手下的士兵拷打自己的妻子,甚至用鞋来抽她的面颊,然后把她赶了出去。胡氏气愤不过,把事情的原原本本都上告到朝廷,刘琰因此被关进了监狱。有关执法部门评议说:"兵卒不应该是殴打妻子的人,面颊也不是承受鞋子的地方。"由于刘琰的举动严重损害了皇帝刘禅的名誉,他最后被判处死刑,还不是像马谡那样在监狱里暗杀,而是拉到闹市上当众斩首,没有给这位先帝的老臣留一点面子。此后大臣的妻子、母亲元旦进宫朝贺的礼节也被取消了。

热衷娱乐活动的诸葛融

诸葛融表字叔长，是孙吴大将军诸葛瑾的三儿子。由于长兄诸葛恪自己立功封侯，身居高位，次子诸葛乔过继给诸葛亮，所以诸葛瑾病故以后，他的爵邑和领兵驻守公安的军职都由诸葛融来继承。史书上说诸葛融，"生于宠贵，少而骄乐"，和他父亲简朴俭约的生活作风大不相同。诸葛瑾平时很低调，为人处世小心谨慎，他身上的衣服没有彩饰，临终前命令把自己的遗体盛进"素棺"，就是不涂彩漆的棺材，入殓的时候只穿平时的服装，而诸葛融则是"锦罽文绣，独为奢绮"。

诸葛融带领数以万计的军队驻扎在江南的公安，距离国境较远，平常的军务并不紧迫，所以他秋冬季节出去打猎，举行几次部队的演习，春夏的时候则广请宾客，频频举办盛大的娱乐聚会。诸葛融的学问"博而不精"，但是流行的文娱活动他可掌握了不少技艺。每次聚会宾客到来之后，他都要一一询问，看看客人们都会哪些技能，水平高低如何，然后再分门别类，选择旗鼓相当的对手，有的下围棋，有的玩樗蒲（五子棋），或者是用箭投壶，引弓射弹。在比赛过程中，仆人们会送上美味的水果和清酒。诸葛融自己并不下场参加，而是"周流观览，终日不倦"。

如果诸葛融真有领兵作战的本事，那么他搞这些娱乐活动可以说是玩一把潇洒。殊不知此人对打仗一窍不通，遇到强敌就不敢迎战。

嘉平二年（250）十二月，曹魏征南将军、荆州都督王昶带兵攻打江陵，作战不利而准备撤退。孙吴守将乐乡都督施绩想要追击，但是苦于兵力不足，于是向诸葛融写信求援。信中说："王昶远来疲惫，战马又缺乏草料，力量竭尽而被迫退走，这是上天在帮助我们。现在若要追击，我的兵力缺少，请你带领部下来协助。我在前边冲锋破敌，足下在后边乘胜扩大战果，这难道只是我一个人的功劳吗？希望你齐心协力，义同断金。"诸葛融看了以后便答应了。

第二天，施绩领兵在江陵城北的纪南追上了魏军，起初打了胜仗，但是诸葛融自食其言，没有带领部队前来协助，致使施绩先胜后败，部将钟离茂、许旻都被敌人杀死。孙权得知以后，对勇猛杀敌的施绩深加褒奖，而对诸葛融的怯战非常生气，给予很严厉的谴责，最后看在他长兄大将军诸葛恪的面子上，没有撤掉诸葛融的职务，但是诸葛融和施绩等人从此结下了仇恨。

孙权去世以后，诸葛恪执掌了朝政，对他的兄弟愈发偏袒。嘉平五年（253）春，诸葛恪大发兵众出征淮南，调施绩带兵过来协助，战役结束后却把他留在半州，让诸葛融兼领了他的部队。当年十月，孙峻等人发动政变，杀掉了诸葛恪，派遣施绩和施宽、孙壹、全熙等将领带兵到公安逮捕诸葛融。诸葛融听说他们要来擒拿自己，吓得惊慌失措，犹豫踌躇，想不出一点儿办法。结果施绩等人的军队包围了公安城，诸葛融无奈之下服毒自尽，他的三个儿子和家属都被杀死。

这事发生之前，诸葛融镇守的公安城有一条灵鼍（鳄鱼）突然鸣叫。当地于是出现了一首童谣，说："白鼍鸣，龟背平，南郡城中可长生，守死不去义无成。"公安城是南郡的治所，据说诸葛融找不到毒药，就从金印的龟钮上刮下来一些金末，把它服下去自杀的，应验了这首儿歌的预言。

蜀、吴两国后期的人才荒

　　诸葛亮早年客居荆州,和颍川人士徐庶(字元直)、孟福(字公威)、石韬(字广元)是好朋友。后来刘备也到荆州投奔刘表,屯兵在新野县,徐庶向他推荐了诸葛亮,于是有了"三顾茅庐"的美谈。建安十三年(208)曹操攻占荆州,刘备和诸葛亮南行,徐庶和石韬则归顺曹操,几位朋友从此天各一方,不再相见。二十年过后,诸葛亮首次兵出祁山,打听到石韬在曹魏历任郡太守、典农校尉,徐庶官至右中郎将、御史中丞,诸葛亮认为此二人担任这样的职务有些屈才,不禁感叹道:"魏国的人才太多了啊,为什么这两个人没有获得重用呢?"

　　诸葛亮如此羡慕魏国是有原因的,三国当中,曹魏地大物博,兵多将广,人才济济,文武兼备,是蜀汉远不能比拟的。当年刘备率兵入川,占领荆、益二州,是其势力最兴盛的时候,但是用人也很紧张,能够率领数万兵马独挡一面的大将只有关羽。后来关羽被孙权偷袭杀害,曹丕询问群臣刘备会不会出川为其报仇,众臣都说:"蜀汉是个小国,名将只有关羽。关羽身死军破,国内就陷入了恐慌,没有理由会出兵。"只有刘晔认为刘备和关羽"义为君臣,恩犹父子",两个人的感情深厚,肯定会为他出兵报仇。

　　刘备身边为作战出谋划策的军师,先后只有庞统和法正两人,他们都不幸过早夭亡。诸葛亮"于治戎为长，奇谋为短"，在军事方面并不擅长。张飞被刺身亡后，刘备带领冯习、张南、吴班、陈式等将领东征孙权，都是一帮无名无能之辈，这仗很难打胜。刘备在夷陵兵败，诸葛亮听到消息后说："法正如果在世的话，必定能够制止主上，让他不要东征；即使是东征，也肯定不会失败。"说明了蜀汉当时缺少谋士的窘迫。

到了诸葛亮北伐期间，人才匮乏的现象更为严重。他仅仅提拔了王平，收纳了姜维，然而部下老将纷纷故去。如诸葛亮在《后出师表》中所说："自臣到汉中，中间期年耳，然丧赵云、阳群、马玉、阎芝、丁立、白寿、刘郃、邓铜等及曲长屯将七十余人……"像魏延、杨仪这样能干的文武官员，还具有明显的缺点，连孙权都知道他们的底细，问使者费祎为什么要用这样的"牧竖小人"，就不怕以后引发灾祸吗？殊不知诸葛亮实在是手下乏人，任用这些人也是迫不得已。陈寿说诸葛亮北伐所以未能成功，主要是因为缺乏将才。诸葛亮的才能比得上著名的宰相管仲与萧何，但是没有王子城父和韩信那样的名将，所以壮志未伸。

王夫之曾经在《读通鉴论》中评论说：刘备的事业起初规模很小，虽然有英雄的模样，但没有袁绍、曹操那样的权力可以凭借；又屡次受挫逃亡，客居于荆州，声望并不隆重，因此人才归附得很少。等到他分割荆州、占据益州，曹操的势力已经很强大了，曹操又很会用人，并做到人尽其才，所以士人争先恐后地归顺。蜀国所能收罗为自己使用的，只有江（湖北）、湘（湖南）、巴、蜀等地的士人罢了。荆州的士人轻佻，益州的士人浮躁，像蒋琬、费祎那样的就声誉震动当时，已经是很难得了，但却没有像钟繇、杜畿、崔琰、陈群、高柔、贾逵、陈矫那样稳重的人士。诸葛亮任用李严而被他扰乱了纲纪，任命马谡则被他败坏了北伐的事业,没有办法,诸葛亮只好事必躬亲,"军不治而唯公治之,民不理而唯公理之,政不平而唯公平之,财不足而唯公足之。"一个人担负起蜀汉军政要务的全面工作,甚至连许多日常庶务也要过问,这实在是迫不得已。

等到诸葛亮、蒋琬、费祎相继去世,蜀国更是雪上加霜,荆州方面的人才来源早已断绝,益州的豪强士族又日益腐朽,所以文职方面没有能臣,以致被宦官黄皓把持了朝政;武将出众的仅有姜维一人,陈寿说他"粗通文武",就是韬略还不够精深。俗话说"蜀中无大将,廖化作先锋。"像姜维那样的将领,魏国就有许多人,例如在陇西领兵抵御的郭淮、陈泰,能力可以说和姜维相仿,经常打成平手,后来的邓艾更是高出他一等,致使姜维的北伐很少获胜。廖化说他"智不出敌,而力少于寇",最终的失败也就是必然的了。

据陆机的《辨亡论》所言,吴国的人才也是经历了由盛入衰,可以划分为三个阶段。首先,是孙策和孙权的建国时期,"异人辐辏,猛士如林",能干的文臣武将不胜枚举。例如张昭为君主的师傅,周瑜、陆逊、鲁肃、吕蒙之辈,在内为心腹,外出为股肱。武将有甘宁、凌统、程普、贺齐、朱桓、朱然之流逞其威猛,韩当、潘璋、黄盖、蒋钦、周泰之属宣扬勇力。风雅人士有诸葛瑾、张承、步骘,名声光耀国家。处理政事则有顾雍、潘濬、吕范、吕岱,量才授以要职。魁伟奇特则有虞翻、陆绩、张温、张惇,讽谏进言举正压邪。出使外交有赵咨、沈珩,以机敏练达而美名远扬。术数占卜有吴范、赵达,求神致福而同心同德。董袭、陈武,舍身以保卫君主。骆统、刘基,强谏以弥补主上的过失。有这么多出众的人才辅佐,孙吴政权"谋无遗算,举不失策",能够在赤壁之役和夷陵之战的生死搏斗中先后打败曹操、刘备,割据荆、扬二州的半壁河山。

其次，是孙皓继位的初期。孙皓虽然是个昏君，但是在他刚刚当上皇帝的时候，典章刑罚制度还没有败坏，先朝的老臣依然健在。大司马陆抗以文韬武略振兴朝廷，左丞相陆凯以正直尽心进谏，而施绩、范慎以威严稳重显达，丁奉、钟离斐凭借威武刚毅而著称，孟宗、丁固之徒为公卿，楼玄、贺劭之辈掌机要。这时吴国的人才已经逐渐凋零，远不如东吴开国时期兴盛，几乎是有天壤之别。不过还算是差强人意，如陆机所言："元首虽病，股肱犹良。"靠着这些老臣能够勉强维持住这个政权的正常运行。

再次，到孙皓晚年、东吴灭亡前夕。这时上述老臣纷纷去世，就连一个能干的文臣武将也没有了。国家政治败坏，民怨沸腾，从而危在旦夕。"然后黔首有瓦解之志，皇家有土崩之衅。"西晋的大军前来征伐，吴国的士兵阵前溃散，百姓从城邑中逃亡，就算还有个把忠臣烈士，也挽救不了亡国的命运了。

从人才的来源看，东吴建国时期文臣武将的大量涌现有两条途径。一条是以顾、陆、朱、张等世家大姓为首的江东集团，一条是以张昭、张纮、周瑜、鲁肃、吕蒙、诸葛瑾等为首的江北集团。当时中原战乱，很多江北人士避难来到江南，加入了孙吴统治阶级，并且发挥了重要的作用，其中很多人是为东吴建国立下殊勋的骨干分子，像孙权依靠周瑜、鲁肃和吕蒙才打赢了赤壁之战，夺取了荆州。但是南北割据对抗的形势一旦形成，曹操又将江北数百里内的居民悉数内迁，此后孙氏政权的人才来源只有吴、楚两地，即江东和荆州南部。这两个地区的文化发达程度远不及中原，涌现的人才也就缺少很多。如袁准所言："吴楚之民脆弱寡能，英才大贤不出其土，比技量力，不足与中国相抗。"周瑜、鲁肃和吕蒙相继去世后，孙权主要依靠江东士族的代表陆逊，给予陆逊很高的职位与待遇。等到陆逊死后,吴国的名将只有他的儿子陆抗一人,能够以弱敌强,在西陵之役中打败晋朝的援军,消灭了叛乱的步阐集团。而到孙皓末年陆抗病逝,江东的世家大族由于自身的腐朽没落,没能再给东吴政权提供优秀的文武人才,那么它的统治也就延续不下去了。西晋灭吴的关键战役、版桥之战前夕,东吴丞相张悌说:"吴国将要灭亡,聪明人和傻子都知道,并不是今天才知晓。"就说明了这个道理。

巾帼贤淑

三国"第一夫人"——曹操之妻卞氏

　　三国时期,就曹操的才干、功业以及历史地位与影响来说,可以称得起是第一人,而"第一夫人"亦非其妻子卞氏莫属。卞氏与曹操结婚近四十年,其身份从侍妾、正妻直到魏国的王后,在曹操死后又被文帝和明帝尊为皇太后、太皇太后,至七十岁善终。封建社会母以子为贵,卞氏所生四子,除了曹熊早夭,曹丕文武双全,号称"下笔成章,博闻强识",又能左右开弓,精通剑术;曹彰是"膂力过人,手格猛兽"的勇将,曹植则有"才高八斗"的美誉。另外,曹操性忌多疑而又好色,能在这位奸雄身边担任正室二十余年,主持家内事务至其去世,足以证明卞氏并非凡类,应该具有过人的能力与度量。

一、卞氏的出身与婚姻

　　据《三国志》卞氏本传和注引《魏书》记载,她的籍贯为琅邪郡开阳县(今山东临沂市北)人,汉桓帝延熹三年十二月己巳出生在齐郡白亭,当年即公元 160 年。曹操于建安二十五年(220)去世,享年 66岁,即在汉桓帝永兴二年(154)出生,长卞氏 6 岁。卞氏的出身是"倡家","倡"字本义为"唱",见《史记·乐书》:"一倡而三叹,有遗音者矣。"张守节注曰:"倡,音唱。一唱谓一人始唱歌,三叹谓三人赞叹也。""倡"字引申为表演歌舞的乐人。如《史记·佞幸列传》载李延年,"中山人也。父母及身兄弟及女,皆故倡也。……延年善歌,为变新声。"所谓"倡家"就是世代以歌舞为业的艺人,他们走南闯北,四处流浪演出,所以卞氏著籍在琅邪郡开阳县,但是在齐郡白亭出生。东汉风俗侈靡,各地权贵富人家中普遍招徕倡优进行歌舞表演。例如马融是"外戚豪家,多列女倡歌舞于前"。仲长统说豪人之室,"妖童美妾,填乎绮室;倡讴伎乐,列乎深堂。"曹操的父亲曹嵩常年在京师洛阳做官,从大鸿胪、大司农直至太尉,家中广有金钱,公子曹操亦喜爱观赏歌舞,"好音乐,倡优在侧,常以日达夕。"卞氏在二十岁的时候,被曹操在故乡谯县(今安徽亳州市)纳为妾,这很可能是卞氏与家人流浪在当地进行演出时被曹操看中而迎娶。按汉代女子十五岁进入成年,可以婚配。汉惠帝六年(前189)曾下诏令曰:"女子年十五以上至三十不嫁,五算。"即成年女子不出嫁要罚交五倍的算赋(人头税)。因此卞氏二十岁成家,在当时要算是晚婚了。另一方面,也证明她四方卖艺已经多年,富有生活阅历。从事这种职业的女倡大多身材姣好,容貌美丽。曹操本是好色之徒,如果卞氏姿色技艺平常,那就根本不会打动他。

如前所述,卞氏出生于公元160年,二十岁成婚,就是在汉灵帝光和二年(180)。曹操当年二十六岁,他在二十岁时曾经在京城做郎官,后来出任洛阳北部尉,又担任过顿丘县令,再回到洛阳拜为议郎。由于权臣当道,宦官干政,曹操恐怕得罪他们,从而给家里带来灾祸,于是经常装病回到故乡长住。他在谯县城外盖了房屋,春夏在里边阅读书籍,秋冬外出射猎,以此为娱乐。从经历来看,曹操应该是在这段空闲时间于谯县结识卞氏,并决定娶她为妾。中平元年(184)春,黄巾大起义爆发,曹操被征为骑都尉,离家赴颍川前线作战,因为有功升迁济南相。后来改任为东郡太守,曹操没有接受任命,又称病回归乡里。中平四年(187),卞氏产下曹丕,这让她在家中的地位有所提升。曹操原有正妻刘夫人,生长子曹昂(字子修)后病故,曹操又纳丁夫人为嫡室,让她养育曹昂,曹丕只是次子。卞氏母子在家中受到丁夫人的歧视,处境不佳。

二、移居洛阳与初显节操

中平五年(188)四月,曹操的父亲太尉曹嵩罢官,他离开任职多年的洛阳返回故乡谯县。当年八月,灵帝"初置西园八校尉",其中曹操被任命为典军校尉,于是他又回到了京师。曹操这次把卞氏带到了洛阳,丁夫人则留在了谯县,这样做或许是为了避免她们之间再爆发矛盾冲突。第二年灵帝驾崩,宦官张让等人谋杀了大将军何进,他们又被袁绍、袁术等将领全部消灭,最后由进京的凉州军阀董卓掌管了朝政。

董卓企图拉拢曹操,上表奏拜曹操为骁骑校尉,想让他和自己参谋议事。而曹操认为董卓专横无道,必定失败灭亡,于是没有出任官职,逃亡回到故乡。在这次变故当中,卞氏表现出她的远见和节操。当时曹操奔走避难很是仓促,因而音讯断绝。袁术听说了曹操死亡的谣言,就告知了他在京城的家属。听到曹操的死讯后,洛阳宅中的仆从纷纷打点行李,准备回乡。这个家看来平时是由卞氏主持内务,所以她站出来予以阻止。卞氏认为袁术传来的消息并不可靠,因为尚未得到主人下落的准确讯息,她对众人说:"曹君的吉凶尚未知晓,今天返还故乡,明日他要是活着回来,有什么脸面再和他相见呢?即使真有大祸临头,也应该与主人同生共死。"她的这番话说服了手下的人众,也就打消了散伙的念头,大家留在洛阳等候。后来曹操听说了这件事,对卞氏称赞不已。

三、升为嫡妻

卞氏与家人后来被接回曹操身边。建安元年(196),曹操迎接汉献帝到许都,并将所在的颍川郡作为新的根据地,把家属安顿在那里。但是曹操出征时常把儿子们带在军中,不愿将他们留在许都,应该是害怕后方发生政变,导致儿子被杀害或被劫为人质。建安二年(197)正月,曹操兵到宛城(今河南南阳市),当地军阀张绣投降后反叛,曹操在交战中失败,中箭负伤而逃,长子曹昂、侄子曹安民在战斗中遇害,年仅十岁的曹丕乘马脱险。丁夫人闻讯后,认为曹操没有保护好曹昂,为他的死伤心不已,反复念叨:"将我儿杀之,都不复念!"曹操因为她哭闹得不成体统而非常生气,宣布与其离婚,将丁夫人遣送回娘家,想借此煞住她的脾气。其实,曹操对丁夫人很有感情,过后不久便亲自到丁家,准备接她回去。不料丁夫人禀性倔强,继续在织布机上工作,对曹操置之不理,一点儿面子都不给。曹操把手放在她的背上,说:"和我一起乘车回家吧。"丁夫人不回头看他,也不应声。曹操退出房间,立在门外,又说:"差不多就行了吧!"丁氏还是不理他。曹操说:"真是和我诀别了。"于是彻底断绝和她的婚姻关系。回去之后,曹操就宣布以卞氏为继室,她的身份即由侍妾升为正妻。

如前所述,卞氏出身于低贱的倡家,但曹操对此并不在意,这里面有两个因素。首先,曹操"少好飞鹰走狗,游荡无度",性情"任侠放荡"，本来就是个恣情快意、漠视礼教的人，所以并不看重卞氏过去的身份。其次，自战国以降，由于社会阶层的剧烈动荡引起统治集团的意识演变，帝王权贵对于婚姻对象的出身门第已经不大在意，倡家妇女嫁入豪门者屡见不鲜。例如，战国赵幽王迁的母亲就是乐家之女，出身倡门。又汉武帝的妃子李夫人，"本以倡进……实妙丽善舞。由是得幸。"汉武帝宠幸的另一位歌女卫子夫，原来是平阳公主家合唱班的"讴者"，就是歌女，后来竟作了皇后，因此社会上对这类事情习以为常，也就淡然置之了。

　　需要注意的是，曹家此后逐渐形成了一条不成文的惯例，就是从魏武帝到明帝都不选择豪门权贵之女为王后、皇后。如曹操后来称魏王，即以卞氏为王后。魏文帝先立甄皇后，是抢掠来的袁氏家族妇女；后立郭皇后，她早年失去父母，在汉末动乱流离失所，寄居在铜鞮侯家。魏明帝立毛皇后，其父毛嘉本来是典虞部下的车工；他又立郭皇后，出身于被罚没的河右大族，也没有什么势力。明帝的嫔妃虞氏对此十分不满，曾对卞太后抱怨道："曹氏喜欢立出身低贱者为皇后，没有因为合乎道义而当上的人。"这样做的好处，就是避免出现两汉外戚干政的局面，有利于皇帝实行集权。陈寿在《三国志·后妃传》中对此评论道："魏国的后妃家族，虽然称得起富贵，但是没有像汉朝末年衰落时窃据要职，任意处置朝政的人。借鉴以往改变行轨，在这个时期是非常美好的。"

四、宽厚节俭

　　卞氏升为正室之后，曹操让她负责家中丧母子女的养育。"诸子无母者,太祖皆令后养之。"对于这项事务,卞夫人非常尽心,并未由于这些子女不是亲生便给予歧视或虐待,这是难能可贵的。因为当时的其他军阀,往往因为家内妇女与诸子相互妒忌而导致不和,甚至形成了尖锐的矛盾。像袁绍三子当中,袁谭年长而聪慧,袁尚年少而貌美,袁绍的妻子刘氏喜爱袁尚,经常在袁绍面前称赞他有才干。袁绍也喜欢长得很帅气的袁尚,想立他为嗣子,但还没有公布就病逝了。刘氏是个冷酷嫉妒的女人,袁绍死后还没有入殡,她就下令杀死了五个宠妾,并且剪掉了她们的头发,用墨涂黑了她们的脸,认为这样即使到了地下,袁绍也认不出来她们,袁尚还杀掉了宠妾的全家。最后袁谭、袁尚兄弟相斗,致使曹操乘隙攻占邺城,平定河北。还有荆州牧刘表和妻子蔡氏喜欢少子刘琮,想立他为嗣子,蔡瑁、张允推波助澜,于是让长子刘琦外出为江夏太守。刘表死后,蔡氏等人即立刘琮为荆州之主,刘琦与刘琮兄弟反目为仇。而曹操家中由于卞氏性情宽厚,治家有方,没有出现类似的情况。尽管丁夫人以前慢待过卞氏母子,而且已被废黜,卞氏却不计前嫌,对她仍然很尊重。经常乘曹操外出作战时派人到她家送礼慰问,有时还迎接她回到家中,奉为上宾。弄得丁氏很不好意思,道谢说:"我是个废放之人,夫人怎么能经常这样做呢!"其后丁氏病故,卞夫人请求曹操为其处理丧葬事宜,得到了允许,将她安葬在许都南郊。曹操认为卞氏善待诸子是她最值得称赞的品行,因此在建安二十四年(219)封她作魏国王后,并颁布策令说:"夫人卞氏,抚养诸子,有母仪之德。今进位王后,太子诸侯陪位,群卿上寿,减国内死罪一等。"

卞氏的另一项美德就是节俭。她喜欢简约俭朴,不崇尚华丽,穿戴的衣服没有文绣珠玉等装饰,使用的器具上涂的都是黑漆。汉末天下连年战乱加以饥荒,社会经济衰弊严重,如王粲诗中所云:"出门无所见,白骨蔽平原。"曹操在用兵作战之际,竭力恢复发展生产,并以身作则力行节俭。他自己不喜欢华丽的装饰,后宫妃妾不穿锦绣衣服,侍御的宫女鞋子上没有两种颜色,使用的帷帐屏风,破了个洞就把它补上,车辆与房间里的茵褥,只要温暖就行,边缘上并没有装饰。他还严令杜绝奢靡之风,像曹植的妻子违反了禁服文绣的规定,被曹操下令遣送回娘家并且赐死。卞氏严格遵守曹操的有关禁令,也会揣摩丈夫的心理,并不刻意为之。

有一次,曹操获得几件名珰(耳饰),让卞夫人挑选一件,于是她选择了一件质量中等的。曹操问她为什么这样做,卞氏回答:"取其上者为贪,取其下者为伪,故取其中者。"这就是因为曹操性情多疑,卞氏如果取其下者以示自己节俭,恐怕会被曹操怀疑她是矫情伪装,所以没有那样做。后来曹丕称帝,卞氏为皇太后,她仍旧遵循着生活俭约的习惯。吃饭时不用大排场,"减损御食,诸金银器物皆去之。"每次接见卞氏亲属,都不给予好脸色,经常说:"你们平常过日子要注意节俭,不应当盼望着赏赐。卞家会埋怨我给他们的待遇太薄,那是因为我有日常的规矩。我侍奉先帝四五十年,过惯了节俭的日子,不能改节俭为奢侈。亲属们若有犯法者,我只会罪加一等,别指望会得到钱米的恩赐。"魏文帝为卞太后的弟弟卞秉修建府第,建成之后,卞太后亲临府第宴请诸家亲属,是按照下等的膳食规格,没有特别的饭菜。太后左右也只是"菜食粟饭,无鱼肉,其俭如此"。

不过,卞氏对于自己的兄弟卞秉还是有所偏爱的。她经常向曹操埋怨给卞秉的别部司马官职太小,应该晋升,但是遭到曹操拒绝。曹操对她说:"当了我的小舅子,还有什么不满足的吗?"卞氏又请曹操赐给卞秉钱帛,曹操再次拒绝说:"你偷着给他那么多财物,还嫌不够吗?"表明曹操很清楚卞秉利用与自己的亲戚关系私下捞到不少好处,所以不再对他进行提拔和赏赐。直到曹丕称帝后,才给这位舅父晋升了爵邑和官职。"初,太后弟秉以功封都乡侯,黄初七年进封开阳侯,邑千二百户,为昭烈将军。"

五、卞后与曹丕的关系

卞氏与曹操的关系处置得相当融洽,但是在曹操去世以后,她和长子曹丕却发生过多次抵牾,最后几乎是反目为仇。曹丕称帝后曾经要给太后父母追加封号,不料遭到大臣陈群的反对,他说:"按照周代典籍的记载,并没有对妇人分土命爵的制度。秦朝违背了古代的法典,封赐后妃的亲属,汉朝又加以继承,这不是先王的令典。"文帝立即表示同意,并且说:"陈群的意见很正确,不要这样做。这件事还要写在诏书上,保存在尚书台,永远作为后代的法规。"曹丕这样做显得很反常,追封太后父母本是秦汉以来沿袭的礼制,而陈群作为曹丕的密友,居然不怕得罪太后而提出非议,又马上获得文帝的支持,还下令永远禁止,使人不禁怀疑是曹丕暗地指使他这样做的。也就是说,文帝根本不想给太后父母追加封号,只是碍于母子的情面,不得不提出来,于是私下让陈群表示反对,自己好借机予以否决。曹丕去世数年后,继位的明帝又推翻了他的这项决议。太和四年(230)春,追封太后祖父卞广谥号为开阳恭侯,父亲卞远为敬侯,祖母周封阳都君及恭侯夫人,都赠与了印绶。这就更加显得曹丕不肯为太后父母追加封号之事是相当荒唐的。

其次,曹丕在黄初三年(222)下诏禁止卞太后干政与外戚辅政,曰:"妇人参政,是祸乱的根源。自今以后,群臣不得奏事于太后,后族之家也不得担任辅政大臣,不得受封爵邑。"这件事就更为奇怪了,因为两汉太后母仪天下,与天子并称"至尊",皇帝幼小还可以临朝听政,是有权下诏并干预政务的。孙盛批评曹丕的这道命令是没有道理的"一概之诏",并说远在周代就有妇人与外戚参政的传统,如果是以天下为心,只要是有德行的人都可以依靠,不论亲疏,都以至公来对待,何必对太后的亲族就非得排斥疏远他们呢?

曹丕之所以不愿追封太后父母和下诏禁止太后干政,究其原因主要有两点:

其一,卞太后喜爱少子曹植。曹植才思敏捷,出口成章,又有丁仪、丁廙、杨修等党羽支持,因此深得曹操的宠爱,曾经几次想把他立为太子,这就影响到曹丕的继位。建安二十二年(217),曹丕被立为太子,太后左右的女官长御劝卞后大肆庆贺,把库里的财物都赏赐给下人。卞氏却表示反对,说:"大王因为曹丕年长,所以立他做嗣子,我只要免除教导无方的过失就很幸运了,为什么还要重加赏赐呢!"后来长御将这番话转告给曹操,曹操称赞道:"发怒而脸不变色,欢喜而不失礼节,这样做是最难得的。"曹操对卞氏这种态度感到满意,但太子曹丕就未必了,他很可能会认为是卞氏偏爱曹植,所以对他即位太子无动于衷。另外,卞后的侄子卞兰闻讯后立即向曹丕献赋祝贺,曹丕显然很高兴,尽管在回报中客套了一番,最后还是赏赐给卞兰一头牛,"由是遂见亲敬。"可见曹丕很在意亲属们对他即位太子的态度,表示祝贺即可赢得好感,而母亲卞氏对此事的淡然漠视,在他心中恐怕只会留下不快的印象。

建安二十五年（220）正月曹操去世，曹丕继位后，开始对曹植进行报复，先是遣送他离开京师回到封邑临淄，并杀害了他的亲信丁仪、丁廙和全家男口。第二年，监国谒者灌均根据曹丕的指示，劾奏曹植“醉酒悖慢，劫胁使者”。有关司法部门请求对曹植治罪。曹丕先让朝内公卿讨论如何处治，然后命令卞兰将大臣们的意见拿给卞太后看，企图以此阻止太后为曹植讲情。此计果然奏效，太后说：“想不到这个孩子办出这种事，你们回去告诉皇帝，不可以因为我的缘故而败坏了国法。”后来她见了魏文帝，也没有为曹植说情。曹丕逼迫曹植作《七步诗》，本有诛杀之意，但后来还是碍于太后的情面，最终只是贬低了曹植的爵邑，封为安乡侯，后来又改封鄄城侯，并下诏曰：“植，朕之同母弟。朕于天下无所不容，而况植乎？骨肉之亲，舍而不诛，其改封植。”

其二，卞太后对曹丕的肆意妄为曾严加阻止。曹丕为人胸怀狭小，缺乏度量。自称帝以来大搞亲疏有别，对原来的亲信多有放纵。如对征南将军夏侯尚下诏曰：“卿腹心重将，特当任使。恩施足死，惠爱可怀。作威作福，杀人活人。”被蒋济称作“亡国之语”。另一位心腹吴质“怙威肆行”，甚至连曹氏宗亲诸将也不放在眼里。对旧日得罪过曹丕的人，则睚眦必报。如鲍勋原任魏郡西部都尉，太子郭夫人的兄弟偷盗官府的财物，依法应处以死刑。曹丕几次亲笔写信为其请罪。鲍勋不敢擅自放纵，将郭氏兄弟的罪状一一列举，呈交给曹操，曹丕为此非常怨恨。他继位之后，终于找到个借口将鲍勋判处死刑。大臣们纷纷上表请奏，说鲍勋的父亲鲍信早年有功，还救过曹操的命，请求宽恕鲍勋之罪。曹丕坚持不许，最终杀掉了鲍勋。老将曹洪为曹氏族亲，早年在荥阳之战中救过曹操的性命。曹丕早年做太子时，曾向曹洪借贷绢帛百匹，曹洪只借给了他一部分，没有满足曹丕的数量要求，使他怀恨在心。曹丕称帝后抓住曹洪门客犯法之事，将他连坐逮捕，定了死罪，大臣们营救未能成功。卞太后知道如果将曹洪处死，那么将在曹操的老臣当中造成极坏的影响，乃至不可收拾。于是双管齐下，先找到文帝宠爱的郭皇后说："如果曹洪今天处死，我明天就命令皇帝废黜你了。"郭后闻言恐惧，于是哭着几次为曹洪请求赦免，然后卞氏亲自出面，对曹丕严厉批评，说："你父亲在梁沛之间避难的时候，要不是曹洪保护，哪里会有今天！"曹丕无奈，只好释放了曹洪，但是仍然没收了他的财产。卞太后再次找曹丕说情，才将家产发还给了曹洪。卞太后的这些举动触犯了曹丕的权威，使他非常不满。由于曹丕办事多有妄为，又拒绝听取群臣的谏议，因此出现了百官有事奏请太后处理的现象，此举更是激怒了曹丕，所以他特意下诏禁止太后干政，并且宣布，"以此诏传后世，若有背违，天下共诛之。"

由于上述这几件事情，卞太后与曹丕之间的隔阂加深。黄初七年（226）曹丕病危，卞太后去探望他，进宫后发觉文帝身边宫女侍妾多有曹操"昔日所爱幸者"，使她非常吃惊。因为按照礼法，先帝的妃妾要去守陵，不能留在宫里侍奉后代君主。何况曹操对妃妾们还留有准许改嫁的遗嘱："顾我万年之后，汝曹皆当出嫁。"曹丕子娶父妾，有坏伦理纲常，所以引起卞太后的愤怒。她询问众妾什么时候来到曹丕宫里的，回答说："正伏魄时过。""伏魄"即死者故去后的招魂仪式，也就是说曹操刚刚去世，她们就被曹丕收入宫内。太后闻言就不再进去探视曹丕，骂道："狗鼠不食汝余，死故应尔！"余嘉锡案："卞后言此，斥丕之所为，禽兽不如也。"母子二人的关系就此绝裂，后来曹丕病故，卞太后也没有去参加他的葬礼。

六、晚年的卞太后及其家族

曹丕在黄初七年（226）五月病逝，其子曹睿继位，是为明帝，他随即拜卞氏为太皇太后，这时候卞氏已经是 66 岁高龄了。由于曹丕生前颁布过禁止太后干政的诏书，卞氏的权力与影响被明显地削弱，甚至在明帝时期这道诏书还在发生着效力。例如，曹洪乳母与临汾公主侍者因为崇拜"无涧神"而被关进了监狱，应处以死刑。太后让黄门（宦官）吴达传令减罪，河南尹司马芝却拒绝接受，并在狱中将两位女犯迅速处死，然后向明帝请罪。可见司马芝并没有把太后的旨意放在眼里。司马芝此举也获得了明帝的赞同，对他回报说："此乃卿奉诏之意，何谢之有？后黄门复往，慎勿通也。"

太和四年（230）六月，卞太后去世，享年七十岁，这在当时已经是难得的高寿了。如前所述，在她病重的当年春天，明帝对太后的祖父母、父母追加封号，也算了却了她的一桩心愿。在她死后，卞氏子孙仍然在朝为官。如卞兰为奉车都尉、游击将军，加散骑常侍，他病故后，其长子卞晖袭取爵位，其弟卞琳为列侯，官至步兵校尉，三弟卞隆任光禄大夫，封睢阳乡侯。另外值得注意的是，嘉平元年（249）高平陵之变后，司马懿父子执掌朝政，曹氏国君如同傀儡，因为没有掌握什么权力，选皇后时也就不再"立贱"以防范外戚夺权了。卞隆之女被曹髦选为皇后，卞琳之女又被曹奂立为皇后，当时人称"卞氏三世后族"。卞家的女儿都长得很漂亮，应是继承了先祖的基因。至晋武帝泰始九年（273）选天下良家女以充后宫，当时卞藩之女有美色，武帝用扇子掩面对杨皇后说："卞氏女儿都长得漂亮。"皇后说："卞藩家里有三代都是皇后亲族，他的女儿不可以选做卑微的侍妾宫女。"这才打消了武帝的念头。

聪慧而屡有预见的羊耽妻辛宪英

辛宪英是曹魏大臣辛毗的女儿，嫁给了朝内九卿之一的太常羊耽。起初曹丕与曹植竞争做魏王的太子，后来曹丕得以立嗣，他高兴地抱着辛毗的脖子说："辛君知道我的快乐吗？"辛毗回家告诉了女儿，辛宪英感叹说："太子是接替国君掌控宗庙社稷的人，接替国君不可不忧虑，主持国政不可不警惧，做了太子应该是忧惧才对，像他那个高兴的样子如何能够统治长久，魏国难道要不昌盛了吗？"后来曹丕当了皇帝，恣意纵情享乐，对吴连年用兵失败，才四十岁就离世了。

辛宪英的兄弟辛敞是大将军曹爽帐下的参军。嘉平元年（249），执政的曹爽陪同小皇帝曹芳赴高平陵祭祖，司马懿乘机在洛阳发动政变，派兵关闭了城门。曹爽的部下司马鲁芝率领府兵占领城门，出城去追随他，并派人叫辛敞同去。辛敞由于害怕，心里没了主意，急忙询问姐姐辛宪英："天子在外边，太傅司马懿关闭城门，人们传说他要造反，这事能够成功吗？"辛宪英回答说："天下有些事不可预料，但是以我看来，司马懿不得不这样做。先帝（魏明帝）临终拉住司马懿的胳膊，把国家的后事托付给他，讲的那些话朝廷的大臣们都知道。而且曹爽和司马懿共同接受先帝的嘱托来治理国家，但是曹爽独揽大权，行为骄纵奢侈，既对王室不忠，又不合乎常理，司马懿所做的不过是要杀掉曹爽而已,并非要造反推翻朝廷。"辛敞问:"这事能办成吗?"辛宪英回答:"怎么办不成? 曹爽的才能可不是能和司马懿相比的。"辛敞又问:"要是这样的话,我可以不出城追随曹爽吗?"辛宪英回答:"哪能不出城追随呢? 恪尽职守,是人生的大义;即便是普通人遇到危难,都应该予以帮助,你作为曹爽的部下却放弃应尽的职责,这是不祥的举动,不可以这样做。而且为主人去死,去担负职责,是属下亲信应尽的义务啊。你跟随众人一起出城就是了,不会有什么祸事。"辛敞于是出城去投奔曹爽。后来司马懿果然杀掉了曹爽,继续扶保魏朝,也没有追究辛敞的罪责。辛敞感叹说:"我要不是和姐姐商量,差点儿丧失了做臣属的道义!"

曹魏景元四年(263)任命钟会为镇西将军,辛宪英询问堂侄羊祜:"钟会为什么挂帅出征?"羊祜说:"是为了西征去灭亡蜀国。"辛宪英说:"钟会办事纵情恣欲,为所欲为,这不是当下级持久的做法,恐怕他会有谋反的志向啊。"羊祜闻听后吓了一跳,赶紧说:"叔母这话可不要再对别人讲了。"

钟会出征之前,上表请求委任辛宪英的儿子羊琇为部下参军。辛宪英发愁说:"那天听说钟会要领兵伐蜀,我已经在为国担忧了。今天灾难又降临到我家,这是国家的大事,一定没有办法推辞。"羊琇向执政的司马昭反复请求不要随军出征,但是司马昭始终不肯答应。辛宪英嘱咐儿子说:"你就去吧,一定要提高警惕。古代的君子回到家里孝顺父母,出门为国尽忠,担任官职要考虑它的责任,肩负道义得思考它的树立,不给父母留下什么忧患。在军旅生涯当中,如果想平安度过,只有恪守仁恕之道啊! 你必须要谨慎对待。"钟会灭蜀之后果然想聚众反叛,结果引起兵变被杀,战乱里死了不少兵将,而羊琇由于小心翼翼,警惕处事,没有在军中得罪什么人,最后得以全身而归。辛宪英活了七十九岁,在西晋泰始五年(269)逝世。

贤惠明理的钟繇妾张菖蒲

　　三国名人钟会的母亲张菖蒲,少时父母双亡,到曹魏大臣钟繇的家里做小妾。由于为人正派,遵守礼仪,受到家人上下的好评。钟繇的夫人孙氏生有嫡子钟毓,并主持家政,她忌惮张菖蒲的贤明,几次去钟繇面前诋毁,到了无所不用其极的地步。虽然孙氏头脑聪明,能说会道,但是仍然无法伤害张菖蒲。等到张菖蒲怀孕了,孙氏就更加嫉妒,暗地将毒药放进她的食物里,张菖蒲进餐时发觉不对,急忙吐了出来,昏迷晕眩了好几天。家里有人对她说:"为什么不告诉钟公?"张菖蒲回答:"正妻与妾相互伤害,不仅损坏了家庭,而且也危害国家,古今都以此为鉴诫。"又说:"假如钟公相信我,那么有谁能来证明这件事?按照孙氏的盘算,认为我必然会去报告,所以她肯定先去钟公那里进言。这件事是由她发起的,去汇报还能不快吗?"于是就称病不见钟繇。

　　孙氏果然恶人先告状,跑去对钟繇说:"我希望张氏生个男孩,所以找到了'得男药',给她吃了下去,她反倒说我下毒!"钟繇虽老却并不糊涂,马上看出了破绽,他说吃"得男药"是好事,但是暗中放进饭菜里给人吃,就不是人之常情了。他立即传讯了侍者,得到了孙氏下毒的实情,就把她赶了出去。钟繇问张菖蒲为什么不讲,张菖蒲就把前面那番话说了一遍。钟繇听了大惊,认为她是位贤明的妇人。黄初六年(225),张氏生下了钟会,愈发受到恩宠。而孙氏的家族看来很有势力和影响,居然说通了卞太后,请她去向皇帝求情。魏文帝曹丕为此事专门下了一道诏书,命令钟繇与孙氏复婚。钟繇为此气愤不已,想要服毒自杀但是找不到毒酒,结果食椒弄得说不出话来,魏文帝只好作罢。钟繇事后改娶贾氏为正妻,张菖蒲为妾的身份并没有变化。

钟会出生后,张菖蒲对他的教育非常严格,据钟会回忆说:"年四岁授《孝经》,七岁诵《论语》,八岁诵《诗》,十岁诵《尚书》,十一诵《易》,十二诵《春秋左氏传》《国语》,十三诵《周礼》《礼记》,十四诵成侯《易记》,十五使入太学问四方奇文异训。"张菖蒲对钟会说:"学得太繁杂就容易疲倦,疲倦了就会使人意志懈怠。我害怕你出现懈怠,所以采用循序渐进的方法来教你,现在你可以独立学习了。"

正始八年(247)钟会二十二岁,担任了尚书郎。张氏拉住钟会的手说:"你刚刚成年就被提拔叙用,人情不能不自我满足,否则损伤就在其中了,你要努力记住这条训诫。"当时大将军曹爽专断朝政,每天宴会饮酒,喝得醺醺大醉。有一次钟毓回家提到此事,张氏说:"要说快乐是真够快乐的,然而这样做难以持久啊。身居高位而不骄纵,谨慎地按照规矩来生活做事,然后才能没有危险。现在奢侈过分成这个样子,恐怕不是长久富贵的路数啊!"

嘉平元年(249),曹爽陪同小皇帝曹芳去高平陵(魏明帝曹叡的陵墓)祭祀,钟会任中书郎随行前往。司马懿在洛阳发动政变,众人都觉得很恐惧,而张菖蒲泰然自若。有些官员的家属感到很奇怪,就来问她:"夫人的一个儿子在危难之中,怎么能够没有忧虑呢?"张菖蒲回答说:"大将军曹爽奢僭无度,我经常为他感到不安。太傅司马懿不会危害国家,肯定是为除掉曹爽而发动政变。我的儿子在皇帝身边,有什么可担忧的？听说这次出兵都是轻装，照此看来不会发生持久的战斗。"事态的发展果然不出张菖蒲所料，大家都称赞她明白事理。钟会在中书机构参与机密策划十余年，张菖蒲提醒他要恭俭行事，临财必让。钟会先后得到额外的赏赐钱帛价值数百万，都送还给公家使用，一无所取。甘露二年（257）二月张氏暴病身亡，葬在洛阳北郊，天子下令厚葬，丧事的所有开支都由国家供给。张菖蒲身份的名称没有称"妾"，而是按照《春秋》的礼法，称为"成侯命妇"。

智胜钟会的许允妻阮氏

钟会是曹魏末年著名的才子，博学广识，机敏过人。他曾在平定诸葛诞叛乱的寿春之役中出谋划策，为司马昭屡建奇功，被人比作汉高祖的军师张良。不过钟会的人品很差，甘当司马氏的鹰犬，为其在朝野内外刺探讯息，借此报复私怨。像名士嵇康就是因为慢待了他，而被诬陷为"言论放荡，害时乱政"，结果被斩首处死。但是这样一个人精，却在某位妇女面前没有讨得任何便宜，她就是中领军（又称领军将军）许允的妻子阮氏。

阮氏的父亲阮共担任过曹魏大臣卫尉，属于九卿之一，他决定把女儿嫁给许允。在婚礼上许允发现妻子相貌丑陋，大吃一惊，就准备不入洞房。阮家的人看到许允表情不悦，很为这门婚事忧虑。这时有客来访，阮氏就让婢女去探问，回报说客人姓桓。阮氏说："这便是桓范了，你们不必担心，他会劝夫君到洞房来。"果然桓范对许允说："阮家既然嫁了一位丑女给你，必然有用意，你应该了解一下。"许允听从他的劝告进了洞房，见了阮氏一面扭头就要走。阮氏知道他此番出去就不会再来了，于是拉住许允衣服的后襟让他留步。许允顺势回身问道："妇人有四德（德、言、容、功），请问你具备几条？"阮氏回答说："新媳妇所缺的只有容貌，然而士人有百行（多种优秀品行），夫君具备几条?"许允说:"我都具备!"阮氏又问道:"百行以德为首,夫君好色不好德,怎么能说是兼备呢?"许允听了面露惭愧之色,知道这位妻子非同寻常,因此对她很敬重。此后夫妻恩爱,生了两个儿子许奇、许猛。

魏明帝时,许允在吏部供职。有人告发他选用郡太守不按资历年限的顺序,又多任用同乡。皇帝听了很生气,命令殿前虎贲武士到许允家将他逮捕。阮氏连鞋都来不及穿,光脚追出来告诫丈夫说:"当今皇帝是明白人,可以和他讲道理,千万不要向他求情。"许允到了宫里,明帝向他问罪,许允回答说:"有些郡太守年限期满的文书是提前发出的,实际到限日期在后边;还有些人的期满文书发出较晚,但实际到限日期在前边,请您审核。"又说:"推举官员要用自己所了解的人,同乡的情况我都很熟悉,所以推举他们做官。陛下可以调查他们是否称职,如果不称职,臣甘愿领罪。"魏明帝查阅后认为许允说得没错,便立即释放了他。皇帝还发现许允的衣服破旧,觉得他是个清官,就赐给他一领新衣。许允被捕带走时,全家哭声一片,只有阮氏泰然自若,说不用担心,很快就会回来,还为他煮了小米粥,结果不出所料,不久许允便回到家里。

曹魏嘉平六年(254),中书令李丰、太常夏侯玄策划政变,企图除掉司马氏集团。有人诈作诏书,说任命夏侯玄为大将军,许允为太尉,送到许允家中。许允并未拆看,就把它烧掉了,并没有交给司马师。后来李丰、夏侯玄事情败露被杀,司马师怀疑许允和他们有勾结,于是任命他为镇北将军、都督河北诸军事,让他离开京师洛阳。许允闻讯后很高兴,对妻子说:"我知道免除灾祸了。"可是阮氏却说:"这件事就是灾祸的表现,哪里有什么免除!"事后不出所料,许允临行前夕,突然被举报非法发放钱粮给俳优艺人和下属,逮捕到廷尉那里审讯,判处流放到乐浪（今朝鲜北部），途中被司马师派人暗害而死。消息传到洛阳，许允的门生急忙赶来报信，阮氏正在机上织布，神色不变地说："早就知道是这个下场了。"门生想把许允的儿子带走藏起来，阮氏拒绝说："这事和孩子们没有关系。"因为她知道许允并没有参与谋反的证据，司马师暗杀他已然是过分之举，不会对孩子们公开处以灭门之罪。

　　许允下葬之后，阮氏带着孩子住在坟茔附近守墓服丧。司马师派遣钟会前去探视，并嘱咐道："如果许允的两个儿子才学和他差不多，就把他们抓起来杀掉，以绝后患！"钟会要来的消息传到家里，许奇、许猛询问母亲应该如何对待，阮氏对此胸有成竹，说道："你们两人虽然才学很好，但还不算出类拔萃，可以敞开胸怀与钟会谈论，就没有什么可忧虑的。哭灵的时候，不要显得非常悲痛，钟会不哭了，你们也就停下来。另外，还可以多少问一下朝廷的时事，免得钟会认为你们对他怀有戒心。"两个儿子照母亲吩咐的那样做了，钟会没有发现什么破绽，反而觉得这两个孩子对父亲之死并不哀痛，还向自己这个政敌打听朝里的事情，实在是有些没心没肺。他回去汇报后，司马师也觉得不用再顾虑这两个缺心眼儿的小子，于是许家免除了一场灾祸。《魏氏春秋》说："虽（钟）会之识鉴，而输贤妇之智也。"后来许允的两个儿子都很有出息，许奇在晋朝曾担任司隶校尉，许猛出任过幽州刺史。

女中英豪孙坚妻吴夫人

　　《三国演义》与京剧《甘露寺》中的吴国太,是位喜剧化的人物,在国君孙权面前说一不二,很有权威,又非常赏识刘备,称赞他是个好女婿,最终拍板决定把女儿嫁给他,其实这些都是艺术虚构。孙坚的夫人的确姓吴,但是早在赤壁之战前几年就去世了,后来孙权嫁妹予刘备是他自己做的主,没有老太太什么事。不过,这位吴夫人确实非同寻常,她识大势,有远见,相夫教子有方,还能匡正孙策的过失;临危不惧,帮助孙权处理困难的政务,不愧为女中英杰,在东吴的建国过程中发挥了重要的作用。

　　吴夫人原住吴县(今江苏苏州市),后来徙居钱唐(今浙江杭州市),父母在她年轻时便去世了,因此和弟弟吴景共同居住。孙坚听说吴氏才貌双全,便请人前来提亲。当时孙坚只是个县衙小吏,吴氏家族嫌他出身寒门,性格又轻剽狡诈,很是看不起,准备拒绝这门婚事,孙坚听到后既是惭愧又非常怨恨。吴氏知道以后,害怕家族受到孙坚的报复,于是对亲戚们说:"为什么因为爱惜一位闺女而给家族带来灾祸呢?我愿意嫁给孙坚,如果这门亲事不合适,那就是我的命运不济罢了。"随后答允了结亲,婚后吴夫人生了四男一女,儿子孙策、孙权、孙翊、孙匡,女儿佚名(孙尚香是戏曲小说的化名)。

　　吴夫人婚后的生活曾多次漂泊流动。汉灵帝熹平元年（172），孙坚被任命为盐渎（今江苏盐城市）县丞，携带家眷离开江南故乡赴任。熹平三年（174）孙策出生，随后孙坚又陆续调往盱眙、下邳（今江苏睢宁县西北）担任县丞。至中平元年（184）黄巾起义爆发，孙坚从军征战，吴夫人携带子女徙居到寿春（今安徽寿县）。初平元年（190）孙坚参加了关东诸侯讨伐董卓的战斗，吴氏等家眷又迁移到舒县（今安徽庐江县西南）。在这段辗转流离的岁月里，孙坚长期在外征战，家中对子女的教育主要是靠吴夫人来操持。吴夫人颇有胆识，性格坚毅，督促子女从文习武，对他们的影响很大。孙策、孙权是东吴的开国英主，都具有杰出的才干。曹操曾称赞孙策是"狮儿"，即勇猛的小狮子；又说"生子当如孙仲谋，刘景升儿子若豚犬耳"。对孙策、孙权两人的评价甚高。就连吴氏的女儿也练习武艺，性情敏捷刚猛，有诸位兄长的风格，她手下的婢女百余人，平时都亲手执刀侍立，俨然是一位娘子军的将领。

　　孙坚死后，孙策虽然在家中主事，但对母亲非常尊敬。他在起兵平定江东前后结识了周瑜、张昭两位重臣，都曾经引到家中，"升堂拜母"，以此表示双方有通家之好，比肩之旧，借此联络感情。像周瑜初次到孙策家中，吴夫人随即唤出孙权，让他像对待兄长那样来对待周瑜，借以加深彼此的联系。孙策领兵攻占江东后，当地的豪强大姓往往不愿接受他的统治，频频起兵反抗，孙策耗费了将近三年的时间才把各地的叛乱镇压下去。在平乱的过程中，孙策采用的手段十分严厉，对反叛的首领经常予以灭门诛族。但是杀伐过滥，势必会失去人心，酿成江东士族豪门的仇恨与抗争，对孙氏政权的巩固发展造成不利的影响。吴夫人的头脑相当清醒，常以母亲的身份地位来劝阻孙策的滥杀，挽救了一些名士的性命。例如嘉兴豪族前合浦太守王晟聚众叛乱,被孙策攻破后生俘,正准备要杀他。吴夫人闻讯前来劝阻,说:"王晟是你父亲孙坚的故交,双方的妻子都升堂拜见,互不回避。现在他的几个儿子和兄弟都已经死了,只剩下一位孤零零的老翁,还有什么可怕的呢?"孙策便听从母亲的话没有杀他,其余像乌程豪强邹他、钱铜等都被灭族满门。

孙策帐下的功曹魏腾性情刚正,从不会曲意逢迎,有一次办事不合孙策的心意,遭到斥责后将要被杀。江东的士大夫们替魏腾忧虑恐慌,却想不出办法来挽救他的性命。吴夫人听说后便把孙策叫来,自己倚靠在一口大井旁边,对孙策说:"你刚刚打下江南,好多事情还没有办完,应当礼贤下士,舍弃他们的过失而记录其功劳。魏功曹为了公事尽心尽力,合乎规矩,你今天要是杀了他,明天人们都会背叛你。我不忍心看到灾祸降临,干脆先投井自尽算了!"孙策闻听大惊失色,连忙释放了魏腾。

不过,由于孙策性情坚毅,杀伐决断,吴夫人也有劝阻失败的事例。当时有一位道士叫于吉,在吴郡、会稽之间往来传道,制作符水,为人治病,受到大众的信仰崇拜。孙策有一次在会稽郡城(今浙江绍兴市)的门楼上宴请诸将、宾客,于吉恰巧从门下经过,诸将与宾客有三分之二立即下楼迎接礼拜,掌管司仪的官员厉声呵斥,尚且不能禁止。孙策见了勃然大怒,马上派人把于吉逮捕入狱,要杀掉他。那些尊敬于吉的诸将、宾客都让家中的女眷求见吴夫人,请她出面救助。吴夫人对孙策说:"于先生也为咱们的军队祈祷求福,医治将士,不可以把他杀掉。"孙策回答说:"这是个妖妄之人,能够迷惑众人的心思,使我的部下不顾君臣的礼节,抛开我下楼迎拜,不可以不除掉他。"他催促着赶紧把于吉杀死,并在市场上悬首示众。

建安五年(200),孙策被仇人许贡的门客暗杀,由年仅十九岁的孙权继承君位,江东的政局因此发生动荡,有些外地来投奔的人士心怀忐忑,想要离开,庐江等地甚至发生了叛变,不肯听从孙权的号令。这时候孙权得到张昭、周瑜等文武大臣的拥戴,对内安抚人心,局势才逐渐得以稳定,这其中也有赖于母亲吴夫人的协调与帮助。《三国志》中的《吴夫人传》称:"及(孙)权少年统业,夫人助治军国,甚有补益。"孙权刚继位的时候,吴夫人相当忧虑,为此召见了以张昭为首的众多大臣,向他们询问江东是否能够保住平安,这实际上是打探大臣们对孙权是否支持。其中董袭回答说:"江东地势,有山川环绕的险固。孙策当年对民众施以恩德,现在由孙权继承他的事业,朝内的大小官员都听从他的指挥,由张昭主持日常政务,我等充当帮手,既有地利又有人和,万无一失,没有什么可担忧的。"在座的大臣们都觉得他说得理直气壮。吴夫人看到孙权受到身边群臣的拥戴,也就放下心来,并经过这次会议搭建了孙权的辅政班子。

遇到重大事变,文武大臣们出现争议、不能决定的情况,吴夫人还会亲自出面,拍板定夺。例如《江表传》记载建安七年(202),曹操依仗战胜袁绍的兵威,下书要求孙权提供亲属作为人质。孙权召集群臣会议,结果发生严重的分歧。张昭、秦松等文臣态度犹豫,认为曹操"挟天子以令诸侯",代表着朝廷的意志,恐怕不好拒绝,劝孙权慎重考虑。而孙权和周瑜不愿意提供人质,此事如何决定,孙权难有定论,就和周瑜一同去见吴夫人,征求她的意见。周瑜说:现在孙将军继承父兄的事业,占据江东六郡。"兵精粮多,将士用命,铸山为铜,煮海为盐,境内富饶,人不思乱。泛舟举帆,朝发夕到,士风劲勇,所向无敌,有何逼迫,而欲送质?"如果送去人质,就不得不听从曹操的调遣,若是命令召见,就不得不前往,那样就会受制于人,顶多不过封赏个侯爵,有十几个仆从,车辆数乘,马几匹,怎么能和南面称孤道寡、割据一方的君主相比呢?不如拒绝遣送人质,静观时局的变化,最终再做出决定。吴夫人对孙权称赞说:"公瑾说得很对。他和你的哥哥孙策同岁,仅仅是小一个月罢了,我看待他如同自己的儿子,你要把他作为兄长来对待。"于是决定不向曹操遣送人质,从而避免了在政治上处于被动的局面。张昭、秦松等见吴夫人出面定论,也就没有什么话好说了。这一事件结束后的当年,吴夫人便与世长辞,结束了她的一生。

为夫报仇的孙翊妻徐夫人

　　孙翊是孙权的弟弟,建安八年(203)满二十岁,出任偏将军、丹阳太守。他的部下大都督妫览、郡丞戴员过去曾被吴郡太守盛宪举荐为孝廉,有知遇之恩。盛宪后来被孙权杀害,妫览、戴员经常思忖为其报仇,二人拉拢了孙翊的随从边洪,准备伺机杀死孙翊。

　　建安九年(204)孙权领兵出征在外,这时丹阳所属各县的长官都来到郡中拜见孙翊,妫览、戴员等企图乘机动手。孙翊准备设宴招待各县官员,他的妻子徐氏貌美而又会占卜,为设宴之事卜卦,见卦象不吉,便建议孙翊改日再举办酒宴。孙翊认为各县长官工作繁忙,不宜久留,于是大宴宾客。他有些醉酒,宴会结束时起身送别客人,被边洪从背后砍杀身亡。边洪随后逃到山里,孙翊的妻子徐氏闻讯后悬赏追捕,终于把他抓获。妫览、戴员就把罪责都推到边洪身上,将其处死抵罪。孙翊的部下都知道凶手是受妫览、戴员的指使,但是因为二人掌握着兵权而无力讨伐。

　　妫览随即以大都督的身份住进了孙翊的将军府,将其姬妾侍从据为己有,又要强娶徐氏为妻。徐氏恐怕拒绝后遭到杀害,便欺骗妫览说:"需要等到晦日(每月的最后一天),为丈夫设立祭祀,然后才可以除掉丧服嫁给你。"妫览看那个月剩下没有几天,也就答应了。徐氏派遣自己的亲信找到孙翊的旧将孙高、傅婴，请求他们搭救，并设计暗杀妫览、戴员。孙高、傅婴流着眼泪说："我们受过太守的厚恩，早就想为他报仇，但是没有想出好的主意，所以未能禀报夫人。今天您说的事，正是我们日夜盼望想做的。"孙高、傅婴暗地联络了孙翊旧日手下的二十余名亲信，陈述了徐氏的计谋，共同举手盟誓。

到了晦日那天，徐氏为丈夫设立祭祀，痛哭致哀，仪式结束以后更换了常服，又熏香沐浴，在另外的房屋里"安施帏帐，言笑欢悦，示无戚容"。看不出一点儿悲痛的样子，周围的侍女都觉得很奇怪。妫览先派人暗中窥视，没有看到什么可疑的举动。徐氏提前让孙高、傅婴等人和侍从婢女们混在一起，躲进屋内，才派人去请妫览、戴员，说是已经除掉丧事的陈设和服装，请他进来好办喜事。妫览高高兴兴地进入院内，徐氏走出房门下拜，乘妫览还礼回拜时大声呼道："两位可以动手了！"孙高、傅婴迅速出屋砍杀了妫览，又和众人一起到外边杀死了戴员。徐夫人这才回去又更换了丧服，拿着妫览、戴员的首级到孙翊墓前祭祀。郡内的驻军闻讯震骇，以为是有神灵相助。等到孙权出师回来，将妫览、戴员的余党举族诛杀，提拔孙高、傅婴作牙门将，其余有功人员加赐金帛，并在门户上设置表彰。

深明礼义的李衡妻习氏

　　李衡是襄阳人,父亲是个普通兵卒。汉末大乱之际李衡避难到了江南,去求见名士羊衟,求他引荐出来做官。羊衟见李衡刚正不阿,认为可以到尚书剧曹做个郎官。当时孙权迁都武昌(今湖北鄂州市),信任奸佞吕壹。吕壹"毁短大臣,排陷无辜",弄得朝内人人自危。羊衟说:"除了李衡没有人能整治他。"就联合几位臣子共同荐举李衡为郎官。李衡受孙权接见时,口述吕壹的罪恶,滔滔不绝地讲了几千言,孙权听了面有愧色。几个月后,吕壹的罪过全部揭发出来,被免官处死,李衡因此名声大振,后来被任命为丹阳太守。丹阳郡是孙权之子琅邪王孙休的封邑,李衡到任后趾高气扬,总想惩办些孙休的罪责,以博取更大的名声,因此对孙休及其家人吹毛求疵,毫不客气,挑出一点儿违反法纪的事情就严加惩处。李衡的妻子习氏很有见识,几次劝告李衡说孙休是皇亲,如果没有大的过失就不要频频招惹他,应该以礼相待,免得将来遭到报复。但是李衡性情执拗,没有把妻子的良言放在心上。孙休受到几次责罚后不胜其烦,就上书给朝廷,请求把封邑转到其他的郡去,结果被批准移到了会稽,终于躲开了李衡。

　　数年后皇帝孙亮被废,大臣们推举孙休做了天子,这下可把李衡吓坏了,他生怕孙休会报复,对妻子说:"没有听你的话,结果弄到今天这个地步,咱们逃跑到江北去投奔魏国算了。"习氏坚决反对说:"不可以这样做!你本来是个平民百姓,受到先帝孙权过重的提拔,就在任上作威作福,几次对皇亲无礼。现在又疑神疑鬼,居然想叛逃到敌国以求活命,要是这样跑到北方,还有什么脸面去见中原人士?"李衡说:"那应该怎么办呢?"习氏回答说:"琅邪王好做善事以追求名声。现在当了皇帝,正想向天下显示自己宽宏大量的美德,绝不会以私怨杀掉你,这事是明摆着的。你应该把自己关进监狱,上表列出以前的过失,公开表示愿意接受惩罚。这样反而会得到提拔,岂止仅仅是活命而已。"李衡于是自囚入狱,进表请罪。孙休果然不予追究,还专门下诏曰:"丹杨太守李衡,以往事之嫌,自拘有司。夫射钩斩袪,在君为君,遣衡还郡,勿令自疑。"文中借用了管仲射公子小白(齐桓公)箭中带钩、勃鞮追杀公子重耳(晋文公)砍断衣袖而后来未获处罚、反受重用的典故。孙休后来还提拔李衡为威远将军,赐给他表示专权的棨戟,说明习氏的预料完全准确。李衡升官后几次想治理家产,发财致富,都被习氏阻止,这是怕引起贪赃枉法的误会而影响丈夫的仕途,最后夫妻平安地度过了余生。

参考文献

一、史料典籍

（汉）司马迁：《史记》，中华书局，1959 年。

（汉）班固：《汉书》，中华书局，1962 年。

（南朝宋）范晔：《后汉书》，中华书局，1965 年。

（晋）陈寿：《三国志》，中华书局，1959 年。

（唐）房玄龄等：《晋书》，中华书局，1974 年。

（梁）沈约：《宋书》，中华书局，1974 年。

（唐）姚思廉：《梁书》，中华书局，1973 年。

（唐）李延寿：《南史》，中华书局，1975 年。

（后晋）刘昫：《旧唐书》，中华书局，1975 年。

（宋）薛居正等：《旧五代史》，中华书局，1976 年。

（元）脱脱等：《宋史》，中华书局，1985 年。

（宋）司马光编撰，（元）胡三省音注：《资治通鉴》，中华书局，1956 年。

（清）阮元校刻：《十三经注疏》，中华书局，1980 年。

杨伯峻编著：《春秋左传注》，中华书局，1981 年。

（春秋）左丘明撰，（三国）韦昭注：《国语》，上海古籍出版社，1978 年。

（春秋）孙武撰,（三国）曹操等注,杨丙安校理：《十一家注孙子》,中华书局,2019 年。

银雀山汉墓竹简整理小组：《孙膑兵法》,文物出版社,1975 年。

娄熙元、吴树平译注：《吴子译注·黄石公三略译注》,河北人民出版社,1992 年。

（清）孙诒让：《墨子间诂》,中华书局,1986 年。

华陆综注译：《尉缭子注译》,中华书局,1979 年。

张家山二四七号汉墓竹简整理小组：《张家山汉墓竹简［二四七号墓］（释文修订本）》,文物出版社,2006 年。

（三国）诸葛亮：《诸葛亮集》,中华书局,1960 年。

（晋）常璩撰,刘琳校注：《华阳国志校注》。巴蜀书社,1984 年。

（晋）常璩著,任乃强校注：《华阳国志校补图注》,上海古籍出版社,1987 年。

余嘉锡撰：《世说新语笺疏》,中华书局,1983 年。

（梁）萧统编,（唐）李善等注：《文选》,中华书局,1981 年。

（北魏）郦道元注,（民国）杨守敬、熊会贞疏：《水经注疏》,江苏古籍出版社,1999 年。

（北魏）郦道元原注,陈桥驿注释：《水经注》,浙江古籍出版社,2001 年。

范祥雍校注：《洛阳伽蓝记校注》,上海古籍出版社,1978 年。

（唐）李林甫等撰,陈仲夫点校：《唐六典》,中华书局,1992 年。

（唐）杜佑撰,王文锦等点校：《通典》,中华书局,1988 年。

（唐）李吉甫撰,贺次君点校：《元和郡县图志》,中华书局,1983 年。

（宋）李昉等撰：《太平御览》,中华书局,1960 年。

二、专著（按编著者姓氏音序排序）

蔡东藩：《蔡东藩说三国》，中国工人出版社，2010 年。

陈鹏：《中国婚姻史稿》，中华书局，2005 年。

（清）顾炎武撰：《历代宅京记》，中华书局，1984 年。

（清）顾祖禹撰，贺次君、施和金点校：《读史方舆纪要》，中华书局，2005 年。

（宋）洪迈：《容斋随笔》，上海古籍出版社，1978 年。

梁允麟：《三国地理志》，广东人民出版社，2004 年。

刘季高：《东汉三国时期的谈论》，上海古籍出版社，1999 年。

（唐）刘知几著，（清）浦起龙通释，王煦华整理：《史通通释》，上海古籍出版社，2009 年。

卢弼撰：《三国志集解》，中华书局影印本，1982 年。

（清）王夫之：《读通鉴论》，中华书局，1975 年。

三、论文（按作者姓氏音序排序）

冯文广：《刘备、诸葛亮关系考》，《四川师范学院学报（哲学社会科学版）》1994 年第 1 期。

康世荣：《"六出祁山"辨疑》，《陇右文博》1997 年第 1 期。

陆锡兴：《论汉代的环首刀》，《南方文物》2013 年第 4 期。

谭良啸：《试论诸葛亮的八阵图》，《甘肃社会科学》1983 年第 5 期。

田余庆：《诸葛亮〈与兄瑾论白帝兵书〉辨疑》，《文史》第 14 辑，中华书局，1982 年。

田昭林：《诸葛亮的八阵图》，《军事历史研究》1999 年第 2 期。

魏宏灿：《曹操的妻妾及其女婚事之论析》，《合肥学院学报》2016 年第 6 期。

薛瑞泽:《试论三国婚姻的政治性》,《许昌师专学报(社会科学版)》
　　1999 年第 1 期。

余大吉:《诸葛亮八阵图及阵法试探》,《中国史研究》1994 年第 3 期。